모험 본능을 깨워라

**일러두기**
1. 본문내 주는 모두 옮긴이의 주이므로 편집자 주 이외에는 별도의 표시를 하지 않았다.
2. 본문의 옮긴이 주와 편집자 주는 네이버 지식백과, 구글, 위키피디아의 내용을 따랐다.
3. 책 제목은「 」, 잡지는「 」, 영화·노래 제목·TV 프로그램 등은〈 〉, 음악 앨범은〔 〕로 표기했다.

Copyright ⓒ 2006 by Skip Yowell
Originally published in English as *Hippie Guide to Climbing the Corporate Ladder & Other Mountains* by Thomas Nelson, Nashville, TN, USA.
All rights reserved.

This Korean translation edition © 2014 by PRUME Publshing Co., Seoul, Republic of Korea
Published by arrangement with Thomas Nelson, a division of HarperCollins Christian Publishing, Inc. through rMaeng2, Seoul, Korea.

이 한국어판의 저작권은 알맹2에이전시를 통하여 Thomas Nelson과 독점 계약한 푸르메에 있습니다.
저작권법에 의해 한국 내에서 보호받는 저작물이므로 무단 전재와 무단 복제를 금합니다.

잔스포츠 창립자 스킵 요웰의 가슴 뛰는 성공 스토리

# 모험 본능을 깨워라

**스킵 요웰** 글 ★ 이채령 옮김

푸르메

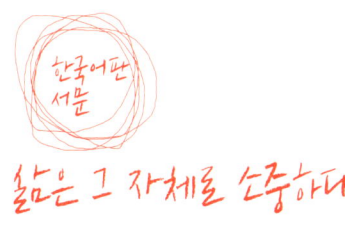

# 삶은 그 자체로 소중하다

먼저 한국 독자 여러분이 건강하게 삶의 모험들을 즐기고 있기를 기원합니다.

제가 처음 한국에 방문한 것은 '88년 서울올림픽이 열리기 전인 1980년대 초반으로, 당시 미국과 독일 시장을 위한 잔스포츠 텐트를 만들기 위해서였습니다. 그리고 많은 세월이 흘러 최근 몇 년 전에 한국을 다시 방문해보니, 예전과 달리 경제·문화적으로 엄청나게 발전되어 있는 대한민국의 위상에 감탄하지 않을 수 없었습니다. 오늘날 한국이 이처럼 발전한 데에는 기성세대의 뜨거운 열정이 있었기 때문일 겁니다. 과거 한국의 모습을 아는 사람으로서 그분들께 존경을 표할 뿐만 아니라, 그 기성세대와 함께 현재 시대를 이끌어가고 있는 젊은 세대들께도 아낌없는 경의를 표하고 싶습니다.

지난 2013년에는 한국에 방문하여 서울대학교, 한국외국어대학교, 덕성여자대학교 등에서 학생들에게 강의를 할 수 있는 기회가 있었습니다. 그때 제가 느낀 것은 여러 가지였지만 그중 가장 크게 와닿은 것은, 한국 학생들과 젊은이들이 불투명한 미래에 대한 걱정과 두려움을 가지고 있으나 동시에 이를 해결하려는 의지가 강하다는 것이었습니다. 가령 많은 청년들이 어렵게 들어간 대학 졸업 이후 직면하게 되는 청년 실업의 높은 장벽에 대해 고민하고 있었습니다. 그럼에도 좋은 직장을 들어가고 싶은 희망을 잃지 않고 열심히 공부하며 갖가지 노력을 하는 한편, 또 다른 삶의 방식을 찾을 것인지에 대한 고민과 방황을 하고 있다는 것을 듣게 되었습니다.

사실 청년들이 기업체에 입사하여 회사원이 되든, 공무원이 되든, 아니면 창업을 하든 그밖에 무엇을 하든 간에 자신이 선택하는 삶은 그 자체로 소중하며 존중받아야 할 삶의 방식입니다. 다만 결코 잊지 말아야 할 것은, 살아가는 과정에서 겪게 되는 기쁨, 슬픔, 고난, 좌절, 우정, 사랑 등의 무수한 에피소드들이 이루어져 개개인의 역사가 된다는 것입니다. 먼 훗날 자신의 삶을 돌아봤을 때는 그 모든 것들 하나하나가 소중한 삶의 과정이요 추억이 되기 때문입니다.

저도 청년 시절에 여러분과 똑같은 고민들을 했습니다. 그 결과 여러 길 중에서 지금 제 삶의 방식을 선택하여 현재에 이르게 되었습니다. 이 책은 그간 제가 겪어온 삶의 에피소드들로 구성되어 있습니다. 참으로 평범하지 않은 삶이었던 것은 분명합니다. 하지만 이런 제 삶의 이야기가 한국 청년들과 독자 여러분들의 미래에 대한 고민에 조금이나마 도움이 된다면, 그 자체만으로도 매우 기쁠 것 같습니다.

다음은 지난 40년간 잔스포츠를 지탱해온 네 개의 원칙입니다. 이것을 인용하면서 이 글을 마무리할까 합니다.

"우리는 열심히 일하므로 성공할 것이다.
우리는 모든 이를 존중하고 소중히 여긴다.
삶에는 하루 벌이의 일보다 더 중요한 가치들이 있음을 믿는다.
우리는 우리가 하는 모든 일에서 즐거움을 만들어낼 것이다……."

I wish your all many years of success,
enjoy my story. Explore…….

2014년 2월 3일
잔스포츠(JanSport) 공동 설립자 스킵 요웰(Skip Yowell)

# 차례

한국어판 서문 … 삶은 그 자체로 소중하다  5
추천사 … 모험심과 직감으로 우뚝 선 사나이  11
서문 … 아웃도어의 역사를 바꾼 히피들  18

1 야성을 타고나다  23
2 사업 초기의 나날들  36
3 오르지 못할 산은 없다  46
4 팩 멘털리티  55
5 비열한 잭과 뽀뽀하는 라마  70
6 마법의 산으로 딜러들을 초대하다  85
7 본격적인 사업 돌보기  98
8 죽을 뻔한 경험 덕에 탄생한 오리지널 돔형 텐트  111
9 사업 성공의 비결은?  123

10 야크 후원하기 135
11 에베레스트에 오른 히피들 147
12 '협동'의 가치를 배운 칸첸중가의 경험 162
13 결국 사람이 재산이다 178
14 모험을 즐기는 이유 193
15 재미와 패션과 기능성을 고수하라 206
16 평생 보장 서비스와 YKK 지퍼 캠프 218
17 사회 환원과 기금 마련의 재미 232
18 할 수 있을 때 도전하라 251

**감사의 말** … 당신의 꿈을 따라가라 263
**부록** … 칸스포츠, 그 가슴 뛰는 역사 268
**옮긴이의 말** … 누가 읽느냐에 따라 달리 읽히는 책 285

## 추천사

## 모험심과 직감으로 우뚝 선 사나이

때는 1984년이었지만 마치 1684년인 것처럼 느껴졌다. 또 다른 야크 행렬이 이곳 제가Xegar 마을을 지나갔다간 세계에서 가장 높은 산이 먼지 구름에 가려질 터였다. 스킵 요웰과 나는 살면서 함께한 수많은 모험 중 하나를 즐기고 있었다. 그때 우리는 티베트의 구불구불한 길을 따라 에베레스트 산Mt. Everest에 오를 예정이었다.

한 소년이 돌담 위에서 손으로 만든 연을 날리는 모습이 보였다. 어디선가 종소리가 울렸다. 이런 산골짜기와 좁은 바위투성이 길에서는 흔히 들을 수 있는 소리였다. 야크들이 평소처럼 느런 속도로 우리 쪽으로 다가오면서 꼬리를 쳤다. 야크를 모는 유목민은 여름 대부분을 마을이 아닌 산 위의 평원에서 머물렀다. 풍파에 시달린 칙칙한 피부 위로 긴 청록색 귀걸이가 강렬한 대조를 이루며 대롱거렸다. 그는 손을 뒷짐진 채로 천천히 걸었다. 몸을 녹이고 야크버터 차를 데우는 데 쓸 불을 지피느라 야크 똥을 다

룬 손은 검게 변해 있었다. 야크 몰이꾼은 이 여정에 이미 한 달 가량을 소비했을 것이다. 하지만 내가 가본 다른 모든 장소와는 달리 이런 산에서는 시간이 그리 중요하지 않은 것처럼 느껴졌다.

스킵과 나는 유명한 등반가 루 휘태커가 이끄는 미국인 등반대의 1984년 중국-에베레스트 원정을 돕기 위해 그곳에 갔다. 루의 쌍둥이 형제인 짐은 1963년에 미국인 최초로 에베레스트 산을 올랐다. 이전에 정상에 오른 대부분의 등반가처럼 짐도 네팔 사면을 통해 등반했다. 하지만 대다수가 시애틀 인근 출신으로 구성된 이 팀은 미국인들로서는 최초로 티베트 사면을 통해 에베레스트를 오르고자 했다. 1982년에 첫 시도를 했지만, 대원 중 한 명인 마티 호이가 산에서 죽으면서 등반이 취소되었다. 이제 이들이 다시 뭉쳐 돌아왔다.

스킵과 나는 지원팀의 일원이었다. 나는 원정을 기록하는 역할을 맡았고, 스킵은 장비를 관리하고 대원들을 다정하게 격려했다. 대원들 중에는 의사와 카메라맨도 있었다. 우리는 베이스캠프로 향하는 길에 있는 작은 마을마다 며칠씩 머무를 예정이었다. 고도가 높아질수록 산소가 점차 줄어드는 환경에 몸과 마음을 적응하기 위함이었다.

새로운 모험이 닥칠 때마다 스킵은 삶과 사업 모두에 적용할 수 있는 중요한 교훈을 얻었다. 산과 대자연에서의 경험은 여러 면에서 그에게 일종의 신앙처럼 작용했고, 덕분에 그는 지식을 얻었으며 뛰어난 본능을 갈고 닦았다. 황야나 산에서 목표를 이루기 위해서는 가능한 한 완벽하게 준비해야 하며, 한 번에 한 발자국씩

차근차근 여행해야 한다는 교훈을 그는 생생하게 배웠다. 또한, 모험을 즐길 때나 사업을 할 때 자신의 본능을 믿고 내면에서 들려오는 목소리에 귀를 기울여야 함을 배웠다. 내면의 목소리를 주의 깊게 들으면 높은 산에서 최근 발생한 치명적인 눈사태의 잔해를 피해 새로운 루트를 골라야 할 때 목숨을 부지할 수 있다. 그리고 사업상 결정을 내릴 때 경력에 먹칠하지 않을 수 있다.

그러나 이국적인 장소나 힘겨운 상황에서만 개인이 성장하는 것은 아니다. 스킵 같은 사람들은 어디에서나 모험심을 발휘할 것들을 발견한다. 어떤 상황에서든 인생을 살면서 지루해할 이유는 절대로 없다.

스킵은 고작 291명이 사는 캔자스 주 그레인필드(Grainfield, Kansas)의 작은 마을에서 어린 시절을 보내며 이처럼 중요한 교훈을 배웠다. 이 작은 공동체는 끝도 없이 펼쳐진 밀밭에 둘러싸여 있었다. 스킵이 걸음마를 시작하기도 전에 어머니는 종종 그를 찾아다녀야 했다. 스킵은 집 밖으로 기어나가 모험심으로 가득 찬 심장이 이끄는 대로 향하곤 했기 때문이다. 그는 종종 거대한 은색 곡물창고를 향해 기찻길을 가로질러 기어갈 준비를 하거나, 또는 이미 가로지른 후에 어머니에게 발견되기도 했다. 어쩌면 이처럼 평평한 지대에서 자라고, 산만 한 대형 곡물창고에 흥미를 느낀 덕에 스킵은 지구에서 가장 높은 장소들에 끌릴 수밖에 없었는지도 모른다. 분명 갓난아기 때에도 스킵은 전혀 지루함을 느끼지 않았으리라.

당시 스킵과 나는 티베트에서 무료함에 맞서 싸우느라 작은 마을로 산책을 나온 터였다. 낯선 땅에서 이방인이라는 이유만으로 실내에 갇혀 있을 생각은 없었다. 어디에나 늘 배울 점이 있고 즐길 수 있는 모험이 있으니까. 비록 현지어는 한마디도 몰랐지만 우리는 스킵이 세상에서 제일 좋아하는 것을 찾기 위한 임무를 수행 중이었다. 바로 맥주였다. 그는 세상에서 가장 영적인 장소 중 하나인 이곳에도 어디엔가 맥주가 있을 거라고 확신했다.

먼지투성이 길을 걸으면서 우리는 루 휘태커가 얼마나 멋진 대장인지에 대해 이야기하기 시작했다. 스킵은 어떤 일을 성취하기 위해서는 딱 맞는 팀을 꾸리는 일이 절대적으로 중요하다고 말했다. 이 원칙은 등반과 사업 모두에 적용할 수 있다. 루는 등반을 위해 분명 세계적인 수준의 등산가들을 모았다. 업무를 위해서든 놀이를 위해서든 팀원을 구성할 때에는 과정 수행 중 생겨나는 엄청난 압력을 견딜 수 있는 사람을 뽑아야 한다고 스킵은 주장했다. 얼마나 대단한 학위를 가졌는지, 근육이 얼마나 큰지, 매력적인 미소가 얼마나 밝은지는 상관없었다. 스킵은 잔스포츠를 창업한 초기부터 성공은 주어진 압박감 속에서 얼마만큼의 성과와 배려를 보일 수 있느냐에 달려 있다는 사실을 배웠다.

산에서, 그리고 아웃도어 장비 사업에서 살아남기 위해서는 알맞은 사람들이 필요할 뿐만 아니라 적당한 장비가 필요하다. 40여 년의 역사를 통틀어 스킵과 잔스포츠는 딱 맞는 탐험가들과 협력해왔다. 또한, 이들은 모든 장비를 세상에서 가장 혹독한 조건에서 집요하게 테스트해왔다.

몇 년 전, 스킵은 걸어서 미국을 횡단하던 나에게 잔스포츠의 인기 배낭인 파란색 'D-3'를 주었다. 여행을 시작할 때 멨던 경쟁사의 가방은 뉴올리언스New Orleans에 도착하기도 전에 해진 참이었다. 나는 등에 D-3를 멘 채로 거의 5천 킬로미터를 걸었다. 결국 허벅지에 알루미늄 프레임이 자꾸 닿는 바람에 배낭이 망가졌지만, 당시 나는 이 배낭을 닳을 때까지 멘 유일한 사람이었다. 세상에서 가장 까다로운 모험가가 메고 다녀도 견딜 정도로 튼튼한 제품을 생산함으로써 스킵과 잔스포츠는 '일반' 소비자들에게 그들의 제품을 평생 보증할 수 있었다.

우리가 탐험하던 티베트의 작은 마을에는 평범한 것이라고는 없었다. 적어도 우리에게는 그랬다. 몇 시간 뒤면 해가 질 터였고, 우리는 움푹 팬 구덩이로 가득한 좁은 길을 걸어가는 야크 행렬을 따라갔다. 우리가 타고 온 중국 군인들의 트럭이 티베트에서는 유일하게 엔진이 달린 교통수단이었다.

맞은편에서 밝게 채색된 낡은 나무문이 열렸다. 그 뒤에서 검은 머리의 아름다운 아가씨가 걸어 나왔다. 우리가 본 티베트 여인 중 몇몇은 이국적이고 매력적이었으며, 순진할 정도로 친근했다. 대부분의 사람에게 우리는 난생처음 본 백인이었다. 분명 스킵의 밝은 금발 머리와 내 파란 눈은 그들에게 이국적으로 보였으리라. 나는 스물 몇 살쯤 되어 보이는 이 아가씨가 어쩌면 맥주를 파는 장소로 갈지도 모른다고 생각했다. 우리는 야크 행렬을 따라가기를 멈추고, 몰래 그녀를 따라가기 시작했다.

그녀는 학교 같아 보이는 어느 건물로 들어갔다. 우리는 이 장소가 어쩌면 술집이나 댄스홀일 수도 있겠다고 생각했다. 어두컴

컴한 복도를 지나자 강당 같은 공간이 나왔고 그곳에는 거의 100명쯤 되는 사람들이 모여 있었다. 우리는 자리에 앉았고, 티베트를 점령한 중국인들이 만든 선전Propaganda용 흑백영화를 보았다. 영화는 티베트인들의 삶의 터전이 짓밟히고 파괴되었을 때 중국인들이 백마를 타고 나타나 이들을 구한다는 내용이었다.

우리는 맥주는 마시지 못한 채 장소를 떠났지만, 중국인 가이드가 절대로 소개하지 않았을 매우 드문 경험을 했다. 아름다운 아가씨를 따라 그 강당에 들어간 덕분에 티베트 사람들이 사는 이 신성한 산에조차 여론 조작이 존재한다는 암울한 진실을 찾은 것이다.

다음날 아침 우리는 여정을 계속했고, 곧 베이스캠프에 도착했다. 몇 주 뒤, 우리의 등반대는 미국인 최초로 티베트 사면에서 에베레스트 산을 올랐다. 필 어쉴러가 세계에서 가장 높은 산의 정상을 밟은 것이다.

이 소소한 이야기는 스킵이 겪은 수천 개의 모험 중 일부에 지나지 않는다. 그의 모험심 넘치는 정신은 그의 자아와 인생을 상징하는 요소다. 그는 자신의 직감을 믿었고, 큰 위험을 무릅썼다. 스킵은 환상적인 아웃도어 제품을 디자인하고 제조했으며, 장비에 목숨이 달린 세계적 수준의 모험가들이 이러한 제품을 테스트했다. 어떤 경험을 하든 그는 긍정적이고 유쾌한 태도를 유지했고, 덕분에 그 과정에서 다른 이들에게 또 다른 영감을 주었다. 스킵은 일만 아는 일벌레였던 적이 없으며, 돈을 맹목적으로 좇지도 않았다. 그에게는 늘 맥주를 마시고 재미있는 시간을 보내는 일이 중요할 뿐이었다.

  티베트의 첩첩산중에서처럼 한가할 때조차 스킵은 모험을 즐길 만한 방법을 찾아냈다. 맥주를 찾기 위해 시작한 일이 완전히 다른 일로, 뭔가 음울하면서도 고무적이고 특이한 경험으로 끝나더라도 말이다. 새로운 길을 따라 여행을 시작할 때에는 어디에서 멈출지 절대로 알 수 없다. 때로는 직감이 이끄는 대로 가고, 여정을 즐기고, 끝에 대해서는 고민하지 마라. 일단 이 여정이 끝나면, 밖에 나가 다른 모험을 찾아라. 올라야 할 산은 항상 존재하는 법이다.

*피터 젠킨스 (『걸어서 미국 횡단』의 저자, 여행가)*

# 아웃도어의 역사를 바꾼 히피들

한 가지 고백할 게 있다. 잔스포츠의 공동 설립자인 머레이 플레츠, 잔 루이스, 그리고 나는 일반적인 사업가 유형의 사람이 아니다. 우리는 다른 무엇보다도 히피였다. 하지만 치치와 총* 같은 〈할리우드 투석자Hollywood Stoner〉 버전의 히피나, 말 그대로 60년대의 전유물이라 할 수 있는 MTV의 폴리 쇼어** 같은 히피는 아니었다. 우리는 타인에게 피해를 주지 않는 선량한 히피들이었으며, 일반적인 사회 규범을 잘 이해하고, 관심을 둔 후에야 이를 거부하는 걸 선호했다. 필수품 몇 가지를 넣은 데이

\* 치치와 총은 1970~80년대에 당대의 히피 문화를 바탕으로 한 스탠드업 코미디로 인기를 끈 코미디 듀오다. 이들은 1970년에 캐나다와 미국의 클럽에서 함께 일하다가 어느 레코드사 경영자의 눈에 띄어 앨범을 발매했고, 여러 편의 영화를 찍었다. 이들의 코미디는 기성문화에 대한 반발심과 불경스러운 태도를 견지했기 때문에 저자가 이들을 할리우드에 돌을 던진 이들로 표현한 것이다.
\*\* 폴리 쇼어는 미국의 코미디언 겸 배우로, 1989년부터 MTV에서 VJ를 하며 유명세를 탔다. 그는 또한 MTV에서 〈토털리 폴리Totally Pauly〉라는 이름의 쇼를 진행했는데, 어깨까지 내려오는 파마머리에 꽃무늬 셔츠나 찢어진 청바지 등 자유분방한 옷을 입고 무작정 거리로 나가 사람들과 인터뷰를 시도했다. 이 방송은 즉흥적인 재미를 찾고 사람들에게 장난치는 것을 콘셉트로 삼았다.

팩과 지팡이만 있으면 우리는 어디로든 여행을 떠날 수 있었다.

사랑의 여름Summer of Love*으로 알려진 1967년의 여름 동안, 우리는 다른 히피들처럼 새로운 길을 찾고 있었다. 로버트 프로스트가 자신의 시에서 언급했던 '남들이 가지 않은 길'을 말이다. 하지만 길과 관련된 문제가 있었으니, 길은 대중을 위해 설계되고, 규정되고, 입안되고, 지어진다는 점이었다. 사람들은 안전한 길을 택해 탄탄대로를 달리는 방법, 또는 스스로 길을 개척하는 이상적인 방법 중 한 가지를 선택할 수 있다. 우리는 항상 밖에 나가고 자연과 어울리면서 생겨나는 자연스러운 흥분 상태를 지향해왔다. 바로 이 때문에 잔스포츠는 뼛속 깊이 자유와 개성, 그리고 무한한 가능성을 추구하는 것이다. 왜 이런 점이 중요하냐고?

"우리가 왜 여기에 있지?"라는 질문이 인간의 잠재의식에 파고든 뒤부터, 세계 구석구석을 탐험하는 것을 인생의 목표로 삼은 탐험가들은 항상 존재해왔다. 나는 인생의 목표 중 하나는 사방에서 에너지를 흡수하여 완전하고도 균형감을 갖춘 인간이 되는 거라고 믿는다. 이처럼 고귀한 목표를 어떻게 달성할 수 있는가? 바로 모험을 통해서다. 삶의 숨겨진 기쁨은 방랑 안에 존재하기 때문이다.

어떤 면에서 잔스포츠는 친애하는 여행자 동지들이 자신만의 삶을 걸어나가도록 돕기 위해 태어났다. 진부하다고? 어떤 이들

---

* 1967년 여름에 일어난 사회적 현상으로, 10만 명이 넘는 사람들이 히피 문화의 본산인 샌프란시스코의 헤이트-애시버리 거주 지역(Haight-Ashbury District, San Francisco)에 모여 주류 문화와 정치의 변화를 촉구했던 일을 말한다. 이들은 물질만능주의와 순응주의에 회의감을 느껴 새로운 삶의 방식을 추구하고자 했으며, 대부분 베트남전 참전을 반대했다.

에게는 그럴지도. 하지만 이러한 생각이야말로 우리가 1967년에 소박하게 시작한 이후 쭉 번창할 수 있게 한 원동력이다. 야외활동을 즐기고 자신만의 삶을 발견하자는 원칙 위에 설립된 잔스포츠는 '아웃도어 라이프' 업계의 장벽들을 계속해서 허물어왔다. 우리는 기능적인 만큼 재미도 있는, 품질 좋은 장비들을 생산함으로써 오늘날까지도 이러한 추세를 이어오고 있다.

이 글을 계속 읽다 보면 잔스포츠의 역사가 한 편의 영화 시나리오 같다는 사실을 깨달을 것이다. 신선한 아이디어로 무장한 작은 가족 기업이 정비소 한편에서 사업을 꾸리고, 결국에는 세계에서 가장 유명한 브랜드 중 하나가 되는 내용이니까. 물론 비협조적인 리더들과 회의적인 소비자들, 마음에 들지 않는 협력사들 때문에 난관을 겪기도 했다. 그럼에도 이처럼 소박하게 시작한 우리는 전세계가 야외활동을 즐기고, 가장 험준한 산들을 정복하는 방식을 완전히 개혁하는 성과를 이뤘다.

솔직히 말해 우리의 장대한 모험을 기록으로 남긴다는 계획은 벅찬 일이었다. 오랜 시간 고립된 채 책상 앞에 매여 타자를 치는 일은 레이니어 산Mt. Rainier의 눈사태를 마주하는 것만큼이나 매우 힘든 일이었다. 컴퓨터 화면에서 방출되는 전자파의 끊임없는 깜박임을 마주하느니 차라리 얼굴에 햇볕을 쬐는 편이 나았다. 그럼에도 불구하고, 독자들이 판에 박힌 일상을 타파하고, 틀을 부수고, 자신만의 무지개를 좇았으면 하는 바람에서 이 책 쓰기를 강행했다. 모험에 대한 갈망과 야외활동에 대한 애정 외에는 가진 것 없던 머리 긴 히피 세 명이 아웃도어의 역사를 바꾸고 사업에서 성공했다면, 당신도 할 수 있다!

　마지막 페이지를 읽을 때쯤이면 당신은 우리가 누구인지, 무슨 일을 했는지, 그리고 이것이 왜 중요한지를 알게 될 것이다. 당신은 우리의 삶을 풍요롭게 해주고 그 과정에서 온갖 역경을 이겨내도록 도와준 매우 특별한 친구들도 만나볼 수 있을 것이다. 그리고 이따금 콘크리트 정글을 벗어나기만 한다면 사업에서 성공하는 데 필수적인 영감과 창의성의 샘이 당신을 기다리고 있음을 깨달을 거라고 믿는다. 잔스포츠의 이야기를 글로 전하기 위해 노력하긴 했지만, 이 이야기는 음악 없이는 완성될 수 없다. 우리의 경험과 모험 대부분은 1960년대의 사운드트랙들을 동반했다. 당시의 신선하고, 유쾌하고, 아름다운 선율의 감성 충만한 음악은 우리에게 당장 가장 가까이에 있는 마법 양탄자에 올라타서 흥에 겨운 사랑 속으로, 머리에 꽃을 꽂은 채 달리고 또 달리라는 초대장이었다. 따라서 이 이야기는 전형적인 록 음악 방송이나 밥 딜런의 옛 명반들을 배경에 틀어놓고 읽을 때 가장 잘 읽힌다.

　준비가 되었다면, 이제 먼지투성이 길로 여행을 떠나보자.

## 야성을 타고나다

　　　　　　나는 혈기왕성하고 자유를 사랑하는 잔 스포츠의 정신이 서부 개척시대의 직접적인 부산물이라는 소신을 갖고 있다. 내가 태어나던 무렵 부모님은 캔자스 주의 그레인필드에 살고 있었다. 이곳은 인구가 100명도 안 되는 작은 마을인지라 병원이 없었다. 부모님은 헤이스Hays에 위치한 가장 가까운 병원에 가기 위해 먼지투성이의 평평한 캔자스 평원 위를 무려 100킬로미터 넘게 운전해야 했다.

　바로 이 먼지에 주목하기 바란다. 내가 태어나기 약 100년 전, 서부의 전설적인 청부 살해업자이자 도박꾼이었던 와일드 빌 히콕은 헤이스의 보안관 겸 연방 재판소 집행관으로 일하고 있었다. 왼손잡이였음에도 총을 재빨리 겨누는 데 능했던 그는 라이플총이나 칼도 능숙하게 잘 다뤘다. 악명 높은 무법자나 말썽꾼을 체포하는 일이 와일드 빌에게는 일상이었다. 또한 그는 '데드 맨스 트리Dead Man's Tree'에 무법자에게 보내는 경고문을 '붙이는' 아이디어를 최초로 고안한 인물로 여겨진다. 그는 이 경고문을 통해 범죄자들에게 해질녘까지 마을을 떠나지 않으면 다음날 눈에 띄는 대로 발포하겠다고 공지했다. 경고가 진심인지 아닌지를 확인하기 위해 남아서 꾸물거릴 멍청이는 없었다. 이는 제임스 버틀러 히콕이라는 본명을 지닌 와일드 빌이 어째서 미국 최초의 싸구려 문고판 소설 속 주인공이 되었는지를 설명해준다.

그의 대담한 모험담은 전국 방방곡곡으로 퍼져나갔다. 와일드 빌은 마치 히피 문화의 선구자처럼 양끝이 위로 굽은 카이저 수염과 어깨까지 오는 긴 머리를 과시했다. 그가 악당들에게 총질을 하고, 맥주를 마셔대고, 카드 게임에서 이기는 동안 서부 개척시대의 또 다른 전설적 인물이 캔자스의 먼지를 박차고 일어났다.

버팔로 빌이라는 별명으로 더 유명한 윌리엄 프레드릭 코디라는 개척자는 인디언들을 정찰하고 버팔로를 죽이기 위해 캔자스 퍼시픽 철도회사Kansas Pacific Railroad에서 고용한 인물이었다. 당시 이 회사는 캔자스를 관통해 덴버까지 이르는 철도를 건설 중이었다. 거칠고 강인한 야생인으로 알려지긴 했지만, 버팔로 빌은 뼛속 깊이 흥행사였다. 결국 그의 와일드웨스트 유랑극단은 전세계적으로 유명해졌다. 그다지 멀리 떨어지지 않은 캔자스의 포트 라일리Fort Riley에는 제7기 병사단에 배치받은 조지 커스터 장군이 주둔해 있었다. 그 역시 소란을 피우고 포트 헤이스에 호통치듯 명령을 내릴 만한 짬이 있었다. 몇 년 동안 헤이스는 이처럼 다양한 인물들의 주된 활동 무대였다.

다시 내 소신으로 돌아가자. 나는 이들의 투지가 헤이스의 먼지

속에 남아 있다고 믿는다. 그들의 DNA 부스러기는 마치 잘 보존된 화석처럼 캔자스의 단단한 토양 안에 갇혔으리라. 실제로 헤이스는 바람이 몰아치는 대초원 아래 묻혀 있는 화석들로 유명하다. 커스터 장군과 와일드 빌, 그리고 버팔로 빌이 거쳤던 모험에 대한 열렬한 갈망은 어찌어찌해서 내 혈관 속으로 흘러들어왔다. 어떻게 이런 일이 가능했는지는 묻지 말길 바란다. 세상에는 의학적으로 설명할 수 없는 일들도 많으니까. 앞으로 전개될 내용에서도 드러나겠지만, 나는 이런 개척자들처럼 항상 자유를 사랑했고 선구자적인 생활방식에 끌렸다. 잔스포츠도 마찬가지였다. 단지 우연에 불과하다고? 물론 그럴 수도 있다……. 아닐 수도 있고.

사실 몇몇 사람들은 나의 타고난 혈통을 지적하기도 한다. 나의 할아버지 찰리 요웰은 진정한 카우보이였고, 캔자스 주 서부 지역에 살며 제몫을 단단히 챙기는 노련한 목장 주인이었다. 할아버지는 술고래였으며, 야생의 삶을 진심으로 사랑했다. 또한 노새, 소, 말 등을 거래하는 데 타의 추종을 불허하는 재주를 지닌 시골의 독불장군이었다. 한편 외할아버지인 존 머레이는 워싱턴 주 시애틀(Seattle, Washington) 출신으로 직업은 선장이었다. 나의 사촌이자 잔스포츠의 공동 설립자인 머레이 플레츠는 그의 이름과 엉뚱하고 충동적인 기질을 물려받았다.

1890년의 골드러시 기간 동안, 외할아버지는 선미외륜기선(커다란 외륜에 의해 움직이는 기선)의 가장 젊은 도선사였다. 이 배는 1933년까지 시애틀과 알래스카 주 스캐그웨이(Skagway, Alaska) 사이를 왕복 운행하며 광부들을 실어 날랐다. 어떤 도전에도 물러서지 않앉던 이 겁없는 젊은이에게 친구들은 '유콘의 꼬마 선장'이라는 별명을 붙여주었다. 그가 유콘 강Yukon River의 파이브 핑거 급류Five-Finger Rapids를 최초로 항해한 인물이었기 때문이다.

알래스카에 사는 동안 외할아버지는 책을 많이 낸 작가 두 명과도 인연을 맺었다. 한 명은 50권 이상의 책을 내 사람들의 찬사를 받는 작가인 잭 런던이었고, 다른 이는 19권의 작품을 서술했으며 주로 골드러시에 관한 이야기를 연대기적으로 기록한 책을 쓴 로버트 W. 서비스였다.

외할아버지는 모험으로 가득 찬 삶을 살았을 뿐만 아니라, 금방이라도 이야기보따리 한두 개를 풀어놓을 줄 아는 이야기꾼들과도 잘 어울렸던 것이다.

야생의 황무지에 대한 나의 깊은 애정이 할아버지들로부터 물려받은 것인지, 아니면 커스터 장군과 와일드 빌, 그리고 버팔로 빌과의 어떤 연관성에서 생긴 것인지는 확실하지 않다. 적어도 그들이 미국 역사의 먼지투성이 페이지에 남긴 족적이 내 영혼에도 깊은 인상을 남겼음은 분명하다. 확실한 것은 내가 자라나는 과정에서 환경을 조성하는 데 부모님이 매우 중요한 역할을 수행했다는 점이다.

이제 와 생각해보니 나의 아버지인 '패러디 대장' 해롤드 요웰은 자신만의 독특한 직업들을 갖고 있었고, 그중 가장 창의적이었던 것은 뒤에서 설명할 '동키 폴로Donkey Polo'였다.

## 마마스 앤 더 파파스*

이 책을 준비하면서 사진 상자들을 뒤지다가, 어린 시절 캔자스주 그레인필드에서 찍은 사진 하나를 우연히 발견했다. 그 무렵 나의 부모님은 가난했다. 찢어지게 가난한 정도는 아니었지만, 그에 못지않은 정도였다. 그처럼 재정적으로 궁핍했는데도 내 얼굴에는 순수한 기쁨과 완전한 만족감이 나타나 있다. 어머니 매저리가 나를 목욕시키기 위해 아연 재질의 낡은 빨래통에 앉혀놓았다. 배경에는 물막이 판자로 벽을 두른 흰색 단층집이 있고, 뒷문에서부터 사진에는 안 보이는 뜰의 어느 지점까지 연결된 빨랫줄도 있다.

침실 하나와 부엌, 그리고 작은 거실이 딸린 단층집에서 몇 발자국 뒤쪽에는 별채가 있었다. 배관시설이 없어서 우리는 뒤뜰에 있는 펌프를 사용해 물을 길었다. 대공황을 겪은 뒤였음에도 부모님이 그토록 빨리 집을 소유했다는 사실은 상당히 놀라운 일이다. 이 집은 더이상 존재하지 않고 이제는 갖가지 종류의 잡초가 공터를 메우고 있지만, 이 집에 살던 시절의 좋은 기억들이 많다. 부모님으로부터 받은 사랑과 보살핌을 나는 소중히 여기고 있다.

그레인필드 같은 시골에서의 삶이 흔히 그러하듯, 아버지는 소도시적 가족관을 지닌 집에서 태어나고 자랐다. 집에는 아버지를 포함해 15명이나 되는 아이들이 있었으므로 돈이 늘 부족했다. 아

---

* 부모님에 관한 내용을 설명하는 대목에서 저자는 마마스 앤 더 파파스MAMAS AND THE PAPAS라는 소제목을 붙였다. 이는 1960년대에 활동한 미국 출신의 혼성 그룹 마마스 앤 파파스The Mamas & The Papas를 연상시킨다. 이 그룹은 당대의 낙관적인 히피 경향을 대표했으며, 캘리포니아를 이상향으로 묘사한 곡 〈California Dreamin'〉으로 큰 인기를 끌었다.

버지는 학교에 다니기도 전에 우유 배달을 시작했고, 깡마른 닭을 통통하게 키워 1달러에 팔았다. 조금 더 컸을 때 아버지는 지역 야구팀의 프리랜서 투수로 고용되었다. 이 야구팀은 신선한 농산물과 음식, 가끔은 돈으로 임금을 지불했다. 운동에 재능이 많았던 아버지는, 대학에서 부분 장학금을 받기도 하고 작은 마이너리그 구단에서 활동하기도 했다. 하지만 1941년 겨울에 진주만 공습으로 미국이 제2차 세계대전에 참전하게 되자 아버지는 즉시 육군에 입대했고 1945년까지 복무했다. 아버지가 군에서 막 제대할 무렵, 어머니는 시카고에 사는 친구를 방문한 참이었다.

어머니는 시애틀 도심보다 약간 북쪽에 위치한, 경치 좋은 그린 레이크 근처에 살았다. 은행에서 일했고, 전쟁 중에는 보잉Boeing 사에서 부업을 했다. 어머니는 어느 전차 운전수와 잠시 결혼했는데, 그는 제2차 세계대전 중 유럽에 배치되었다. 안타깝게도 어머니의 전남편은 결혼한 지 6개월 만에 사망했다.

모피 코트를 고르는 안목까지 멋쟁이였던 어머니는 매력적인 미소와 아름다운 용모로 시카고를 지나가던 아버지의 시선을 사로잡았다. 두 분은 그렇게 만나 사랑에

1946년, 캔자스 주 그레인필드에서 목욕 중인 스킵.

빠졌고, 바로 결혼을 약속했다. 대도시 출신의 아가씨인 어머니를 캔자스 주의 그레인필드로 이사 오도록 설득하기 위해서 아버지는 아마도 대단히 달콤한 말들을 수없이 속삭였을 것이다.

작업의 첫번째 순서는 아버지가 군에서 제대할 장소인 오클라호마 주 포트실(Fort Sill, Oklahoma)까지 함께 기차로 여행하는 것이었다. 그리고 나서 아버지는 잠시 남쪽으로 우회하여 텍사스 주의 샌안토니오(San Antonio, Texas)에 위치한 알라모 요새의 계단에서 언약을 맺는 것이 좋겠다고 생각했다. 이곳은 1863년에 일어난 텍사스 혁명 동안 텍사스인들이 자유를 위해 싸우다 죽은 장소다. 이는 내가 서부 개척시대와 연결되어 있다는 이론에 딱 들어맞는

시카고에서의 부모님.

다. (유명한 개척자 데이비드 크로켓*이 바로 이 전투에서 죽었다는 사실을 상기해주기 바란다.) 어쩌면 아버지가 어머니를 안아들고 알라모 요새의 입구를 넘을 때 데비의 유전자 암호 일부가 어머니의 스커트 자락에 달라붙었는지도 모른다. 세상에는 그보다 더 기이한 일들도 일어나는 법이다.

성공적으로 부부의 연을 맺은 뒤, 부모님은 그레인필드에 정착하기 위해 길을 나섰다. 텍사스 주에서 캔자스 주까지 오면서 마을이나 도시에 들를 때마다 어머니는 묻곤 했다.

"여보, 그레인필드는 이 마을만큼 큰가요?"

그러면 아버지는 미소를 짓고는 대답했다.

"아니, 이만큼은 아니라오."

물론 아버지는 대로라고는 고작 하나뿐이고 신호등조차 없는 그레인필드가 어머니에게는 자못 충격적이리라는 사실을 알고 있었을 것이다. 도착해서 새집을 처음 봤을 때 어머니는 울음을 터뜨렸다. 사실 어머니는 몇 주 동안 매일 밤 울었다. 그레인필드는 시애틀의 규모에 비하면 새발의 피 수준이었다. 아마도 아버지는 상황을 긍정적으로 만들기 위해 최선을 다했을 것이다. 마을에서 유일한 2층짜리 건물인 그레인필드 오페라하우스를 언급하며 그 장대한 역사를 설명했을지도 모른다. 어쨌든 다양한 버라이어티 쇼와 코미디언, 재즈밴드를 볼 수 있는 곳이었으니까.

---

* David Crockett, 1786년 8월 17일 ~ 1836년 3월 6일. 미국의 군인이자 정치가로 텍사스 독립을 지지했고 알라모 전투에서 전사했다. 미국의 국민적 영웅으로, 일반적으로 데비 크로켓Davy Crockett으로 알려져 있다. ─ 편집자 주

머지않아 어머니는 새로운 삶과 이를 둘러싼 환경을 받아들였다. 어머니는 화살촉을 비롯해 각종 원주민 공예품들을 찾아다니는 일에서 즐거움을 발견했다. 이는 어머니가 나에게 물려준 관심사들 중 하나이기도 하다. 또한 시애틀 사교계의 명사였던 어머니는 '하고 싶은 일을 해Do What You Want To Do'라는 클럽을 설립하여 지역의 부인들을 모아 한 주에 한 번씩 무엇이든 각자 원하는 일을 하도록 했다. 이처럼 용감한 태도를 지녔으니, 어머니도 틀림없이 서부 개척시대의 정신에서 영향을 받았다는 생각이 든다.

## 동키 폴로

나는 1946년에 태어났다. 내가 태어나면서 아버지는 돈을 더 벌 수 있는 창의적인 방법을 찾아야만 했다. 군대를 제대한 뒤 아버지는 쇼 자동차 회사Shaw Motor Company에서 보수가 적은 신입사원으로 일했다. 바로 그때 아버지의 사업가적 기질이 최고조에 이르렀다. 매주 오페라하우스에서 진행한 댄스 수업에 더해, 아버지는 정기적으로 동키 폴로 경기를 주최하기로 결심했다. 동키 폴로는 전통적인 폴로를 우스꽝스럽게 패러디한 경기였다. 각 팀은 스틱 대신 빗자루를 사용했고, 나무로 만든 폴로 공 대신 플라스틱 공을 쳤다. 선수들은 말 대신 당나귀를 탔는데, 이 동물들은 사촌인 말들만큼 협조적이지는 않았다.

아버지는 돈을 있는 대로 긁어 모아 콜로라도 주 동부에서 당나귀 열 마리를 사왔다. 전쟁 때문에 고기가 귀했으므로 비싼 값에 구매할 수밖에 없었다. 그리고 인근에 위치한 두 개의 지역에서 각각 팀을 구성한 뒤, 마을 가장자리에 있는 공터에서 시합을 열었다. 아버지는 경쟁을 부추기기 위해 광고전단을 만들었고, 지역 주민들은 시합을 관람하기 위해 소정의 관람료를 지불했다. 사람들은 따로 한쪽에 모여 좋아하는 팀에 내기를 걸기도 했다.

아버지의 창의적이고 독창적이며, '무엇이든 할 수 있다'는 정신은 나에게 깊은 인상을 주었다. 나는 아버지가 꿈을 꾸고, 계획을 세우고, 이를 실행하는 과정을 지켜봤고, 결국 모두가 즐거운 시간을 보내는 광경을 봤다. 시애틀의 고상한 친구들이 동키 폴로 경기장에 있는 어머니의 모습을 본다면 어떻게 생각할지 어머니가 적어도 한 번 이상은 궁금해했을 것 같지만 말이다.

이러한 시합들은 큰 성공을 거두기는 했지만, 내 생애 첫번째 상처도 당나귀 때문에 생겼다. 부모님은 장난삼아 당시 세 살이었던 나를 당나귀 위에 태우고 사진을 찍으려 했다. 불행하게도, 이 짐승은 힘든 폴로 경기를 뛰었기 때문인지 아니면 원래 막돼먹은 놈이라 그런 건지는 모르겠지만 심술을 부렸다. 이유가 뭐였든 간에 녀석은 가시철조망 위로 나를 내동댕이쳤고, 덕분에 오른쪽 무릎에 상처가

났다.

　그러나 다행히도 이 사고 덕분에 난관을 극복하고, 새로운 일에 도전하고, 사냥과 낚시, 하이킹, 수상스키를 즐기고, 세계를 탐험하고자 하는 내 의지를 부모님이 꺾는 사태는 발생하지 않았다. 일례로, 어렸을 때 나는 어머니의 격려에 힘입어 한 친구와 함께 숲속에 난 실개천으로 하이킹을 간 적이 있다. 집에서부터 그곳까지는 족히 3~4킬로미터는 되는 거리였다. 이날 태어나서 처음으로 배낭을 사용했다. 아버지의 군대 배낭이었다. 어머니는 이 배낭을 주스가 든 물통과 샌드위치, 간식으로 채워주었다. 당시에는 몰랐지만 나는 부모님의 신뢰 덕분에 자신감을 얻었음을 훗날에서야 깨달았다. 부모님은 나의 작은 세계 밖에 존재하는 멋진 것들을 알려주었다. 시애틀에서 자란 어머니는 대도시에서 배운 지식을 이용해 그레인필드의 평평한 모래투성이 땅밖에 몰랐던 나의 시야를 넓혀주었다.

　한편, 아버지에게서 게으른 구석이라고는 찾아볼 수 없었다. 아버지는 종종 생계를 유지하기 위해 세 가지 일을 동시에 해야만 했다. 결국 아버지는 정유 사업에 뛰어들기로 결심했고, 우리 가족은 상원의원 밥 돌의 출생지인 캔자스 주 러셀(Russel, Kansas)로 이사했다. 아버지는 석유를 채굴하는 인부로 시작해 탱크에 석유가 얼마나 찼는지를 확인하는 '펌프-어라운드Pump-around'로 승진했다. 한동안 열심히 일하고 요령을 익힌 뒤, 우리는 다시 캔자스 주의 그레이트벤드(Great Bend, Kansas)로 이사했다. 아버지는 당시 가장 큰 정유회사였던 카이저-프랜시스 정유회사Kaiser-Francis oil company에 취직했고, 아울러 부수입을 위해 주유소도 하나 차렸다.

이처럼 힘든 시기를 겪은 아버지는 엄격한 근면성이 몸에 배었고, 의문의 여지 없이, 나에게도 이를 물려주었다. 아버지의 격려 아래 나도 정유 업계에서 아르바이트를 했다. 당시에는 더럽고, 힘들고, 약간은 위험한 유전에서 일하는 것만 개의치 않는다면 어린 나이에 비해 많은 돈을 벌 수 있었다. 나와 같이 일했던 사람들 중 여럿이 손가락을 잃었다.

나도 유정에서 장대를 꺼내다가 장대가 다시 돌아오는 바람에 머리를 강타당한 날을 절대 잊지 못할 것이다. 다행히도 나는 단단한 작업모를 쓰고 있었기 때문에 작업모에는 움푹 팬 커다란 자국만 생겼을 뿐이다. 동료 하나가 말했다.

"스킵, 학교로 돌아가면 그 헬멧을 책상 위에 놔둬. 학업을 계속하도록 자극제가 되어줄 거야."

확실히 이 경험은 뇌리에 깊게 박혔다. 대학을 졸업하지 못한 부모님은 항상 내가 대학에 가기를 바랐다. 아닌게 아니라 유전에서 거의 죽을 뻔한 뒤, 석유 장대보다는 대학에서 책을 들고 다니는 편이 더 그럴듯해 보였다.

1964년, 나는 위치토 주립대학교Wichita State University에 1년간 다니면서 야구와 공군 학군단에 관심을 쏟고 있었다. 당시 나는 비행기 조종법을 배우고 싶다는 강렬한 욕망에 사로잡혀 있었다. 바로 이때, 내 인생에 심각한 변화구가 날아 들어왔다. 1967년, 사촌 머레이에게서 전화가 걸려올 거라고는 상상도 하지 못했다. 이 전화는 내 삶의 방향을 바꿨을 뿐만 아니라, 전세계가 아웃도어 생활을 즐기는 방식을 바꾼 계기가 되었다.

이에 대한 자세한 이야기는 다음 장에서 하고, 그전에 마지막으로 신기한 우연 하나를 더 짚고 넘어가려 한다. 영화 〈내일을 향해 쏴라Butch Cassidy and The Sundance Kid〉가 잔스포츠의 초창기 시절인 1969년에 개봉했다. 이 영화는 전설적인 열차강도이자 은행강도들의 삶을 다뤘다. 주인공 중 한 명인 부치 캐시디가 턴 열차들 중에는 유니온 퍼시픽 철도를 운행하는 열차들도 있었다. 이게 어떤 의미인지 감이 잡히는가?

다시 내 소신으로 돌아가 연결점들을 이어보겠다. 버팔로 빌은 유니온 퍼시픽 철도회사에 고용되었다. 부치 캐시디는 그 선로 위를 달리는 열차들을 상대로 강도짓을 했다. 부치 캐시디의 DNA 부스러기가 헤이스까지 도달하지 않았으리란 법이 어디 있겠는가? 이런 일이 일어났을 수도 있다. 심지어 이 영화는 우리가 잔스포츠를 설립한 바로 그 시점에 개봉했다. 바로 이 때문에 나와 머레이가 적어도 2주 동안 매일 밤마다 이 영화를 봤는지도 모르겠다. 우리는 서부 개척시대의 역사를 담은 이 영화에 운명적으로 끌렸음이 틀림없다. 적어도 나는 그렇게 생각하고, 앞으로도 이는 변함없을 것이다.

## 사업 초기의 나날들

만약 누군가가 1967년의 내게 혁신과 모험, 아웃도어 생활의 즐거움으로 가득 찬 잔스포츠의 40주년을 축하할 날이 올 거라고 말했다면, 나는 그 사람이 장난을 치고 있거나 뭔가에 취했다고 생각했을 것이다. 하지만 우리는 모든 역경을 이겨냈고, 윙팁Wingtip* 구두와 정장 바지 없이는 사업에 성공할 수 없다고 말하던 반대론자들에 맞서 싸웠다. 사촌 머레이의 몽상에서 시작된 사업이 일년에 수백만 개의 가방을 파는 국제적 기업으로 진화한 것이다. 머레이의 파이프 속에 무엇이 들어 있었는지 궁금해지는 대목이다.**

지하에서 자란 향정신성 물질때문이었든 혹은 대기를 채웠던 사랑과 평화의 분위기에 영감을 받았든 간에, 1960년대에는 비

---

\* 날개 모양의 구두코, 즉 W자형의 앞부리 장식으로 전통적인 남자 정장 구두를 뜻한다.
– 편집자 주
\*\* '몽상'을 뜻하는 영어 단어가 'Pipe Dream'임을 이용한 말장난이다.

전을 갖는 일이 그렇게 드물지는 않았다. 그래서 머레이가 더 나은 프레임을 이용한 가방을 만들어 등산가들에게 팔 거라고 말했을 때에도 나는 별로 놀라지 않았다. 모두 자신만의 비전과 신비로운 경험을 갖고 있었으니까. 이를 기억하는 건 완전히 별개의 문제였지만 말이다. 다행히도 나는 카메라로 그 순간을 포착하고, 이를 기억하겠다는 선견지명을 갖고 있었다. 10대 때부터 나는 사진을 공부하고 싶었다. 심지어 브룩스 사진 대학교Brooks Institute of Photography에 진학할 계획을 세우기도 했다. 하지만 믹 재거와 롤링 스톤즈의 노래 가사처럼 "원하는 것을 언제나 가질 순 없다/하지만 열심히 노력하다 보면 필요한 것을 갖게 되리라."* 지당하신 말씀.

 사진 분야에 미처 도전하기도 전에 머레이가 나에게 거부할 수 없는 제안을 한 것이다. 물론 거절할 수도 있었겠지만 우리는 어린 시절 야외에서 많은 모험을 함께 즐겼던 만큼 순리를 따르는 게 옳아 보였다.

 나는 중학생 때 머레이와 그 가족들과 함께 시애틀에서 여러 번의 여름을 보냈다. 바로 그때 나는 노먼 삼촌이 공학 분야에서 얼마나 노련한 사람인지 알게 되었다. 1950년대에 노먼 삼촌은 취미삼아 워싱턴 호수Lake Washington에서 매년 열리는 경주대회에서 사용되던 수상 비행기의 피트 크루Pit Crew가 되었다. 삼촌은 재미

* 영국 록밴드 롤링 스톤즈Rolling Stones가 1969년에 발표한 앨범 [Let It Bleed]에 수록된 싱글 〈You Can't Always Get What You Want〉의 가사다. 밴드의 보컬인 믹 재거와 기타리스트 키스 리처드가 작곡했다.

삼아 작은 수상 비행기 몇 대를 직접 제작하기도 했다.

　삼촌네 가족과 나는 그해 여름 이 수상 비행기들을 타고 캐나다와의 접경지대 근처에 있는 아름다운 호수를 탐험했다. 우리는 낚시와 하이킹을 하고, 매일 밤 호수 위에 떠있는 오두막에서 모닥불을 피워놓은 채로 머무르며 즐거운 시간을 보냈다. 이때를 계기로 머레이와 나는 야외활동, 음악, 골동품, 워싱턴 주 동부의 골목 탐험 등 많은 취미를 공유하며 끈끈한 유대관계를 맺었다. 이런 역사가 있는데 어떻게 내가 머레이의 제안을 거절할 수 있었겠는가?

　게다가 머레이는 그의 아버지인 노먼 삼촌으로부터 창의적인 유전자를 물려받은 게 틀림없었다. 고등학교를 졸업한 뒤 머레이는 워싱턴 대학교University of Washington에 진학해 산업디자인을 전공했다. 그가 수행한 프로젝트 중에는 알루미늄을 이용해 독특한 물건을 만드는 것도 있었다. 과거의 경험과 하이킹에 대한 지식을 토대로 머레이는 신체에 꼭 맞게 조절 가능한 배낭용 알루미늄 프레임을 개발했다. 알루미늄 소재로 만들어진 이 프레임은 매우 가벼우면서도 튼튼했다. 이 프레임은 몇 년 동안 표준이었던 용접식 프레임에 비해 다양한 용도로 사용 가능했다. 머레이는 이 디자인 덕분에 알루미늄 제조업체인 알코아Alcoa 사가 알루미늄을 가장 잘 활용한 제품에 수여하는 상을 받았다. 머레이가 한 가장 현명한 일은 이 프레임의 제작법에 관한 특허를 바로 취득한 것이었다.

　그 다음으로 한 현명한 일은 여자 친구인 잔의 이름을 회사명으로 정하자고 제안한 일이었다. 둘이 사귀던 무렵, 잔은 워싱턴 대학교에서 교육학 학위를 받았다. 그녀는 또한 가정용 재봉틀을 이용해 천과 본을 다루는 데 뛰어난 재능이 있었다. 1967년, 머레이는 잔에게 다음과 같이 청혼했다.

"잔, 나와 결혼해준다면 네 이름을 따서 회사 이름을 지을게."

잔은 이를 수락했고, 머레이도 약속을 지켰다. 이렇게 잔스포츠가 탄생했다. 머레이는 프레임에 대한 특허를 갖고 있었고, 잔은 천을 잘 다루는 능력을 지녔다. 프레임팩의 천국에서 맺어진 결혼이었다. 머레이와 잔이 날개를 펼칠 기반을 닦았으니, 이제 제품을 상점에 판매할 사람이 필요했다. 그래서 머레이가 내게 사업에 합류해 판매와 마케팅을 담당하라고 제안한 것이다. 나는 제안을 받아들였고, 이로 인해 내 인생은 송두리째 변했다.

(왼쪽에서 오른쪽으로) 카탈로그 표지에 등장한 잔, 스킵, 머레이. Photo by 마샤 번스

서두에도 언급했듯, 세 명의 히피에 불과했던 우리가 이 업계에 대변혁을 불러일으킬 거라고는 전혀 짐작조차 하지 못했다. 우리는 완전히 새내기들이었다. 사업 계획 따위는 없었다. 특별한 교육을 받은 것도 아니었다. 자본도 부족했고, 물건을 팔 상점조차 없었다. 우

리가 가진 거라고는 머레이의 혁신적인 디자인과 잔의 기술, 나의 창의적인 본능과 사람에 대한 애정이 전부였다. 아울러 우리는 공통적으로 밥 딜런 음악과 맥주를 좋아했다. 그 정도면 충분했다.

내가 내린 결정은 겉으로 보이는 것만큼 미친 짓은 아니었다. 태평양 연안의 북서부 지역은 전통적으로 야외활동과 등산을 즐겨온 지역임을 나는 알고 있었다. 예를 들어, '산악인The Mountaineers'이라는 아웃도어 클럽은 무려 70년 간이나 일반인을 대상으로 등반 기술을 교육해왔다. 또한 이 분야에서 이윤을 낼 수 있는 방법을 찾은 에디 바우어와 REI처럼 아웃도어 장비를 팔아 성공한 기업들도 여럿 있었다. 게다가 당시 태평양 연안 북서부 지역에는 배낭 제조업체가 없었다. 당시 켈티Kelty 사는 캘리포니아 주에서, 캠프트레일스CampTrails 사는 애리조나 주에서 용접식 프레임을 생산하고 있었다. 머레이가 갓 발명한 구부리기 쉬운 프레임을 보유한 이는 어디에도 없었다. 이처럼 아웃도어 활동의 중심부에 있으면서도 마땅한 제조업체가 없다 보니, 이 신제품으로 성공할 수 있을 거라는 직감이 들었다. 나는 사진을 공부하겠다는 꿈을 접고 머레이의 비전을 좇아 시애틀로 이사했다.

### 최고 속도로 변환하기

노먼 삼촌은 시애틀 북부의 175번가와 오로라 애비뉴가 만나는 모퉁이에 변속기 정비소를 운영하고 있었다. 언덕에 파고든 2층짜리 건물로, 자동차 두 대가 들어갈 수 있는 차고 세 개를 붙여놓은 규모였다. 삼촌의 작업장은 아래층에 있었고 위층에는 길과 같은 높이에 커다랗게 탁 트인 사용하지 않는 공간이 있었다. 도움을 주고 싶었던 노먼 삼촌은 그 공간을 우리에게 빌려주겠다고 제안했다.

한 가지 문제는 공간이 상당히 더운데도 냉방시설이 전혀 없다는 것이었다. 하지만 두 가지 이유 때문에 우리는 그 장소가 마음에 들었다. 첫째, 인기 있는 지역 밴드와 투어 중인 밴드들이 공연을 펼치는 그 유명한 '파커스 볼룸Parker's Ballroom'이 길만 건너면 있었다. 우리는 일이 끝난 뒤 라이브 공연을 듣고 맥주를 마시며 즐거운 시간을 보내는 모습을 그려보았다. 둘째, 바로 옆 가게가 끝내주게 멋진 오토바이 상점이었다. 머레이는 모터크로스 경주에 열광했기 때문에 이러한 사실은 분명 뜻밖의 즐거움이었다. 먼지 투성이 공간은 위안을 주는 곳은 아니었지만 우리가 좋아하는 것들이 이처럼 인접해 있었기에 충분히 보상이 되고도 남았다.

우리는 그 공간을 쓰기로 결정했다. 1967년부터 1971년까지 그곳은 잔스포츠의 본사였다. 게다가 한동안은 내 숙소이기도 했다. 앞서 말했듯이 우리는 돈이 별로 없었다. 머레이와 잔은 잔의 부모님과 함께 살았고, 나는 잔스포츠 '공장'의 뒤편에 접이식 침대를 놓고 잠을 잤다. 아침식사는 커피 한 잔이었다. 우리는 하루 종일 제품의 모든 부분을 손으로 만들며 열심히 일했다. 점심은 사치였다. 저녁에는 커다란 치즈 한 덩이와 약간의 크래커를 먹고, 우리의 예산으로 살 수 있는 가장 저렴한 맥주 몇 병을 마셨다. 그

등산 중인 스킵과 그의 애완견 곰부.
Photo by 브루스 웨이드

리고 밥 딜런 음악을 듣고 한밤중까지 기타를 연주하곤 했다.

얼마 지나지 않아 우리는 프레임, 재봉틀, 자재와 재료가 담긴 상자들, 온갖 벤딩 공구들, 직물판을 올려놓기 위한 단단한 나무 작업대들을 작업장에 들여놓았다. 완제품을 보관하기 위해 내 침대 근처에는 약간의 공간을 비워두었다. 24시간 내내 잔스포츠와 함께 살고 숨을 쉬었다는 표현이 정확할 것이다. 심지어 주말까지 포함해서 말이다. 우리는 재미삼아, 그리고 기능성과 내구성을 시험하기 위해 직접 만든 장비를 지고 하이킹을 가곤 했고, 산길에서 만난 다른 등산가들과 제품에 대한 이야기도 나눴다. 월요일 아침에는 다시 공장에 모여 어떤 점을 바꾸고 개선해야 할지 토론하곤 했다.

사업 초기부터 잔스포츠는 가족 전체의 사업이나 다름없었다. 노먼 삼촌의 부인인 메이블 숙모는 회계를 맡았다. 재봉틀을 소유한 잔은 내 여동생 다이애나에게 재봉을 가르쳤다. 머레이의 형제인 켄과 내 남동생인 랜디는 여름 동안 조립 공정에 참여했다. 그리고 노먼 삼촌과 나의 아버지는 벤딩 설비를 디자인했는데, 프레임을 만드는 데 필요한 설비를 시중에서 구할 수 없었기 때문이다. 처음에는 알루미늄 관을 배낭의 프레임 모양으로 만들기 위해 핸드 벤더를 사용했다. 이후에는 마을 반대편에 위치한 보잉 사의 잉여분 판매소에서 구입한 유압기를 이용해 설비를 직접 디자인 했고, 이를 유압 시스템으로 발전시켰다.

아버지와 노먼 삼촌은 돈과 물자가 부족했던 대공황 시기 속에서 자랐다. 당시에는 사람들이 지금처럼 아무 물건이나 마구 버리지 않았다. 두 분은 마법을 부린다는 게 어떤 의미인지를 알고 있었다. 다시 말해 이미 사용한 물건을 재활용하는 법, 우리의 경우에는 적은 비용을 들여 중고품을 핵심적인 부품으로 바꾸는 법을 알고 있었다.

나는 그분들의 창의성과 검소함을 보면서 자원이 부족할 때 기지를 발휘하는 법을 배웠다. 사업 초기에 우리는 모든 일을 밑바닥부터 시작해야 했고, 풍요보다는 빈곤에 허덕이는 일이 많았으므로 이는 꼭 필요한 교훈이었다. 단언컨대 작업을 원활히 진행하기 위해서 우리는 가지고 있는 모든 창의력을 있는 대로 쥐어짜야 했다.

놀라운 것은 우리가 그 과정에서 서로 죽이지 않았다는 점이다. 사실, 정반대의 상황이 벌어졌다. 장애물에 맞닥뜨리면 우리는 이를 피해서 일했다. 한 사람의 기분이 안 좋을 때면, 함께 모여 기운을 북돋아주고 같이 극복해냈다. 마치 등산을 할 때 서로 의지해야 하는 것처럼 가게에 있을 때에도 서로 돌봤다. 게다가 스트레스 받는 상황이나 당시의 나날을 특징지었던 오점들에 아랑곳 않고, 그 과정을 즐기기로 굳게 결심한 터였다.

### 네 개의 원칙

사람들은 종종 무엇이 잔스포츠의 초창기를 그렇게 특별하게 만들었느냐고 묻는다. 사람들은 우리를 성공에 이르게 한 원칙이나 신념의 토대가 무엇인지를 알고 싶어한다. 이에 대한 대답은 항상 어려웠는데, 머레이, 잔, 그리고 나는 회사의 원칙을 공식적으로 정한 적이 없기 때문일 것이다. 우리에게는 그럴 만한 시간이 없었다. 게다가 하루 중 남는 시간이 조금이라도 있었다면, 차라리 어떤 밴드가 공연하는지 보러 길 건너 파커스 볼룸에 가는 편을 택했을 것이다. 하지만 이제 와 돌이켜보면 우리에겐 본능적으로 따랐던 네 가지 원칙이 있었다고 할 수 있겠다. 이 원칙들은 40년간 우리를 지탱해왔고, 전세계인들이 잔스포츠 배낭을 소유하는 날까지도 계속 그러할 것이다.

우리는 열심히 일하므로 성공할 것이다.
우리는 모든 이를 존중하고 소중히 여긴다.
삶에는 하루 벌이의 일보다 더 중요한 가치들이 있음을 믿는다.
우리는 우리가 하는 모든 일에서 즐거움을 만들어낼 것이다.

한 단계 더 나가자면, 잔스포츠의 본질은 자유정신이다. 야외에 나가 신선한 공기를 마시고 산과 대화할 때 느끼게 되는 감정 말이다. 잔스포츠는 나이에 상관없이 우리 모두의 삶에서 진정한 재미를 찾기 위해 항상 노력해왔다. 우리는 남녀노소 누구나 야외에서 즐거움을 경험하고 모험을 추구할 수 있도록, 사람들로부터 어린아이 같은 장난기와 새로운 발견, 경외감을 끌어내는 일을 좋아한다. 오늘날까지도 우리의 고용인들은 잔스포츠의 이러한 점을 사랑한다. 당신이 우리 회사와 어떤 방식으로든 연관되었던 사람과 이야기해보면, 비록 일은 힘들지만 모든 사람이 존중받는 거대하고 '행복한 가정'을 유지하고 있다는 말을 듣게 될 것이다. 윙팁 구두 착용을 거부한 히피들에게서 이외에 기대할 수 있는 게 뭐가 있겠는가?

## 오르지 못할 산은 없다

잔스포츠의 초창기에 우리는 개척자나 다름없었다. 참고할 만한 지도도 없었고, 조언을 구할 멘토도 없었으며, 선례가 없으니 과거의 경험에서 배울 수도 없었다. 매순간 직접 부딪히는 수밖에 없었다. 당시 아웃도어 산업은 신흥 산업이었으므로 우리가 시도하는 일은 전부 새롭고 시도되지 않은 것들이었다. 대개 우리가 시행착오를 겪으며 길을 개척하면 다른 이들이 따라왔다. 초기에는 아주 신나는 동시에 실망스러웠고, 활기 넘치는 동시에 힘들었다. 돌파구를 찾았다 싶으면 전혀 새로운 장애물이나 도전과제가 나타나곤 했다. 마치 두더지 잡기 게임처럼 문제 하나를 해결했다 싶으면 전혀 새로운 곳에서 또 다른 문제가 불쑥 튀어나오곤 했다. 자금 부족, 신용 한도 문제, 화재, 법률 관련 문제, 도난 사건, 기계 고장, 상한 맥주 등등.

그럼에도 불구하고 특허를 받은 머레이의 디자인에 승산이 있다고 확신한 우리는 새로운 길을 개척하는 일을 강행했고, 성공하기 위해 노력했다. 모름지기 개척자는 자신의 노력과 고독, 역경을 언젠가는 보상받을 날이 올 거라고 목표를 세우고, 이에 헌신하고, 이를 확신하는 법이니까. 이 모험이 실패할 수도 있음을 알고 있었지만 금맥을 발견할 가능성도 있다고 생각했다. 머레이, 잔, 그리고 나는 최선을 다해 결과물을 얻어낼 때까지는 앞만 보고 달릴 터였다.

사업에 뛰어든 세 명의 히피들은 순진함이 강점이었던 것 같다. 우리는 어리고 열정이 넘쳤으며, 무엇이든 정복할 수 있다는 사고방식을 유지했다. 큰 그림을 보지 못하는 점이 오히려 이득이었다. 결과를 미리 판단할 수 없었기 때문이다. 우리는 어떤 일을 시도할 때 한계를 설정하지 않았다. 꿈꿀 수 있는 일이라면, 성패에 상관없이 시도했다. 개방적인 태도와 결연한 의지 덕분에 실패에 대한 두려움 없이 낡은 사고방식에서 벗어나 새로운 일들을 시도할 수 있었다. 우리에게는 모르는 게 약이었다.

1970년경, 삼촌의 정비소 위에 자리잡은 공장에서 배낭을 생산하는 일이 본격적으로 궤도에 올랐다. 마지막 한 땀까지 완벽하게 만들기 위해 열과 성을 다해 열심히 일했다. 생산과 조립과정 전부를 직접 총괄했고, 만에 하나 뭔가가 잘못되면 우리가 책임을 져야 할 입장이었다. 당시에는 하청을 주지도 않았다. 프레임을 직접 만들고, 손으로 그린 본에 대고 천을 잘랐으며, 자리에 맞게 지퍼를 꿰맸다. 갓 태어난 아기를 지극정성으로 돌보는 부모처럼, 우리는 아주 사소한 세부사항도 일일이 챙겼다.

잔스포츠에서 생산하는 모든 가방은 기능과 품질, 가격 대비 성

헤클러-보우커
광고 에이전시가 제작한
1970년대의 텐트 광고.

능 면에서 최고여야 했다. 타협의 여지는 없었다. 우리는 단순히 돈을 벌기 위해 제품을 판매하는 것을 가장 혐오했다. 산을 올라야 하는 상황이라면, 그것이 사업상의 산더미 같은 문제들이든 레이니어 산이든 간에 그냥 오르면 될 뿐이었다. 우리는 최고가 되고자 했다.

## 신생아에서 베스트셀러로

훌륭한 제품을 생산하는 일만이 전부는 아니다. 적어도 확실한 평판을 얻기 전까지는 다른 사람들에게 우리 제품을 사라고 설득하는 일이야말로 진짜 어려운 일이다. 나는 제품 판매 담당이었는데, 어수선한 사무실 때문에 특히 힘들었다. 공간이 비좁았기 때문에 우리는 계속 서로 부딪히거나 원자재나 완제품 더미에 발이 걸리곤 했다. 못 참을 정도는 아니었지만 지속적인 소음도 괴로웠다. 재봉틀이 돌아가는 단조로운 소리에 손으로 프레임을 구부리는 누군가의 힘겨운 신음이 끼어들었다.

그즈음 잔은 아기를 낳았고, 하이디를 유모차에 태워 작업장에 데려오곤 했다. 우리에게는 잔의 재봉기술이 꼭 필요했기 때문에 출산휴가는 꿈도 꿀 수 없는 상황이었다. 공장 안에서 가장 안전한 장소는 내 책상 바로 옆이었으므로, 잔은 종종 하이디의 유모차를 내 작업공간 옆에 두었다. 하이디는 옆에 두고 보기엔 너무 귀여운 아기였다. 하지만 피곤한 신생아의 그칠 줄 모르는 울부짖음 속에서 업무전화를 걸어야 하는 상황을 상상해보라.

이처럼 정신없는 일상에도 불구하고, 대어 몇 마리를 낚는 데 성공했다. 당시 단일 최다 판매 기록은 독립기념일 직전 레크리에이셔널 이큅먼트 사(Recreational Equipment, Inc.:REI)에 스카우트백 25개를 판매한 것이다. REI의 25개 주문이 대어였다면, 이후에 들어온 몇 개의 주문은 고래를 낚은 수준이었다. 역대 최다 수량의 주문서를 머리 위로 흔들며 공장으로 걸어가던 순간이 아직도 기억난다. 에디 바우어Eddie Bauer 사에서 가방 300개를 주문한 것이다. 바로 그날 잔스포츠의 운명이 바뀌었다. 가족을 동원해 회사를 운영하는 것은 더이상 불가능했다. 그 판매를 계기로 우리는 메이저리그에 뛰어들 기반을 닦았고, 제법 규모 있는 제조업체가 되었다.

제대로 된 회사라면 변화의 기로에 섰을 때 어떤 일을 할까? 당연히 회의를 할 것이다. 나는 진지하게 회의를 해야 할 때라고 판단했다. 이처럼 큰 주문을 어떻게 감당할지 생각해내야 했다. 계획을 짜기 위해 우리가 작업대 주변에 모였을 때의 흥분을 짐작할 수 있으리라. 우리는 그 주문이 최대한 효율적으로 처리되어야 하는 동시에 잔스포츠의 품질에 걸맞아야 함을 알고 있었다. 완벽에 대한 집념을 선보일 큰 기회라는 사실을 모두 알고 있었다. 엉성한 일 처리는 용납되지 않을 것이며, 품질을 깎아먹는 일도 절대 없어야 했다.

나는 사람들에게 에디 바우어의 소매점과 통신 판매 카탈로그에 들어갈 네 가지 종류의 배낭을 만들어야 한다고 설명했다. 생산을 순조롭게 진행하기 위해 정해야 할 세부사항이 너무 많았다. 디자인 작업은 머레이가 책임질 터였고 잔은 재봉을 위한 본을 만들어야 했다. 에디 바우어 고유의 초록색 천과 라벨, 그리고 새로운 원자재가 여럿 필요했다. 또한 각 가방을 따로따로 포장해야 했다. 배낭의 프레임을 만들 일손을 늘리는 일이 급선무였다. 나는 캔자스 주에 살던 어린 시절 친구 폴 폴즈를 고용했다. 우리와 합류한 폴은 자신이 기대한 것보다 더 많은 것을 얻었다. 그는 잔스포츠에서 일하는 동안 길 건너 파커스 볼룸에서 미래의 아내를 만났고, 모퉁이 돌아 오로라 애비뉴의 예식장에서 결혼식을 올렸다. 그 정도면 그리 나쁘지 않은 결실을 거둔 셈이다.

이외에도 우리는 특정 자재를 구매하기 위해 은행에서 신용 대출을 받아야만 했다. 이는 거대한 장애물이었다. 다시 한번 말하지만, 우리는 새로운 영역을 개척하는 중이었다. 금융권 종사자들은 위험을 무릅쓰고 싶어하지 않았다. 또다시 노먼 삼촌이 구원투수로 나서서 개인 보증을 서주었다. YKK, 워터베리 버클Waterbury Buckle, 트래비스Travis, 하우 앤 베인브리지Howe & Bainbridge, 알코아

Alcoa 등 주요 원료업체들이 외상으로 물건을 공급해주기로 동의한 것도 우리에게는 특별한 행운이었다. 모든 준비를 마친 우리는 바빠지기 시작했다.

### 마음을 담아 보내다

배낭 제작을 마친 뒤, 우리는 제품을 배달용 밴에 실었다. 마치 고무를 씌운 소몰이용 막대처럼 여분의 타이어가 차 앞부분 엔진 그릴 위에 장착된, 빛바랜 파란색의 도지Dodge 브랜드 차였다. 원래는 밴의 전주인이 차를 중고로 팔기 위해 노먼 삼촌에게 변속기 수리를 맡긴 것이었다. 16만 킬로미터가 넘는 주행거리와, 연료가 석유이며, 힘이 약하다는 단점이 있었지만, 가격이 적당했기에 구매했다. 거의 하룻밤 만에 이 파란색 밴도 잔스포츠의 가족이 되었다. 밴의 뒷부분에 남는 공간이 있었으므로 에디 바우어의 물류 창고로 배달할 상자 106개를 실을 수 있었다.

첫번째 물량을 창고로 배달하면서 심장이 약간 떨렸다. 우리에게는 매우 큰 기회였다. 우리가 힘든 일을 해냈으며, 높은 품질을 지켜냈고, 고맙게도 그 덕분에 돈을 벌 기회가 생겼다는 점이 자랑스러웠다. 상자를 운반하는 일 외에 북서쪽으로 등산 여행을 갈 때에도 밴을 이용했다. 한번은 키스 라우쉬와 함께 주말여행을 떠났다가 엔진이 과열되었는데, 몇 킬로미터 거리에는 물을 구할 만한 데가 없었기 때문에 라디에이터 위에 맥주를 부어 문제를 해결했다. 개척자들은 창의적인 방법으로 문제를 해결하는 것으로 유명하다고 해두자. 이제 와 생각해보니, 이 밴은 음주와 운행으로 표창을 받고도 남았을 것 같다.

1970년대의 유콘 텐트 광고. Photo by 마샤 번스

창의적인 아이디어에 대해 더 이야기하자면, 하루는 머레이가 어떤 눈에 보이지 않는 환상에 영감을 받았는지 블로우 토치로 밴의 천장 앞부분을 잘라내버렸다. 앞좌석 바로 위의 천장을 제거한 뒤, 머레이는 새로 생긴 구멍 주변에 똑딱단추들을 붙였다. 잔은 가방 만드는 천으로 열고 닫을 수 있는 선루프를 만들었다. 모양새는 별로였지만 확실히 재미있기는 했다.

당시 잔스포츠만이 번뜩이는 아이디어를 내는 유일한 회사였다는 인상을 주고 싶지는 않다. 우리가 배낭업계를 개척하던 그 무렵, 듀퐁DuPont 사는 타이어 코드사로 사용할 수 있는 질긴 나일론을 새롭게 개발 중이었다. 그들은 개발한 물질이 타이어에 적합하지 않다는 것을 깨닫고는 이를 엮어서 직물을 개발했는데, 가벼우면서도 질겼고, 다양한 용도로 사용하기 좋았다. 듀퐁 사는 이 천을 '코듀라'라고 불렀고, 이는 곧 원자재 분야에서 가장 큰 혁신 중 하나로 드러났다. 게다가 밴에 씌울 선루프를 만들기에도 좋았고.

우리는 당시 코츠 앤 클라크Coats & Clark 사에서 제조하는 전통적인 메탈 지퍼를 사용하고 있었는데 어느 날, YKK 사의 영업사원 마이크 스트라우드가 새로 개발한 나일론 코일 지퍼를 보여주겠다며 연락해왔다. 이 지퍼는 메탈 지퍼와는 달리 낮은 온도에서도 얼지 않았고, 가방도 더 쉽게 닫을 수 있기 때문에 마음에 쏙 들었다. 우리는 즉시 YKK의 나일론 코일 지퍼를 제품에 사용하기 시작했다. 이처럼 획기적인 개선 결과, 현재까지도 YKK 지퍼를 사용하고 있다.

얼마 지나지 않아 잔스포츠가 노먼 삼촌의 정비소보다 크게 성장했지만 더 넓은 장소로 이전하기에는 여전히 자금이 부족했다. 적어도 그때까지는. 뭔가 참신하면서도 돈이 들지 않는 해결책이 필요했다. 우리는 북쪽 캐스케이드 산맥Cascade Mountains 너머에 위치한 윈스럽Winthrop에 거주하는 재택 재봉사들을 모집한 후 하청을 주기로 했다. 재봉을 잘하는 이들이 부품 상자를 집에 가져가서 바느질을 하고 완제품으로 조립하는 방식이었다. 우리는 또한 로프 스키웨어Roffe Skiwear 사의 도움을 빌리기로 했다. 비수기에 부품과 원자재를 보내면 그곳 직원들이 가게에서 제품을 만들어주었다. 제품 판매량이 계속 늘어나면서 안정적인 공간이 더욱 절실해졌기에 시애틀 주 북부에 있던 정비소 건물에서 워싱턴 주 에버렛(Everett, Washington)에 있는 페인필드Paine Field로 이사했다. 새 장소는 낡은 육군 병영 건물을 개조한 곳이었는데, 한 평(약 3제곱미터)당 임대료가 1달러 50센트에 불과했다. 예전에 쓰던 공간보다 훨씬 넓어진 덕에 재봉사 30명을 수용할 수 있었다. 결국, 작업 설비를 전부 집어넣기 위해 또 다른 병영 건물의 식당, 예배실까지 빌려야 했다. 우리는 1990년대 초까지 그곳을 본사로 사용했다.

노먼 삼촌의 정비소에서 초라하게 시작한 우리는 1980년대에는 워싱턴 주의 위냇치Wenatchee와 베이뷰Bayview에 세 개의 독립된 공장을 가동했다. 오늘날 우리는 세계 각지에 공장을 갖고 있고, 400명 이상의 직원을 두었다. 가끔 사람들은 오늘날의 비즈니스 환경에서도 잔스포츠 식의 창업이 성공할 수 있을지 물어본다. 대단한 아이디어를 가진 20대 청년들이 사업을 벌이기 위해 대학을 중퇴한다면 과연 성공할 수 있을까? 반드시 그렇진 않다. 중요한 것은 그들이 진정한 개척자 정신을 가졌는지 여부다. 자신들의 노력과 고초를 언젠가 보상받을 거라는 목표를 세우고, 이에 헌신하고, 이를 이루리라고 확신해야 하는 것이다. 못 믿겠다면 구글 Google, 벤 앤 제리Ben & Jerry's, 스타벅스Starbucks, 파파존스Papa Jone's 의 예를 생각해보라. 개척자들에게는 삶이 곧 모험이고, 그 길은 지도에 나와 있지 않다는 점을 기억하라. 하지만 꿈을 향한 열정을 가진 이들에게는 오르지 못할 산은 없다.

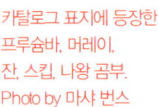

카탈로그 표지에 등장한
프루슈바, 머레이,
잔, 스킵, 나왕 곰부.
Photo by 마샤 번스

잔스포츠를 설립했을 때, 우리에게는 많은 꼬리표가 따라붙었다. 그중 대부분은 자랑할 만한 가치가 없는 것들이었다. 내가 가장 좋아한 농담은 '수목한계선 위에서 너무 많은 시간을 보내는 세 명의 머리 긴 히피들'이라는 것이었다. 맞는 말이기는 했다. 실제로 우리의 머리카락은 길었다. 하지만 역시 머리를 길게 길렀던 뮤지션 래리 노먼의 노래 가사처럼, "그들은 나에게 머리를 자르라 했다/그들은 나를 미치게 했다/나는 다시 머리를 길렀다/뇌를 위한 공간을 만들기 위해."**

수목한계선보다 북쪽에 사는 이유로는, 우리가 모험에 대한 열정으로 불타오르는 아드레날린 중독자였다는, 의문의 여지가 없

---

\* 일반적으로 이 표현은 '한 무리의 사람들이 특정한 계획 없이 무리 지어 행동하는 경향'을 의미한다. 하지만 두 단어를 떼어보면 'Pack'은 배낭을, 'Mentality'는 사고방식, 정신상태를 뜻하므로, 이번 장에서 등장하는 내용을 암시하기 위해 저자가 일부러 이 표현을 선택했음을 알 수 있다.

\*\* 미국의 싱어송라이터 겸 음반 프로듀서였던 래리 노먼Larry Norman의 곡 〈Why Should the Devil Have All the Good Music〉의 가사.

는 사실로 답할 수 있다. 내 생각에는 긴 머리카락 덕분에 뇌를 위한 여유 공간이 생긴 점과 자주 산악 트레킹을 다닌 점 덕분에 잔스포츠의 제품에 관한 멋진 아이디어들을 떠올릴 수 있었던 것 같다. 그러고 보니, 우리의 꽃무늬 나팔바지가 아이디어를 생산하는 과정에 어떤 식으로든 일조했다는 데 나의 가장 최신형 피터 막스* 코스믹 포스터를 걸겠다. (멸치를 얹고 버섯을 두 배로 넣은 피자를 먹으면 영감을 얻는 데 도움이 된다고도 들었는데 이는 별개의 문제다.)

제품에 관한 아이디어는 대부분 두 가지 경로를 통해 얻었다. 한 가지는 다른 사람들의 말을 듣거나, 다른 한 가지는 실제로 야외에서 직접 경험을 해보는 것이다. 길에서 우리는 다른 등반가들이나 하이킹하는 사람들, 그리고 아웃도어광들을 만나곤 했다. 이들은 "이봐, 스킵. 주머니가 하나 더 있으면 좋지 않을까?"라거나 "얼지 않는 지퍼가 있으면 좋을 것 같아" 또는 "가방 바깥에 피켈** 을 걸 수 있는 공간이 있었으면 좋겠어"라고 말하곤 했다. 하이킹이 끝나면 우리는 다시 가게에 모여 이러한 아이디어를 활용해 장비를 더 기능적으로 만들기 위해 노력했다.

새로운 아이디어를 받아들이고 이를 실제 사용 가능한 제품으로 만들려 시도할 때, 분명 이론과 실전 사이에는 큰 차이점이 존재한다. 예를 들어, 아웃도어용으로 어떤 상품을 고안할 때에는 예측 불가능하고 때로는 혹독한 기후조건을 고려해야 한다. '이론

---

\* 피터 막스Peter Max는 그래픽디자이너 겸 팝 아티스트로, 60년대 히피 문화를 주제로 한 포스터를 다수 제작했다.
\*\* 등반용 얼음도끼를 뜻하는 독일어. - 편집자 주

적으로 맞으니까 이 아이디어는 분명 실제로도 가능할 거야'라고 말하고도 싶었지만, 우리는 야외에서 직접 시험해보는 것이 최선임을 알고 있었다.

우리는 우리가 만든 모든 제품을 직접 써보았다. 또한 제품에 관한 아이디어를 철저히 테스트했을 뿐만 아니라, 등산을 즐기는 친구들을 여럿 초청해 제품을 검증해달라고 부탁했다. 그 결과 잔스포츠의 제품이 시장에 나갔을 때 소비자들에게도 유용할 거라고 확신할 수 있었다. 비록 평화를 사랑하는 히피들이기는 했지만, 강도와 신뢰도를 측정하기 위해서는 제품을 기꺼이 지옥에 내놓았다. 그 덕분에 우리는 자신 있게 품질보증 서비스를 평생 제공할 수 있게 되었다.

우리의 지속적인 성공 비결 중 하나는 분명 새로운 아이디어를 발견하고, 추구하고, 시험하는 것을 두려워하지 않는다는 점이다. 물론 모든 아이디어가 실현되지는 않는다. 일부는 혁신적이지만 대중적으로 인기가 없고 수지타산이 맞지 않는 경우도 있다. 또는 겉으로는 그럴듯해 보이지만 막상 테스트를 해보면 별로인 경우도 있다. 때로는 완전히 허무맹랑한 아이디어도 있다는 사실을 잊지 말자. 지금부터 이에 딱 들어맞는 사례를 이야기하려 한다.

캡틴 아메리카 프레임팩과 찍은 잔과 스킵의 사진. 배경에 K2의 창고가 보인다. Photo by 머레이 플레츠

## 아카풀코\* 또는 대실패

나는 항상 새로운 아이디어를 수용하고, 최선을 다해 이를 실행하려 노력한다. 아무리 처음에는 허무맹랑해 보인다 해도 말이다. 아직 잔스포츠를 설립하기 전인 1966년 여름, 나는 콜로라도주의 에스테스 파크(Estes Park, Colorado)에서 일하고 있었다. 여름이 거의 끝날 무렵, 캔자스에 사는 친구 세 명이 나와 놀기 위해 서쪽으로 차를 몰고 왔다. 가을 학기가 빠르게 다가오고 있었고 에스테스 파크에서의 일도 끝났으니 이 틈을 타 멕시코에 가자는 즉흥적인 계획을 세웠다. 사실 우리는 바다까지 무작정 내달리고 싶었고, 아카풀코Acapulco라는 곳에 들르면 멋질 거라고 생각했다. 우리는 아카풀코가 수천 킬로미터나 멀리 떨어져 있고 비자 없이는 멕시코 국경을 넘을 수 없다는 사실도 몰랐다. 하지만 설령 이러한 세부사항들을 알았다 하더라도 계획을 수정했을지는 미지수다.

국경의 남쪽에서 즐거운 시간을 보내기로 목표를 세운 뒤 대니스 로빈슨, 닉 더글라스, 칼 모펫, 그리고 나 이렇게 네 명은 칼의 1962년형 검정색 쉐비 임팔라에 올라타고 길을 나섰다. 나의 애완견인 소크라테스라는 이름의 비글도 함께였다. 한 명은 신용카드를 갖고 있었고, 나머지는 약간의 현금만을 보유한 채였지만 아카풀코가 우리를 부르고 있었고, 자금이 부족하다는 이유로 이를 무시할 생각은 없었다.

\* 멕시코 게레로 주에 있는 항구도시로, 세계적인 휴양도시이다. 1950년대 〈타잔〉 영화의 촬영지이기도 하다. - 편집자 주

바로 그때 묘안이 떠올랐다. 돈을 절약하기 위해 모텔 대신 감방에서 자기로 한 것이다. 우리는 여행을 하며 일부러 작은 마을들을 목표로 삼았고, 도착하면 치안판사에게 찾아가 신세타령을 늘어놓곤 했다. 돈을 아껴야 하고……, 대학에 복학해야 하는데 남은 돈도 없고……, 네 명이나 되는 인원이 개와 함께 차 안에서 잘 수는 없다는 등의 내용이었다. 이 작전은 거의 항상 통했다. 교도소에 따라 어떤 곳에서는 우리를 감방에 넣은 후 문을 잠갔고, 다른 곳에서는 건물에 우리를 넣은 뒤 앞문만 잠그기도 했다. 짐작하겠지만, 이 감방들은 메이베리의 앤디* 사이즈의 감방들로, 철창 안에 수감자들은 없었다. 갇힌 채로 자야 한다는 사실을 탐탁지 않아 한 대니스는 홀로 차 뒷좌석에서 잤다. 나머지 인원은 엘패소El Paso에 도착하기까지 서너 군데의 감방에서 잤다.

물론 음식을 어떻게 구할지도 문제였다. 뉴멕시코 주 시머론(Cimarron, New Mexico)에 도착할 무렵, 돈이 바닥나기 시작했다. 바로 그때 우리는 필몬트 스카우트 랜치Philmont Scout Ranch를 발견했다. 이 유명한 보이스카우트 캠핑 시설은 1억 5천만 평(약 515제곱킬로미터)이 넘는 아름다운 대지에 자리하고 있었다. 먹을 거라면 무엇이든 가리지 않는 시점에 다다른 우리는 캠핑장 식당에 찾아가 버릴 예정인 음식이 있는지 물었다. 놀랍고도 감사하게도, 그들은 우리에게 볼로냐 소시지, 버터 샌드위치, 그리고 냉동 도넛을 안

---

\* 1960년부터 1968년까지 CBS에서 방영되었던 시트콤 '앤디 그리피스 쇼'를 의미한다. 이 시트콤은 메이베리라는 가상의 마을에서 앤디 그리피스라는 보안관을 중심으로 벌어지는 내용을 담았다.

겨주었다.

공짜 음식에 감사하며 우리는 다시 길을 떠났다. 엘패소에 도착한 뒤 국경을 넘어 멕시코의 후아레스를 향해 남쪽으로 차를 몰았다. 약 15킬로미터쯤 달렸을 때 멕시코 국경 순찰대원이 근무하는 적막한 감시 초소 하나를 우연히 발견했다. 길 한가운데 서 있던 순찰대원이 우리에게 멈추라고 신호했다. 칼은 음악 소리를 줄이고 창문을 내렸다. 순찰대원이 다가와 차 주위를 한 바퀴 돌아보고는 안을 들여다봤다.

"비자를 소지하고 있습니까? 스물한 살은 넘었습니까?"

비자? 처음 듣는 얘기였다. 이 순찰대원은 손가락으로 북쪽을 가리키며 이곳을 지나가기 위해선 미국 영사관에 가서 비자를 받아와야 한다고 말했다. 설상가상으로, 그는 소크라테스를 압류하고는 검역을 위해 30일 동안 격리하겠다고 했다.

차를 돌려 미국 영사관으로 가면서 우리는 즉각 비자를 발급받을 수 있을 거라고 생각했지만, 우리 모두 스물한 살 미만이었기 때문에 부모님의 동의가 필요하다며 발급을 거절당했다. 부모님들은 우리가 어디 있는지조차 모르는 데다, 부모님께 전화하는 것은 그리 좋은 생각이 아닌 듯했다. 해변에서 코로나 맥주를 마시려던 우리의 꿈은 그렇게 물거품이 되었다. 하지만 그냥 떠날 수는 없었다. 소크라테스가 아직 갇혀 있었다!

날이 점점 저물어 저녁이 될 무렵, 우리 중 한 명이 몰래 국경을 넘어 소크라테스가 갇혀 있는 곳으로 잠입한 다음 녀석을 빼내어 (어떻게 가능했는지는 묻지 말라, 나도 모른다) 데리고 돌아왔다. 우리는 소크라테스를 재빨리 차 뒷좌석에 숨긴 뒤 담요로 덮었다. 다행히도 더이상의 방해물 없이 무사히 에스테스 파크로 돌아왔다. 며칠 뒤, 우리는 다시 콜로라도 주로 향했다.

짧은 휴가에서 돌아온 뒤, 칼과 릭은 크리플크리크Cripple Creek에 있는 몰리브덴 광산에 일자리를 얻어 콜로라도 주에 남기로 결정했다. 그사이 대니스와 나는 학교에 다니기 위해 캔자스 주로 돌아가야 했다. 돈도 차도 없는 상태로 말이다. 결국, 소크라테스까지 데리고 히치하이크를 하는 수밖에 없었다. 한 친구가 우리를 I-70 고속도로에 내려줬고, 우리는 그곳에서 캔자스까지 엄지손가락을 치켜들고 히치하이크를 해서 돌아왔다.

다행히도 짐은 많지 않았다. 나는 더플백 하나를 갖고 있었고, 대니스는 물건들을 코텍스 상자에 담아 들고 다녔다. 물론 이는 괴상한 선택이었다. 대니스의 물건들을 넣고 다닐 만한 무언가가 필요했던 우리는 식료품점에 들러 아무 상자나 달라고 부탁했다. 우리는 고속도로에 나와서야 대니스가 걸어 다니는 여성 위생용품 광고판이나 다름없다는 사실을 깨달았다. 하지만 차들이 쌩하고 지나가며 그 안에 탄 사람들이 우리에게 손가락 욕을 하거나 우리 쪽으로 병을 집어 던진 이유는 대니스의 상자 때문이 아니라 우리의 히피 헤어스타일 때문이었으리라.

보통 에스테스에서 헤이스까지는 자동차로 7시간 정도 걸린다. 하지만 우리는 36시간이나 걸렸다. 캔자스 주 가든시티(Garden City, Kansas)에 도착했을 땐 아무도 우리를 태워주려 하지 않았다. 바로 이 지역의 농가에서 클러터 가족이 살해되었고, 마침 『인 콜드 블러드In Cold Blood』가 온 국민을 공포의 도가니로 몰아넣은 참이었기 때문이다.* 그러다 보니 사람들은 낯선 이들을 경계했고, 남자 두 명이 히치하이크를 시도하면 더더욱 그럴 수밖에 없었다. 하루를 꼬박 걸은 끝에 우리는 그 지역을 벗어나 차를 얻어 탔고, 최종 목적지에서 15킬로미터쯤 떨어진 곳까지 올 수 있었다.

밤이 점점 깊어졌고 너무 피곤해 죽을 지경이었다. 공짜 침대를 얻을 수 있는 교도소도 없으니, 도로 옆 배수구에 누워 밤을 보내는 수밖에 없어 보였다. 그때, 고속도로를 따라 차를 몰던 어느 젊은 커플이 용케 우리를 보고는 차를 태워주겠다고 제안했다. 다행히 그들은 개도 함께 탄다는 사실을 개의치 않았고, 우리는 얼마 지나지 않아 집에 도착했다.

비록 정상적인 여행과는 거리가 멀었지만 이 여행 덕분에 나는 모험을 더욱 갈망하게 되었고, 새로운 아이디어를 탐험하는 일에 대해 개방적인 태도를 지니게 되었다. 이러한 맥락에서, 새로운 아이디어라고 해서 전부 똑같은 성공을 거두지는 않는다는 사실을 최초로 입증해보겠다. 증거를 대보라고? 계속 읽어보시라.

---

* 『인 콜드 블러드In Cold Blood』는 트루먼 카포티가 1966년 발표한 작품이다. 캔자스 주 홀컴Holcomb에 살던 허버트 클러터라는 농부와 그의 가족이 잔인하게 살해된 실화를 바탕으로 쓰였다. 카포티는 사건이 일어났다는 소식을 접한 뒤 오랜 친구이자 소설가인 하퍼 리와 함께 해당 마을을 직접 방문해 책을 쓸 자료를 모았다. 저널리즘적 방법론과 소설의 작법을 동시에 적용한 이 책은 논픽션 베스트셀러 부문에 여러 번 이름을 올렸다.

## 개판이 된 기발한 아이디어들

믿거나 말거나, 우리는 한때 개들을 위한 프레임팩을 세 개의 사이즈로 제조했었다. 이 아이디어를 고안했을 때 분명 우리는 술에 취하지 않은 멀쩡한 상태였다. 1970년대 초반, 산행은 전국적인 인기를 얻고 있었다. 당일치기로 여행하는 사람들과 주말에 등산을 나서는 사람들은 애완견을 동반하곤 했다. 만약 개가 자신의 식량과 약간의 물품을 지고 갈 수 있다면 프레임팩이 사업적으로 훌륭한 아이디어가 될 거라고 생각했다. 수요가 있는데 이 수요를 채우는 이가 아무도 없었으니, 이 틈새시장을 장악할 제품을 만들기로 했다. 당시에는 매우 합리적인 아이디어인 것 같았다.

나도 친구이자 셰르파인 나왕 곰부의 이름을 딴 곰부라는 이름의 알래스카 말라뮤트 한 마리를 키우고 있었기에 애완용 프레임팩의 진가를 바로 알아차렸다. 두 살 무렵 녀석은 작은 말 한 마리만큼 커졌고, 몸무게는 거의 55킬로그램에 달했다. 곰부는 힘이 셌고 무언가를 끌어당기기를 좋아했다. 녀석의 목줄에 스키 폴을 걸고

애완견 곰부와 스키를 타는 스킵. photo by 개일 웨스틴

크로스컨트리 스키를 신으면, 녀석은 나를 언덕 위로 끌고 다니며 캐스케이드 산맥 북부의 눈 덮인 산들을 돌아다니곤 했다.

곰부는 또한 물건을 나르는 일도 좋아했기 때문에 녀석의 등에 딱 맞는 배낭을 만들었다. 배낭이 양쪽에 있는 셈인데 한쪽에는 애완용 음식들을 넣고, 다른 쪽에는 맥주 캔들을 넣어 등에 채워 주는 식이었다. 얼마 지나지 않아, 사람들이 개를 우리 가게로 데려와서는 잔스포츠 애완용 프레임팩을 맞춤 주문하기 시작했다. 흥미롭게도 몇몇 고객들은 우리에게 말하곤 했다. "스킵, 내 개가 배낭 없이는 산책을 안 가려고 해!" 하지만 우리는 고작 100여 개를 판매한 뒤, 더 인기 있고 중요한 제품을 생산하고자 애완용 배낭 생산을 중단했다.

어떤 교훈을 얻었냐고? 모든 아이디어가 대박날 수는 없으며, 그래도 괜찮다는 교훈. 종종 그러하듯 하나의 아이디어가 다른 아이디어를 낳고, 결국 마지막에는 정말로 성공할 수 있는 콘셉트를 만들어낼 테니까. 그건 그렇고 만약 당신이 애완용 프레임팩을 발견한다면, 이것이 수집가들에게 인기 있는 품목임을 알아두라.

처음에는 그럴듯해 보였지만 결국 수지타산이 맞지 않는 것으로 드러난 또 다른 아이디어는 잔스포츠 소매점을 연 것이었다. 우리는 도매상으로 시작해 처음에는 오직 소매점과 공급업자에게만 물건을 팔았다. 프레임팩을 만들어 팔던 삼촌의 정비소에는 마침 앞쪽에 작은 사무실이 있었다. 여기서 말하는 작은 사무실이란 가로×세로가 약 3미터 정도로 작은 침실 크기밖에 되지 않았다. 하지만 우리는 이 장소를 최신 유행하는 상점으로 바꿀 계획을 세웠다. 낡은 헛간 목자재로 벽을 대고, 두꺼운 헛간용 판자를 바닥에 깔았다. 단단한 소나무 테이블을 판매대로 삼고, 고객이 들어오면 울리도록 문에 종을 달았다. 또한 고풍스러운 수동 놋쇠 금전 등록기를 우연히 발견했다. 잔스포츠 간판을 만들어 문 바깥쪽 위에 압정으로 고정하고 나니 모든 준비가 끝났다.

처음 계획은 가게 안에 아무도 앉아 있지 않는 것이었다. 모두 제품을 직접 손으로 만드느라 바빴기 때문이다. 그냥 종이 울릴 때마다 아무나 여유 있는 사람이 가서 손님을 받으면 될 거라 생각했다. 하지만 이윽고 우리는 손님들이 REI, 에디 바우어, 그리고 지역의 다른 전문점들을 모두 섭렵한, (까다롭다는 의미에서) 매우 철저한 사람들이라는 사실을 깨달았다. 사람들은 뭔가 독특한

오로라 애비뉴 소매점에서의 스킵.

것을 찾을 때면 북부 시애틀의 175번가와 오로라 애비뉴 사이에 위치한 잔스포츠라는 작은 신생회사를 찾아오곤 했다. 얼마 후 나의 여동생인 다이애나가 끈기가 있고 판매에도 능할 뿐만 아니라, 판매 후에는 곧바로 자신의 업무로 돌아가는 집중력이 있었기에 가게를 맡았다.

하루는 노동절을 맞아 주말 등반 여행을 가려고 준비 중이었는데, 장비를 모두 챙겼을 때 어떤 남자가 가게로 들어왔다. 모든 제품을 한 시간 넘게 꼼꼼히 살펴본 남자는 아무것도 사지 않은 채 가버렸다. 게다가 나는 그 사람이 내 침낭을 훔쳐갔다고 확신했다. 소매업에서 실패를 맛본 우리는 가게를 닫고 도매업 쪽에 시간을 더 투자하기로 결정했다. 하지만 다행히 새로운 시도는 중단되지 않았다.

### 도대체 어쩌려고 그래?

새로운 제품을 개발하거나 기존의 제품을 개선하기 위해 머리를 짜내는 일에 관해서라면, 내 경험상 괜찮은 아이디어는 넘쳐나고, 좋은 아이디어는 많으며, 위대한 아이디어는 단지 소수에 불과하다. 어쩌면 살다가 한두 번쯤은 평소에 찾기 힘든 혁신적인 아이디어를 마주하게 될지도 모른다. 위대한 아이디어와 그 사촌뻘인 혁신적인 아이디어가 드물다는 이유로 아이니어를 시험해 보는 모험을 중단해서는 안 된다. 왜냐고? 대부분의 경우 시도해

보기 전까지는 성공했다는 사실을 확신할 수 없기 때문이다. 물론 당신은 애완견과 함께 멕시코에 갇힌 몸이 되어버릴 수도 있다. 그래도 당신의 직감을 믿고 일단 한번 시도해보는 것이 중요하다. 당신은 대부분 미국인의 허리둘레가 늘어났으니, 신뢰할 만한 직감도 증가했다고 생각할 수도 있다. 그러나 불행하게도 젊고 패기에 찬 사업 경영자 중 너무나 많은 이들이 자신들의 본능을 어두운 벽장에 가둬버리고는 다른 아이들과 어울려 놀지 못하게 한다. 이는 실수이다. 자신이 새로운 아이디어를 좇을 수 있도록 스스로 허락하라. 이러한 탐구할 수 있는 자유 덕분에 어쩌면 또 다른 혁신적인 상품을 떠올리게 될지도 모른다. 1972년, 바로 이런 일이 내게 일어났다.

  독자들도 기억할지 모르겠지만, 당시 학생들은 캠퍼스에서 교과서와 노트북을 손으로 들고 돌아다니는 수밖에 없었다. 몇몇 이들은 책에 벨트를 둘러 들고 다니거나 가슴에 끌어안은 채로 걸어 다니기도 했다. 어느 쪽이든 간에 학습 자료를 들고 다니는 것은 보수조차 주어지지 않는 미화된 저글링 놀이보다 약간 나은 수준에 불과했다. 뭔가 더 쉬운 방법이 필요했다. 과연 어떤 방법이 있을까? 이 수수께끼를 비롯해 세상의 여러 미스터리에 대해 고민하던 중, 에드 버간의 전화를 받았다. 에드는 워싱턴 대학교 내 서점의 바이어였다. 그의 가게에서는 일반적인 캠퍼스 관련 물품들을 팔았는데, 이외에도 안쪽에 테니스 라켓, 알파인 스키, 등산 장비 등을 파는 스포츠용품점이 있었다. 우리의 백팩과 데이팩도 판매하고 있었다. 그 운명적인 날, 에드는 말했다.

"이봐, 스킵. 이곳 학생들은 너희가 만든 데이팩에 책을 넣어 다녀. 시애틀에는 비가 많이 오다 보니까 이 방법이 유행하고 있어. 그래서 말인데, 책을 받칠 수 있게 배낭 바닥에 뭔가를 넣는 게 어때?"

다행히도 나는 에드의 말에 일리가 있다고 직감했고, 이를 무시하지 않았다. 나는 뭔가 방법을 찾아보겠다고 말했다. 머레이와 나는 가게를 뒤지다가 남은 비닐을 우연히 발견해 배낭의 바닥 부분을 비닐로 강화하려 시도했다. 그 다음에는 가죽을 사용해보았다. 메탈 지퍼는 쉽게 얼기 때문에 나일론 코일 지퍼를 달았는데, 수정된 제품이 만족스러웠기에 에드에게 전화를 걸었다.

에드는 주문을 넣었고, 얼마 지나지 않아 자신의 상점에서 이 가방들이 날개 달린 듯 팔려가는 광경을 경이에 차서 지켜보게 되

1970년대 초기의 데이팩. Photo by 스킵 요웰

었다. 다른 이들에게도 도움을 주기 위해 에드는 오리건Oregon 주와 아이다호Idaho 주에 있는 친구들에게 전화를 걸어 잔스포츠 가방이 매우 인기 있으니 상점에서 팔아보라고 권유했다. 얼마 지나지 않아 우리는 태평양 연안 북서부 지역에 있는 서점들에 전화를 걸어댔다. 에드의 관찰력과 주문 덕분에 생겨난 우리의 데이팩은 전국적인 인기를 얻기 시작했다. 1970년대 후반에는 많은 대학서점에서 우리의 신형 데이팩을 판매했다. 80년대 후반에는 데이팩이 중·고등학생들 사이에서도 하나의 유행이 되었다. 90년대에는 초등학생들도 이러한 경향에 동참했다. 오늘날 우리의 데이팩은 전세계에서 사용되고 있다. 부탄이나 인도, 혹은 히말라야 오지에서도 책과 소지품을 데이팩에 넣고 등교하는 아이들을 발견할 수 있다.

여기에 중요한 교훈이 있다. 'Listen'과 'Silent'는 정확히 똑같은 여섯 글자를 사용한 단어이다. 현명한 사업가라면 진정으로 '듣기' 위해 남들이 말할 때 '조용히' 있는 법이다. 나는 그렇게 했고, 이러한 결과에 매우 기쁘다. 결국 잔스포츠 데이팩은 전세계적으로 일년에 수백만 개가 팔리며, 우리의 대표적인 효자상품이 되었다. 이는 우리가 즉흥적인 아이디어를 귀담아들었기 때문이다.

# 5
## 비열한 잭과 뽀뽀하는 라마

깜짝 퀴즈! 말하는 개구리와 드럼을 연주하는 토끼, 스페인어로 말하는 치와와, 그리고 뽀뽀를 하는 라마 사이에는 어떤 공통점이 있을까? 이것들이 성공한 광고 캠페인의 주요 마스코트였다는 정답을 맞힌 사람이라면, 수석을 차지한 기쁨을 누리기 바란다. 아직 60년대에서 회복하는 중이어서 대중문화에 관심이 없는 사람이라면, 그래도 괜찮다. 맥주 광고에서 개굴거리는 세 마리의 개구리 버드Bud, 와이즈Weis, 어Er, 건전지 광고에 나오는 에너자이저 토끼, 타코벨 광고에 나오는 기젯Gidget이라는 치와와, 그리고 잔스포츠 광고에 나오는 시스코Cisco라는 라마를 얘기하는 것이다. 광고계의 역사 전반에 걸쳐 동물들은 각 회사의 '대변동물'을, 참치 통조림 광고에 나오는 찰리Charlie의 경우에는 '대변생선' 역할을 해왔다.* 이러한 캐릭터들 속에는 소비

---

* 저자는 이 대목에서 'spokesbeast', 'spokesfish'라는 단어를 사용했다. '대변인'을 뜻하는 'spokesperson'을 재미있게 패러디한 표현이므로, '마스코트'보다는 위와 같이 표현했다.

자와 공감하는 본질적인 재미가 있다. 그러니 그토록 많은 회사가 성인들의 동심을 자극할 수 있는 장난기 넘치는 광고를 제작하기 위해 엄청난 돈을 쏟아 부었다고 해서 놀랄 일은 아니다.

사업 초기 머레이가 나에게 마케팅 업무를 맡겼을 때, 광고 예산은 제로나 다름없었다. 귀여운 말하는 동물을 넣든 넣지 않든 간에 전국적인 광고활동을 벌일 만한 규모의 예산이 없었다. 따라서 단점에 굴복하는 대신, 우리는 장애물을 만날 때마다 독창적으로 문제를 해결했다. 해결책은 두 가지였다. 카탈로그를 영리하게 활용하는 것과 공짜로 매스컴에 노출되는 것. 60년대 후반에서 70년대 초반 동안 아웃도어 산업은 막 걸음마를 떼는 중이었다. 아웃도어 장비 제조업자와 소매업자들은 상품을 홍보하는 방법으로 카탈로그를 사용했다. 우리는 이 필수적인 수단의 가치를 알아봤고, 첫 광고 수단으로 카탈로그를 제작했다. 하지만 그것은 단순히 평범한 카탈로그가 아니었다. 우리의 광고는 달라야 했다. 경쟁사가 만든 겉만 번드르르하고 알록달록한 홍보용 책자들 사이에서 사람들의 관심을 끌 수 있도록 파격적으로 달라야 했다. 게다가 앞서 말했듯, 애초부터 할 가치가 있는 일이라면 그 과정을 즐길 가치도 있는 법이니까.

서부 개척시대에 대한 연관성과 할아버지들의 소란스러운 역사를 공유하고 있는 머레이와 나는 각 카탈로그에 서부 개척시대의 모티프를 담은 스토리를 넣기로 결정했다. 이러한 초기의 카탈로그들은 진짜 가내수공업 프로젝트였다. 직업모델을 고용해 제품과 함께 포즈를 취하게 하는 대신, 우리가 직접 모델을 했다. 머레이와 잔, 그리고 나는 복장과 소품들을 찾아내 사진을 찍고, 페이지를 편집 배열하고, 카피를 썼다.

과정을 더 완벽하게 하기 위해서 지역의 광고 에이전시인 헤클러-보우커Heckler-Bowker에 도움을 구했다. 이들이 제안한 몇 가지 조언도 우리 회사의 성장에 도움이 되었다. 초기의 중요한 변화는 '잔 스포츠'를 '잔스포츠'로 붙인 뒤 글자를 빨간색으로 바꾸고, 패치를 닮은 파란색 배경에 상호를 배치한 것이었다. 이들은 로고를 절대로 바꾸지 말고 사람들 눈에 띄는 곳에 붙이라고 조언해주었다. 우리는 이 충고를 진지하게 받아들였고, 진짜로 이 라벨은 잔스포츠의 강력한 트레이드마크가 되었다. 몇 년 뒤, 사람들의 눈길을 끄는 이 이미지는 무수히 많은 가방에 붙어 살아 있는 광고판이 될 터였다. 무료 광고가 된 셈이다.

그건 그렇고, 스킵의 연감(내가 닥치는 대로 수집한 지식의 비공식 모음집)에 덧붙일 재미있는 사실! 1971년, 헤클러-보우커의 공동 창업자인 고든 보우커는 친구 두 명과 시애틀에 '스타벅스 커피, 티, 앤 스파이스'라는 커피숍을 열었다. 이 가게는 오늘날 스타벅스라는 세계적인 커피 체인이 되었다.

다시 카탈로그 얘기로 돌아와서, 당시는 포토샵이나 일러스트레이터 같은 컴퓨터 소프트웨어 프로그램이 나오기 한참 전이었으므로 과거의 기상천외한

최초의 라벨과 2세대, 3세대 라벨.

장소들에 회사 로고와 우리 모습을 직접 붙여넣으며 손으로 사진을 만들었다. 1890년대에 건조된 배의 뱃머리며 1800년대 후반 알래스카 산간벽지의 통나무로 만든 호텔에도 잔스포츠의 라벨을 붙여넣었다. 사람들은 이러한 광고를 볼 때마다 낄낄거리곤 했는데, 잔스포츠가 회사임에도 불구하고 광고를 만들 때조차 재미를 추구한다는 점이 그대로 드러났기 때문이다.

영화 〈백 투 더 퓨쳐Back To The Future〉에서의 한 장면처럼, 우리는 100년이나 앞서 존재했던 배경에 들어가곤 했다. 골드러시 시기 광산촌부터 유콘 강을 따라 흐르는 오래된 개척자 마을에 이르기까지 다양한 배경 속에서 우리는 포커를 치고, 담배를 피우고, 6연발 권총을 권총집에 차고, 서부 개척시대의 포장마차나 증기 기관차에서 편하게 포즈를 취하곤 했다. 우리가 만든 잔스포츠 배낭, 텐트, 여행용 가방, 그리고 의류로 무장한 채 말이다.

어떻게 이런 사진을 만들었느냐고? 사진들을 조작하기 위해서는 몇 단계를 거쳐야 했다. 먼저 워싱턴 대학교 도서관에서 1890년대의 멋진 사진을 찾은 뒤 사용 허가를 받았다. 그리고 나서, 블루 스크린으로도 알려진 중립적 배경에서 옷을 갖춰 입고 적절한 소품을 갖춘 뒤 사진을 찍었다. 이 사진을 현상한 다음 필요한 이미지만 잘라서 원래 사진 속에 배치하고, 마지막으로 이를 재촬영하면 되었다.

가끔은 그냥 우리 얼굴만 사진에 삽입할 때도 있었다. 대표적인 예는 잔과 내가 우리 회사의 배낭을 멘 채 이누이트들과 서있고, 순록 한 마리가 잔스포츠 로고가 박힌 티셔츠를 우적우적 씹어 먹

초기 광고 사진 속 잔과 스킵. Photo by 마샤 번스

는 사진이다. 우리는 종종 한 무리의 광부들 사이로 섞여 들어가기도 했고, 가축 거래업자들이나 서부의 부랑배들 사이에서 진흙길을 거닐기도 했다. 그런가 하면, 이미 존재하는 사진에 우리를 삽입하는 것이 아니라 아예 완전히 서부적인 배경을 갖추고 사진을 찍기도 했다. 그중 제일 좋아한 사진은 '비열한 잭의 전설Legend of Nasty Jack'이었다. 머레이가 비열한 잭 역할을 맡았고, 직원들이 무역업자 역할을 맡았다. 사진을 찍은 뒤 우리는 맥주를 마시면서 이에 어울릴 만한 스토리를 짜는 데 몰두했다. 우리가 만든 비열한 잭의 이야기는 다음과 같다.

아무도 찾지 않는 황야를 몇 주 동안이나 방황한 끝에, 우리는 마침내 전설적인 교역자이자 모피 사냥꾼인 비열한 잭을 찾아냈다. 소문은 틀리지 않았다. 그는 매우 비열했다. 하지만 우리가 물물교환을 위해 가져온 품질 좋은 잔스포츠 상품을 보자마자 잭은 곧바로 기분이 좋아진 듯했다. 그는 재킷과 배낭, 그리고 텐트 몇 개를 원했다. 잭은 우리가 가진 물건을 거의 전부 사들였다. 이런, 그는 심지어 내 모자에도 눈독을 들였다. 내일쯤이면 물건을 전부 팔아치울 가능성이 높아 보인다. 이 지역에는 겨울이 엄청나게 빨리 찾아오고, 첫눈이 오기 전 겨울을 날 장비를 마련하기 위해 우리를 기다리는 이들이 많기 때문이다.

누가 우리에게 상상력이 없다고 말할 것인가? 몇 년 동안 이 카탈로그는 우리의 마케팅에 없어서는 안 될 요소였다. 하지만 영리한 카탈로그도 회사를 딱 어느 정도까지만 끌고 갈 수 있었다. 표적시장에 노출되는 것이야말로 매출을 끌어올리기 위한 두번째 비결이었다. 초창기에 유료 광고를 몇 번 진행하기는 했지만, 나는 무료로 언론에 소개될 기회를 가능한 한 많이 얻기 위해 최선을 다했다.

'비열한 잭' 카탈로그의 사진을 찍기 위해 포즈를 취한 머레이, 프루숨바, 스킵. Photo by 마샤 번스

### 공짜는 좋다

매스컴의 관심을 공짜로 얻는 부분에 대해서 말하자면, 나는 특허를 받은 구부러지는 프레임팩이 몇 개의 지역 신문에 소개되도록 주선하는 데 성공했다. 하지만 그중 대박을 터뜨린 것은 1970년 「홀 어스 카탈로그Whole Earth Catalog」에 실린 호평이었다. 스튜어트 브랜드가 발행하는 이 영향력 있는 카탈로그는 아웃도어 장비, 전원생활용품, 그리고 환경 관련 이슈 등 여러 가지 내용을 담은 백과사전이나 다름없었다. 브랜드와 그의 편집자들은 광범위한 탐색을 통해 최고 중의 최고의 장비를 찾아내어 집중적으로 소개했다. 그러므로 그들이 우리를 주목했다는 사실은 매우 대단한 일이었다. 잔스포츠는 아동용 프레임팩을 개발한 최초의 회사였다. 「홀 어스 카탈로그」의 편집자들은 매우 멋진 아이디어라고 평했다.

호의적인 기사가 실리고 우리의 주소와 전화번호가 소개된 덕분에 잔스포츠에 대한 관심이 폭발했다. 전국 각지에서 카드와 편지가 쏟아져 들어왔다. 일부는 소비자들한테서 온 것이었고, 일부는 우리의 미니 프레임팩을 구매하려는 아웃도어용품점의 사업주들에게서 온 것이었다. 이 정도의 언론 노출은 정말 돈 주고도 사기 힘들다.

몇 년이 지난 뒤 1973년에 우리는 「필드 앤 스트림Field & Stream」

지의 기고가인 스티브 네더비를 초청해 북부 캐스케이드로 함께 하이킹을 떠났다. 스티브는 틀림없이 몹시 힘들 터인 이 하이킹에 참여하는 데 기꺼이 동의했다. 머레이와 나는 돔형 텐트와 혁신적인 잔스포츠 백팩을 가져갔는데, 이는 스티브가 그때까지 봤거나 사용해본 그 어떤 제품과도 달랐다.

예상대로 감명을 받은 스티브는 사무실로 돌아가 '잔스포츠는 누구인가?'라는 제목의 환상적인 기사를 썼다. 또 한번, 우리는 전국적인 규모의 홍보를 벌일 만한 광고 예산이 없던 상황에서 새롭게 언론에 노출될 수 있었다. 업계 관련 잡지의 이러한 공짜 관심 덕분에 우리는 분명 최종 결과에서 차이를 만들어낼 수 있었다. 내 생각에는 사람들이 당신의 제품에 대해 읽거나 이야기할 수 있도록 만든다면, 당신은 이미 홍보에 도움이 되는 가치를 창출해낸 것이다. 물론 배고픈 히피들에게 이러한 방식이 저렴한 광고 방법이었음은 두말할 필요도 없고.

### 탕 폭탄을 맞다

언론의 관심을 받기 위해 노력하는 동시에 나는 잔스포츠 제품이 입소문을 탈 수 있는 방법을 계속 찾았다. 소문을 내기 위한 가장 빠른 방법은 가격 대비 최상의 상품을 만들고, 깜짝 놀랄 만한 부가 기능으로 소비자의 기대치를 뛰어넘는 것이라고 생각했다. 가령 잔스포츠 여행용 가방 속에 토트백 하나를 숨겨놓는 것처럼 말이다. 여행용 가방을 산 고객들은 한참 후에야, 아마도 여행을 떠나기 위해 가방을 싸다가, 귀갓길에 사용할 수 있는 새 토트백 하나가 비밀 공간에 접힌 채 들어있는 것을 발견할 터였다. 사람들은 이런 식의 즐거운 놀라움을 좋아했고, 종종 잔스포츠 상품에서 얻은 멋진 경험에 대해 친구들에게 말하곤 했다.

가치를 더하는 것의 또 다른 예를 소개하려 한다. 이 예는 우리에게 거의 역효과를 낳을 뻔했다. 나는 「백패커Backpacker」라는 잡지에서 일하는 지인이 음료에 타먹는 오렌지 분말인 탕Tang의 제조업체와 논의 중임을 알게 되었다. 우주비행사들이 달에 갈 때 탕을 가져갔기에 탕의 제조업체는 이를 홍보해 아웃도어 시장에 진입하려고 했지만, 정작 큰 마케팅 효과가 없어 어려움을 겪고 있다는 것이었다. 지인은 잡지를 홍보 수단으로 이용해 아웃도어 시장에 탕을 소개하려 하고 있었다.

그때 좋은 아이디어가 떠올랐다. 만약 우리가 백팩마다 탕 한 팩을 넣어두면 어떨까? 그러면 탕은 하이킹이나 도보 여행을 하는 사람들과 등산가들에게 직접적으로 노출될 터였다. 또한 우리 회사는 고객들을 위한 작은 깜짝 선물을 무료로 얻게 될 터였다. 이는 훌륭한 아이디어 같아 보였고, 탕 측의 관계자들도 동의했다.

몇 달 뒤, 딜러 몇 명을 만나러 외출 중이었는데 워싱턴 주 페인필드의 창고 매니저가 급히 전화를 걸어왔다. 천장까지 탕으로 가득 찬 거대한 18륜 트레일러트럭이 우리 회사의 창고에 도착한 것이다. 창고는 여유공간이 거의 없어서 기껏해야 물건이 넘치지 않을 정도였는데, 이제는 탕이, 그것도 말 그대로 수천 개의 탕이 넘쳐나는 지경에 이른 것이다. 변명을 하자면, 공짜 샘플을 그토록 많이 받을 거라고는 생각조차 못했다. 하지만 이런 사실이 창고에서 일하는 선량한 직원들에게는 아무런 위로도 되지 못했다. 그보다 더 큰 문제는 포장에 적힌 유통기한이 지나기 전에 이 엄청난 양을 다 써버릴 방법이 없었다는 것이다.

결국 레이니어 산의 등반 가이드 회사인 레이니어 마운티니어링 사(Rainier Mountaineering Inc.;RMI)의 루 휘태커에게 산을 등반하는 동안 마시라고 몇백 상자를 줘버리고 말았다. 이렇게 탕은 아웃도어를 즐기는 사람들에게 소개되었고, 루와 RMI의 가이드들, 그들의 고객들은 캠프 뮤어Camp Muir에서 탕을 몇 년씩이나 마셨다. 이 때문에 마지막으로 만났을 때 루의 얼굴빛이 약간 오렌지색으로 보였던 것인지도 모르겠다.

## 라마에게 뽀뽀하기

1982년의 일이다. 풀장 옆에 누워 한 손에 마가리타 잔을 든 채 구릿빛으로 피부를 태우던 중, 낯선 여자가 다가왔다. 햇빛을 피해 손으로 얼굴을 가렸는데, 눈을 찡그리고 보니 그 여자의 그늘 속에 어떤 남자가 서있는 것이 보였다. 당시 나는 외판원들의 행사에 참석하기 위해 남부 캘리포니아의 어느 호텔에 머물던 참이었다. 그 여자는 당황한 표정을 눈치챘는지 바로 손을 내밀더니 서둘러 자신을 안드레아 가바드라고 소개했다. 안드레아는 잡지

「아웃도어 리테일러Outdoor Retailer」의 기자였다. 잡지의 지면 광고를 사라고 설득한 사람은 그녀의 동료였지만, 안드레아가 주도권을 잡고 있다는 인상을 지울 수 없었다. 당시 광고를 샀는지 안 샀는지는 기억이 나지 않지만.

우리는 1986년에 다시 우연히 만났다. 우리의 친구이자 훌륭한 사진작가인 키스 군나르와 그의 아내인 안체, 안드레아 가바드, 그리고 나는 지옥으로의 여행을 계획했다. 헬스캐니언 국립휴양지Hells Canyon National Recreational Area로 말이다. 오리건 주와 아이다호 주 사이를 흐르는 스네이크 강Snake River을 품고 있는 헬스캐니언은 북아메리카에서 가장 깊은 협곡으로, 그랜드캐니언Grand Canyon보다도 600미터 이상 깊다. 이 환상적인 황무지는 7억 9천만 평(2,640제곱킬로미터)의 형용할 수 없을 만큼 아름다운 대지를 아우르며, 아이다호 주에 위치한 세븐 데블스 산Mt. Seven Devils의 헤데빌 봉우리He Devil Peak보다 2,400여 미터나 낮은 곳에 패여 있다. 차량 통행은 불가능하지만 하이킹을 하거나 말을 타고 다닐 수 있고, 모험을 사랑하는 이들을 만족시키기에 부족함 없는 세계적인 수준의 급류 래프팅도 즐길 수 있다.

이 여행은 라마에 짐을 실은 광고를 찍기 위해 짧게 떠난 최초의 업무용 여행이었다. 일종의 시험 운행 같은 것으로, 공원 측의 허락을 받았으므로 일반적인 여행과 다를 바 없었다. 라마는 자연친화적이며 루트에 손해를 덜 입힐 거라고 사람들은 생각했다. 라마가 미칠 생태학적 영향을 측정하는 일과는 별도로, 키스와 나는 홍보용 광고를 위해 잔스포츠의 장비들을 촬영해야 했다. 한편,

안드레아는 「아웃도어 리테일러」에 실릴 기사를 쓸 예정이었다.

가방을 싸고 카메라를 챙긴 후 7일간의 여행길에 올랐다. 멤버라고는 우리 네 사람과 라마 몰이꾼 두 사람, 라마 여섯 마리가 전부였다. 흥미롭게도 여행의 첫번째 구간에서는 제트보트를 탔는데, 협곡 안 15킬로미터 너비의 넓게 트인 지역을 가로지르는 다리나 길이 없었기 때문이다. 라마 몰이꾼들이 너무나도 손쉽게 라마들을 판자를 건너 선미에 오르도록 유도하는 모습을 보고 경탄했다. 라마들은 노아의 방주에 올라타기라도 한 것처럼 아무런 망설임 없이 다리를 몸 밑에 접어넣고는 갑판에 앉았다.

헬스캐니언에서 보낸 일주일에 대해 이야기하자면 끝이 없을 것이다. 캠프로 내려가기 전에 강둑에서 150미터 이상 높은 곳에 아치 모양으로 설치된 약 30센티미터 너비의 다리를 아슬아슬하게 건너가야 했던 적도 있었다. 흩어진 돌들이 흙길을 덮고 있었고, 그 때문에 길을 걸어가는 것이, 뭐랄까, 지옥만큼이나 힘들었다. 우리는 라마의 리드 줄을 하나씩 붙잡고 갔다. 그 위험 천만한 길로 망설임 없이 발을 내딛으며 인간 여행자들에게 무한한 인내심을 보여준 라마들은 우리가 길을 고를 수 있도록 발걸음을 늦추곤 했다. 제일 앞서 가던 라마는 몇 번이나 발걸음을 멈추고 목을 뒤로 길게 빼고는 동료들이 잘 따라오는지 확인하곤 했다. 잘 따라가고 있으면, 녀석은 코로 힝힝거리는 소리를 낸 뒤 다시 몸을 돌려 여정을 계속했다. 그 주의 발견 중 가장 기억에 남는 것은 시스코라는 이름의 한 라마가 유독 장난기가 많았다는 사실이다. 늘 뽀뽀를 날리는 시스코의 쪽쪽거리는 버릇 덕분에 또 다른 아이디

아이다호 주 헬스 캐니언에서
시스코와 스킵. Photo by 키스 군나르

어가 떠올랐다.

'시스코와 내가 입술을 오므린 모습을 키스가 사진으로 찍으면 어떨까?'

잘만 찍으면 아주 멋진 광고사진으로 이용할 수 있을 것 같았다. 나는 키스에게 이 아이디어를 말했고, 그도 시도해볼 가치가 있다고 동의했다.

사진을 찍기 전 몇 번의 연습이 필요했다. 한편, 안드레아와 안체가 너무 심하게 폭소를 터뜨리고 소리를 지른 나머지 시스코가 집중하는 데 계속 방해가 되었다. 결국, 나는 라마를 껴안은 채로 키스할 수밖에 없었다. 아마도 키스를 하던 그 순간에도 시스코는 이 아이디어에 적응하려 여전히 애쓰는 중이었을 것이다. 어쨌든, 우리는 잔스포츠 전면 광고의 토대가 된, 환상적일 정도로 장난기 넘치는 사진을 찍는 데 성공했다. 물론 시스코의 인지도가 켈로그 콘푸로스트Kellogg's Frosted Flakes를 홍보하는 토니 더 타이거Tony the Tiger 수준으로 오른 적은 없다. 대중문화의 아이콘으로 일약 유명해진 버드와이저 맥주 광고의 스퍼즈 매켄지Spuds McKenzie와는 달리, 시스코는 슈퍼볼 광고에 등장해 사람들의 관심을 누리는 영광을 얻지도 못했다. 하지만 우리는 이 별난 프로모션 덕분에 많은 이득을 얻었다.

## 상징적인 배지를 만든 아이디어

우리가 추구한 공짜 광고와 프로모션 대부분은 더 넓은 시장을 겨냥해 고안한 것이었다. 하지만 우리의 딜러들과 고용인들에게 멋진 '내부적inner circle' 인센티브를 주기 위해 생각해낸 아이디어가 있었다. 나는 북미 대초원에 살던 인디언 부족들의 철학을 탐구한 『일곱 개의 화살Seven Arrows』이라는 책을 읽었다. 이들의 신념은 히피들이 추구하는 영혼의 조화와 일치했기 때문에 감동했다. 책을 절반쯤 읽었을 때, 아이디어가 하나 떠올랐다. 나는 수제 장신구를 만드는 댄과 질 앤더슨 부부에게 바로 전화해서 읽고 있던 인디언의 유산에 관한 사고에 기반을 둔 배지를 만들어 달라고 부탁했다. 우리는 함께 '포 그레이트 디렉션스The Four Great Directions'라 불리는 로고를 디자인했고, 앤더슨 부부는 이를 독특한 배지로 만들었다. 이 알록달록한 기념품은 우리의 인디언 선구자들과 일맥상통하는 강인한 기개와 모험심 가득한 정신을 형상화한 것이었다.

수년간, 나는 제품의 성공에 기여한 잔스포츠 딜러들이나 주어진 업무 이상을 성취한 소수의 직원들에게 이 배지를 수여했다. 배지는 여러 중요한 순간에 시상했는데, 대개는 영업회의나 박람회 장소에서였다. 아웃도어 업계 종사자들 사이에서 이 배지는 뛰어난 성취를 인정하는 하나의 상징처럼 되었고, 이를 수상한 30~40여 명의 사람들은 오늘날까지도 이 배지를 자랑스러워하고 있다. 이들은 매우 열성적인 사람들이었고, 배지를 얻을 자격이 충분했다.

'포 그레이트 디렉션스' 배지는 간단한 아이디어가 어떻게 훌륭한 결과를 낳는지 보여주는 좋은 사례다. 솔직히 말해 광고를 하는 과정에서 자본에 지나치게 의지하는 것은 좋지 않다. 게다가 돈이 너무 많으면 오히려 창의성이 억압될 수도 있다. 왜냐고? 돈이 넘쳐나면 한계를 뛰어넘거나 기발한 해결책을 찾아야 할 정도로 절실해지지 않기 때문이다. 광고에 많은 돈을 들이는 것을 무조건 반대한다는 말은 아니다. 하지만 당시 호화찬란한 액수의 은행 계좌가 없었던 머레이와 잔, 나는 다른 해결책을 찾을 수밖에 없었다.

우리는 돈을 주고 살 수 있는 최고의 가방을 팔고 있었지만, 이런 사실을 집집마다 찾아다니면서 알리는 방법은 히피답지도 않았고 제품을 소문내기에는 너무 느렸다. 마케팅에 쓸 돈이 넉넉지 않으니 우리는 궁지에 몰린 상태였다. 이러한 상황을 벗어날 최선의 방법은 가능한 한 창의력을 짜내는 것이었다. 솔직히 말해 이러한 상황을 다시 겪는다 해도 우리는 과거의 선택을 하나도 바꾸지 않을 것이다.

오케이, 어쩌면 한 가지는 바꿀지도……. 시스코가 조 카멜Joe Camel*과 직접 만나 침 뱉기 경연대회를 벌이는 모습을 볼 수 있었다면 정말 좋았을 거다. 이 행사에서 정말 멋진 사진을 몇 개 건질 수 있었을 텐데.

댄과 질 앤더슨 부부, 스킵 요웰이 함께 디자인한 배지 '포 그레이트 디렉션스' 로고.

---

* 카멜 담배의 낙타 마스코트이다. 1987년에 만들어졌으나, 지나치게 친근한 이미지가 청소년들에게 흡연을 조장한다는 우려 때문에 1997년에 사라졌다.

# 6
## 마법의 산으로 딜러들을 초대하다

잔스포츠의 역사에서 분수령이 된 순간을 콕 집어 말한다면 1971년 2월을 꼽겠다. 당시 우리는 워싱턴 주 타코마(Tacoma, Washington)에 위치한 '휘태커의 오두막'이라는 스포츠용품점에 백팩을 팔고 있었다. 나는 가게의 주인인 루 휘태커를 그보다 몇 년 전에 만난 적이 있었는데, 그가 터프한 산악 등반가임에도 매우 호감 가는 사람임을 바로 깨달았다. 루가 터프하다는 의미는 반은 산악인이고 반은 카우보이라는 뜻이다. 키가 크고 말랐으며 소고기 육포보다 질긴 루는 길들여지기를 거부하는 기백 넘치는 한 마리 말이나 다름없었다.

루는 국립공원 관리청으로부터 공식적인 가이드 자격을 얻은 뒤, 1968년에 등반 가이드 회사인 RMI를 세웠다. 여름에는 '휘태커의 오두막'에서 각종 등반 및 여행 장비들을 팔았고, 겨울이 되면 RMI의 가이드들과 해발 4,392미터의 레이니어 산 정상까지 등반하는 스키 학교를 열었다. 그의 쌍둥이 형제인 짐 휘태커는 에베레스트 산 정상을 오른 최초의 미국인이었다. 등산에 대해서라면 한계를 모르는 에너지와 열정이 그들의 핏줄 속에 흐르고 있음이 분명했다.

그해 1월, 나는 루에게 전화를 걸어 RMI 직원들을 위해 잔스포츠 제품에 대한 매장 내 강습을 진행할 계획을 잡았다. 발표가 끝난 뒤 루와 머레이, 나는 함께 일에 관한 이야기를 나누었다. 고객을 만날 때마다 나는 그들의 사업에 관해 가능한 한 많은 것을 배우려 노력했다. 추후 그들의 특정한 필요를 더 잘 채우기 위해서였다. 이야기를 나눌수록 모험에 대한 루의 애정과 그에 비할 바 없는 기업가 정신에 점점 더 감탄했다. 대화를 나누던 중 루는 레이니어 산에서 열릴 예정인 첫번째 RMI 겨울 등반 세미나에 대한 계획을 설명했다.

이 계획은 우리의 관심을 끌었고, 머레이와 나는 그 자리에서 세미나에 등록했다. 미 대륙에서 두번째로 높고 가장 많은 빙하로 뒤덮인 산을 루와 함께 오른다는 생각은 정말 멋진 아이디어였다. 게다가 혹독한 기상 조건에서 우리의 장비를 시험해볼 좋은 기회이기도 했다. 우리는 그 경험이 잔스포츠의 역사를 송두리째 바꿀 거라는 사실은 짐작조차 못했다.

## 레이니어 산에서의 악몽

나는 천성적으로 경쟁심이 많은 사람이다. 일단 루 휘태커의 겨

레이니어 산에서의 머레이 플레츠와 블루 밴.
Photo by 스킵 요웰

울 세미나에 참석하기로 약속한 이상, 끝까지 가야 한다는 사실을 알고 있었다. 등반을 시작한 뒤 도중에 포기하는 일은 내 성격에 맞지 않았다. 머레이도 마찬가지였다. 우리는 여행을 위해 열심히 훈련하고 체력을 완벽하게 다지기로 결심했다. 또한, 당시에는 갖고 있지 않았던 스노슈즈를 비롯해 필요한 장비와 물품들을 함께 긁어모아야 했다.

바로 그때 재미있는 일이 벌어졌다. 훈련을 하고 이미 레이니어 산을 등반한 경험이 있는 사람들과 이야기를 나누면서, 등반에 사용할 만한 새로운 디자인과 물품들을 고안한 것이다. 아직 등반은 시작조차 안 했는데, 게다가 이미 시중에서 판매되는 제품보다도 더 나은 물품들로 말이다. 이미 여러 번 경험한 것이지만, 사업에 도움이 될 만한 새로운 콘셉트들은 항상 안전지대에 머무를 때보다는 오히려 위험을 무릅쓸 때 나타나곤 했다.

마침내 여행을 떠나던 날, 우리는 파란색 밴에 장비들을 싣고 시애틀로 향했다. 밥 딜런 앨범 8번 트랙이 큰소리로 울려 퍼지는 가운데, 마음은 처음 레이니어 산에 발을 들여놨던 때로 흘러갔다. 당시 나는 중학생이었고 머레이와 함께 여름을 보내고 있었다. 주변에 아무것도 없는데도 레이니어 산은 어쩜 그렇게 높이 솟아올랐는지 감탄했다. 나는 이 산이 캐스케이드 산맥 일부를 이루며, 무려 27개나 되는 거대한 빙하를 뿜내고 있다고 배웠다. 또한, 1792년 조지 밴쿠버 선장이 해군 소장인 피터 레이니어의 이름을 따서 산의 이름을 지었다는 사실도 배웠다.

 10대 시절에는 레이니어 산의 숨막힐 듯 아름다운 정상을 밟아보겠다는 꿈은 감히 꿀 수도 없었다. 상상하기조차 힘든 일이었기 때문이다. 이 산은 내가 본 산들 중에서 단연 가장 인상적인 산이었다. 머레이와 함께 차를 타고 가던 그 오후에도, 다른 등반가들과 속도를 맞춰 걸을 수 있을지를 걱정했다. 이 산은 믿기지 않을 만큼 거대했다. 내 계획은 루의 발꿈치 바로 뒤에 딱 달라붙어 따라가는 것이었는데, 절대로 길을 잃고 싶지 않았고 무슨 일이 있어도 정상까지 가겠다고 굳게 다짐했기 때문이었다.

 머레이와 나는 워싱턴 주 파라다이스Paradise에 있는 공원 경비원 구역에 밴을 주차했다. 우리는 프레임팩과 스노슈즈를 차에서 내린 뒤 다른 이들과 합류했다. 루는 우리에게 눈길 산행과 자일Seil 매는 법, 셀프어레스트Self-arrest\*, 비바람을 피하기 위해 눈 블록으로 A자형의 이글루와 피난처를 만드는 법 등 기초지식을 가르치기 시작했다. 루의 자신감과 지식 덕분에 불안감을 덜 수 있었다. 우리는 분명 전문가와 함께 있었다. 그럼에도, 우리가 들었던 그 어떤 이야기도 레이니어 산의 분노에 대비하기에는 충분치 않았

---

\* 등반 관련 용어이다. 비탈길을 미끄러져 내려오는 것을 멈추는 방법으로, 비탈길에 얼음도 끼를 꽂고 다리를 뻗어 발가락 힘으로 견디는 자세를 말한다.

다. '잘못될 일은 어떻게든 안 풀리기 마련'이라는 말이 있다. 이처럼 큰 규모의 산에서 우리의 첫 등반이 바로 그랬다. 시작은 괜찮았지만, 원정은 급속도로 엉망진창이 되어버렸다. 왜냐고? 잔잔하게 불던 산들바람은 금세 얼음같이 차고 강한 바람으로 변했다. 게다가 나중에야 알게 되었지만, 그해는 레이니어 산이 세계 최대강설량을 기록한 해였다. 무려 28미터나 되는 눈이 내렸다. 불행의 크기를 확실히 측정하기를 좋아하는 이들을 위해 덧붙이자면, 센티미터 단위로는 2,800센티미터의 새 눈이 쌓인 것이다. 나는 이 사소한 정보를 매우 힘든 경로를 통해서야 알게 되었다.

우리는 아홉 시간 동안 무척 힘들게 눈길을 헤쳐간 끝에 약 3천 미터 고도에 위치한 캠프 뮤어에 도착했다. 캠프 뮤어는 정상에 오르려는 사람들을 위한 바위투성이 숙영지로, 중심부에는 2층 침대와 얼음으로 뒤덮인 바닥의 나무 오두막이 있는 게 고작이었다. 하지만 상관없었다. 우리는 무거운 가방을 메고 올라오느라 기진맥진한 상태였기에, 휴식이 절대적으로 필요했기 때문이다.

막 캠프에 도착해 짐을 풀 무렵, 갑자기 바람이 거세지기 시작했다. 어찌나 돌풍이 심하게 몰아치던지 믿기지 않을 정도였다. 바람은 분노에 찬 듯 지미 헨드릭스의 기타 솔로보다도 강하게 몰아쳤다. 화이트아웃 현상 White-out*이 너무 심한 나머지 얼굴 바로 앞에 있는 손도 볼 수 없을 지경이었다. 순전히 실용적인 차원에서 루는 우리에게 오두막과 야외 화장실 사이에 줄을 매어두는 법을 가르쳤다. 화장실은 50걸음쯤 떨어진 곳에 있는, 금방이라도

* 눈이나 햇빛의 난반사로 방향감각을 잃게 만드는 기상 상태.

부서질 듯 낡은 구조물이었다. 상황은 그 정도로 심각했다. 볼일을 보기 위해 야외 화장실로 여정을 떠날 때마다 우리는 말 그대로 줄을 붙잡은 채 가야만 했다. 화장실에 가는 일조차 이렇게 힘들었으니, 정상에 도달하기는 더욱 어려워 보였다. 사실 당시엔 정상에 도달할 수 있느냐가 아니라 이곳에서 살아나갈 수 있느냐가 관건이었다.

그럼에도 불구하고, 루의 제안도 있고 해서 우리는 날씨가 나아지기를 기대하며 캠프 뮤어에서 며칠 더 머물렀다. 기다리고 또 기다렸다. 눈보라가 수그러들기를 거부하자, 루는 혼자서 고도계와 나침반만을 지닌 채 우리를 데리고 하산했다. 오직 노련한 가이드만이 할 수 있는 일이었다.

루는 늘 말했다. "등산은 절반의 과정일 뿐이다. 이를 완벽하게 마치기 위해서는 무사히 하산해야 한다." 정말 중요한 말이다. 말이 난 김에, 내려오는 길에 빌려서 신고 온 스노슈즈 한 짝이 부러졌다. 이 일로 중요한 교훈을 얻었다. '신뢰할 수 있는 장비는 사치품이 아니다. 그 장비가 한 사람의 생명을 구할 수도 있다.'

강풍과 혹독한 눈 폭풍에 맞서 몇 시간을 싸운 뒤, 우리는 파라다이스 레인지 스테이션(고도 1,645미터)으로 겨우 내려왔다. 며칠 전 우리가 차를 주차해놓은 곳이었다. 빨리 차 안으로 뛰어 들어가 히터를 켜고 발을 녹이고 싶었다. 그런데 그곳엔 우리의 차가 없었다. 잘못 보았기를 바라며 눈을 깜빡여보았다. 하지만 확실히 차는 한 대도 보이지 않았다.

바로 그때 머레이가 엄청난 두께의 눈 사이로 살짝 드러난 파란색 밴의 지붕을 발견했다. 더 자세히 살펴보니 밴 전체가 적어도 2미터쯤 되는 갓 내린 눈 속에 묻혀 있었다. 단순히 나쁜 상황을 넘어 최악의 상황이었다. 루는 다각도로 고려해보더니 산에서 내려갈 수 있는 유일한 방법은 롱마이어 Longmire(고도 841미터)에서 제설차를 가져다가 길에 쌓인 눈을 치우고 차를 꺼내는 것이라 설명했다. 우리는 근처의 관리소에 갔지만, 그곳엔 아무도 없었다.

수색과 구조 임무를 몇 년간 수행해온 경험이 있는 루는 침착하게 라디오를 이용해 롱마이어의 관리인들에게 연락을 취했고, 감사하게도 그들은 도움의 손길을 보내주었다. 몇 시간 후, 우리는 꽁꽁 얼어붙은 파라다이스를 떠나 롱마이어로 차를 몰고 가기 시작했다.

산을 반쯤 내려왔을 때는 창백한 태양이 자취를 감추고 차가운 달이 자리를 대신했다. 두꺼운 검은 망토처럼 어둠이 산을 덮었다. 바로 이때 밴의 배터리가 다했다. 지도를 확인해보니 아직도 롱마이어까지 15킬로미터는 족히 남아 있었다. 바람은 여전히 고물상의 개보다도 사나웠고, 다른 방법이 없음을 깨달은 우리는 걷기 시작했다.

지치고, 춥고, 배가 고파 죽을 정도였지만, 가진 거라고는 약간의 해바라기 씨가 전부였다. 일주일 내내 같은 양말과 옷을 입은 채 돌아다니고 잠을 잤으니 몸에선 악취가 났고, 샤워하고 싶어 죽을 지경이었다. 하지만 그보다 최악인 건 배터리가 없으니 밴에 있는 라디오를 들을 수 없다는 것이었다. 다행히도 얼음 덩어리 시체가 되기 전에 구조대가 도착했다. 우리의 밴이 내려오지 않자 다른 대원들이 제설용 스노우캣을 올려보낸 것이다. 새벽 1시경 우리는 롱마이어에 도착했다.

그날 밤의 악몽은 거기서 끝나지 않았다. 머레이와 나는 돈이 한 푼도 없었으므로 다른 이들처럼 숙소에서 잘 수가 없었다. 휴식을 취할 따뜻한 장소를 찾아 헤매던 중 야외 화장실을 발견했다. 숙소 옆에 있는 콘크리트 블록 건물이었다. 화장실에서 잔다는 이야기가 더럽게 들릴 수도 있겠지만, 적어도 바람을 피할 수 있는 데다 따뜻했다. 상대적으로 덜 추운 정도였지 훈훈한 정도는 결코 아니었지만. 우리는 밴에서 침낭을 꺼냈고, 그것으로 하루를 마무리했다.

막 잠이 들려고 하는데 어디선가 목소리가 들렸다. 한 직원이 새벽 1시 반쯤 화장실에 왔다가 우리를 본 것이다. 여기서 뭐하냐는 그의 질문에, 나는 겪었던 일들을 「리더스 다이제스트Reader's Digest*」 버전으로 정리해서 들려준 뒤 돈이 없어 숙소에서 잘 수 없다고 덧붙였다. 그러자 그가 말했다.

"뭐, 평범한 일은 아니지만 올라와서 제 방에서 주무셔도 돼요. 여긴 너무 춥잖아요."

적어도 일이 하나라도 잘 풀린 것에 감사하며 우리는 침낭을 챙겨 그의 방으로 갔다. 불을 끄면서 그는 말했다.

"저기요, 내일 아침에 당신들이 여기서 나가는 모습을 다른 사람들이 봤다간 제 입장이 난처할 것 같아요. 여기서 잔 걸 다른 사

---

\* 1922년 미국에서 창간된 잡지로, 제목에도 드러나듯이 읽을거리들을 요약하여 제공한다. 한때 한국어판도 발행되었으나 2009년 중단되었다.

람들에게 알리지 말고 되도록이면 바깥쪽 계단으로 나가주세요."

그 정도는 당연히 할 수 있다고 그를 안심시켰고, 약속을 성실히 지켰다. 다음날 아침 2층 계단을 절반쯤 내려갔을 때, 뜻밖의 난관에 마주쳤다. 그 계단은 사람으로 가득 찬 방의 창문에서 바라다보이는 곳에 있었던 것이다! 창문 옆에 놓인 벽난로는 방 안을 데우고 있었고, 사람들은 침낭을 진 히피 두 명이 계단을 살금살금 내려오는 광경을 목격하고 말았다. 우리의 비밀스러운 탈출 계획은 그렇게 끝났다.

### 유례없는 딸러 등반 세미나

이 등반이 온갖 위험과 귀찮은 일을 무릅쓸 가치가 있었는지 묻는다면, 한치의 망설임도 없이 그렇다고 할 수 있다. 머레이와 나는 이 겨울 등반을 마친 뒤 여러 면에서 변했다. 역경을 이겨내며 더욱 강해졌고, 이는 우리가 안전지대에서 벗어났기 때문이었다. 하지만 이런 명백한 사실들 외에도, 우리가 상상했던 것보다 더 지혜롭고, 인내심과 용기도 더 많다는 사실도 발견했다. 그런데 이는 모두 기업의 사다리를 성공적으로 올라가는 데 필요한 요소들이다. 혹은 어떠한 종류의 개인적인 도전과제를 만난다 해도 마찬가지고.

덧붙여 이제 막 날갯짓을 시작한 회사 일에 몰두하며 최고의 아웃도어 장비를 만드는 일에 더욱 헌신하게 되었고, 온갖 종류의 장애물을 넘을 수 있는 잠재력이 우리 안에 내재해 있음을 깨달았다.

이 사건을 배경으로 중대한 분기점이 되는 아이디어가 떠올랐다. 우리는 궁금했다. '만약 우리 딜러들이 레이니어 산을 등반할 수 있도록 루가 잔스포츠 등반대를 이끌어주면 어떨까? 딜러들도 이처럼 아드레날린이 넘치는 모험의 혜택을 누리면 어떨까?' 전에 이런 시도를 한 사람은 없었다. 그렇다면 우리가 해보면 어떨까?

우리는 태평양 연안 북서부 지역에 위치한 여러 상점에 제품을 팔고 있었지만, 각 상점의 판매인 중에는 등반 경험이 없는 이들도 많았다. 만약 딜러들이 우리와 함께 등산하면 제품을 실제로 사용해보고, 소비자들이 경험하는 것을 그대로 경험할 수 있을 터였다. 또한, 딜러들끼리 서로 교류하고 아이디어를 교환하는 기회도 될 수 있었다. 우리는 이 묘안을 설명하며 루를 설득했다. 루는 잔스포츠 등반대를 이끌기로 동의했을 뿐만 아니라 자신의 산악

레이니어 산에 등반한 잔스포츠 딜러들. Photo by 키스 군나르

가이드 팀도 대동하겠다고 제안했다. 머지않아 잔스포츠가 후원하는 딜러 등반대가 마케팅에서 매우 중요한 요소가 되었다. 루의 도움 덕분에 이 연중행사는 동종 업계의 다른 회사와 달리 잔스포츠만이 제공하는 특별한 기회가 되었다. 우리에게도 이득이었는데, 딜러들은 이 등반을 통해 자신이 판매하는 장비를 실제로 사용해봄으로써 더 잘 알 수 있게 되었기 때문이다.

사무실로 돌아온 뒤 머레이와 나는 일주일 동안 진행될 행사의 프로그램을 짜기 시작했다. 첫날인 일요일, 참가자들은 먼저 우리의 제조 공정을 보기 위해 잔스포츠 공장을 견학한다. 저녁에는 퓨젯사운드Puget Sound 만 위에 떠있는 보트에서 30명 정도의 사람들이 식사를 하며 친해질 기회를 마련할 생각이었다. 월요일 아침에는 파라다이스 가이드 하우스에서 각 참가자에게 맞는 장비를 갖춘 뒤, 레이니어 산에 오르기 전 캠프 뮤어에서 적응기를 가질 예정이었다. 화요일과 수요일에는 크레바스에 빠졌을 때의 구조법, 빙벽 등반, 동굴 짓기, 로프 다루는 법 등 다양한 기술을 가르칠 계획이었다. 물론 레크리에이션 시간도 마련할 터였다.

목요일이 가장 중요한 날로, 날씨가 허락한다면 정상에 오를 예정이었다. 루에 따르면 우리는 새벽 4시에 기상해야 했다. 해가 뜨면 눈이 녹아 길이 질척거려 넘어지거나 미끄러지기 쉽기 때문이었다. 이른 시각에는 눈이 녹기 전이라 길이 딱딱해 산을 오르기가 더 수월했다. 일반적인 조건에서라면 다섯 시간 안에 등반을 마친 뒤 점심시간을 약간 지나 캠프 뮤어에 돌아올 수 있으리라 예상되었다. 마지막으로 금요일에는 몇 가지 부가적인 교육을 한 뒤 팀을 해산할 계획이었다.

　최종 일정으로는 사람들이 어울려 먹고 마시고 상도 수여할 수 있는 큰 규모의 댄스파티를 열기로 했다. 우리는 딜러들이 평생 잊지 못할 정도로 완벽하게 도전적이고 신나며, 때로는 좌절감을 주면서도 의미 있는 일주일을 위한 프로그램을 고안했다고 확신했다. 이 계획에 만족하여 전단을 만들어 메일을 보냈고, 딜러들의 관심은 기쁘게도 예상치를 훨씬 뛰어넘었다.

　간단히 요약하자면 첫 등반 세미나는 환상적이었다. 이후의 딜러 세미나들도 빠르게 매진되었다. 심지어 등반을 두 번 진행해야 했던 적도 있었는데, 그러지 않았다간 너무 많은 사람들을 그냥 돌려보내야 할 판이었기 때문이다.

　2006년까지 우리는 34년 연속으로 잔스포츠 레이니어 딜러 세미나를 주최해왔다. 돌아보면 우리는 이 마법의 산으로 거의 천 명에 달하는 사람들을 안내했다.


　등반과 관련해 심각한 위험들이 존재하는 것은 사실이다. 많은 회사가 내재적인 위험 때문에 뒤로 물러서는 것도 이해한다. 잠재적인 소송의 위험 때문에 그들은 덜 위험한 것을 선택하는 경향이 있다. 하지만 나는 항상 차를 타는 것이나 등반을 하는 것이나 그 위험한 정도는 비슷하다고 생각해왔다.

　질문을 하나 하겠다. 당신은 기꺼이 위험을 무릅쓰는 사람인가? 아니면 안전수칙을 지키며 살아가는 사람인가? 여기서 말하는 위험이란, 앞뒤 가리지 않고 바람에 뛰어들거나 쓸데없이 목숨을 거는 그런 종류의 위험을 말하는 것이 아니다.

하지만 솔직히 말해, 사업가를 비롯해 대부분 사람들은 새로운 기회나 아이디어, 꿈, 또는 전환점 앞에서 안전한 길을 택하는 태만한 태도를 보인다. 이들은 브레이크를 밟거나, 완전한 손해를 방지하기 위해 내기에서 양쪽 모두에 걸거나, 또는 상황이 불리해질 경우 피해를 최소화하기 위해 '위기 전문가'에게 상담을 한다. 결국에는 너무나 많은 사람들이 공포 때문에 마비되어버린다. 그 공포가 미지에 대한 공포, 실패에 대한 공포, 오해받는 것에 대한 공포, 부상이나 손실에 대한 공포, 또는 공포 그 자체에 대한 공포이건 간에 말이다.

사람들은 위험을 무릅써야만 얻을 수 있는 풍부한 보상을 택하기보다는 안전하고 예측 가능한 길을 따라가는 경향이 있다. 고치를 깨고 나가 날개를 시험한 뒤에만 맛볼 수 있는 비행의 기쁨보다는 고치 속의 어둠을 선호하는 것이다. 1971년 루가 우리를 초청하여 위험을 무릅쓰고 정해진 선 밖으로 나오게 해준 일에 나는 매우 감사한다. 이 같은 경험을 하지 못하도록 당신을 막는 방해물은 무엇인가?

3천 미터 고도에 위치한 캠프 뮤어에서 루 휘태커.

# 본격적인 사업 둘러보기

　　　　　　　　40년 동안 사업에 종사한 결과 나는 다양한 회사와 함께 일했다. 나는 점차, 때로는 매우 어렵게, 각 기업의 문화는 바로 그 자체의 고유한 '문화'라는 사실을 배웠다. 성실한 직원이라면 기업 고유의 문화를 형성하는 성문화된 사규와 암묵적인 규칙을 지키기 위해 최선을 다하기 마련이다.

　잔스포츠에서는 항상 모든 일에 재미를 결합하고자 노력해왔다. 삶은 진정으로 위대한 모험이다. 그러니 왜 좋아하지도 않는 일을 하며 이를 낭비한단 말인가? 만약 일반적인 대기업의 과시적인 요소들을 전부 갖춘 평범한 직업을 원했다면, 머레이와 잔, 나는 모두 시애틀에 있는 큰 기업들에 몇 번이고 지원했을 것이다. 하지만 세상의 돈 전부를 번다 해도 그 과정을 즐길 수 없다면 아무런 의미가 없었다. 우리는 창의적이면서도 재미있는 일을 하고 싶었을 뿐이다. 돈 벌기는 부차적인 문제였다.

　예를 들어, 사업 초기에 새로운 백팩을 고안하면 우리는 사무실

문을 닫고 실제 현장에서 이를 시험하러 하이킹을 가고 산에 올랐다. 구상한 물건의 거의 절반쯤은 우리가 야외에서 더 나은 경험을 하기 위해 디자인한 결과물들이었다. 제품을 완벽하게 만들면서 정말 즐겁게 지냈기에, 이 제품을 사는 사람들 또한 재미를 느낄 수밖에 없었다. 우리는 기능성에 재미를 더한 히피들로 알려졌다.

이처럼 낙천적인 태도는 가게에서도 여실히 드러났다. 우리는 편한 옷을 입고 일했다. 즉, 나팔바지나 밑단을 잘라 실이 늘어진 반바지, 가장자리에 늘어진 장식이 달린 재킷 등을 입곤 했다. 머레이와 남동생 랜디는 굳이 금요일이 아니어도 쉬는 시간이나 일과가 끝난 뒤 기타를 연주하곤 했다. 일이 끝나면 우리는 음악을 크게 틀어놨다. 잔스포츠의 직장 문화는 재미있고 재기 넘치는 환경이었고, 직원들은 서로 잘 어울려 놀았다. 저녁에 일이 끝나면 종종 길 건너 파커스 볼룸에 갔다. (돈이 전혀 없었으므로) 경비원은 무료로 들여보내주었고, 우리는 폴 리비어나 더 레이더스의 노래를 들으며 이에 맞춰 춤을 췄다. 솔직히 고백하자면, 사람들이 맥주를 마시다 말고 테이블에 놓아둔 채 춤추러 가면 그것을 마시기도 했다.

우리가 그랬던 것처럼, 재미있게 지내다 보면 자연히 여러 기업이 집착하는 사소한 문제들에 일일이 낙담하기가 어려워진다. 이는 기업 내의 정치적 문제와도 연관된다. 나는 개인적으로 일반적인 사무실 풍경이라 할 수 있는 소모적 긴장관계나 아부, 시시한 잡담, 그리고 편 가르기 등을 이해할 수가 없다. 만나는 사람들을 진심으로 존경하고, 이들의 의견을 수용하고, 친절하게 대해야 한다고 믿기 때문이다. 이 때문에 지난 40여 년간 우리 회사의 신조가 '너 자신이 아닌 너의 사업을 진지하게 받아들여라'였던 것이다. 그러니 우리가 이 원칙을 잃었던 어떤 사건을 나는 평생 잊지 못할 것이다.

## 샌프란시스코에서 거절당하다

샌프란시스코의 유통업자인 고린 형제에게서 우리 제품을 들여놓고 싶다는 전화를 받았다. 때는 1970년이었고, 잔스포츠는 아직도 상대적으로 작은 규모의 회사였다. 우리 제품이 더 많은 지역에서 판매되리라는 기대에 흥분했지만, 시애틀에서 샌프란시스코까지의 항공료를 감당할 수가 없었다. 하지만 재니스 조플린과 빅 브라더 앤 더 홀딩 컴퍼니가 베이 에어리어Bay Area에 출연한다는 소식을 접했고, 어떻게든 그곳에 가기로 결정했다. 사업적 전망보다는 멋진 콘서트 하나 때문에 움직인다니 미친 소리처럼 들릴 수도 있겠지만, 우리에게는 삶을 즐기고 재미있게 사는 것이 늘 최우선 순위였다. 우리는 그 콘서트를 보기 위해 16시간 동안 차를 몰고 가기로 했고 그곳에 간 김에 유통업자들도 만나기로 했다.

고린 형제에게 우리가 간다는 사실을 최종적으로 알린 뒤, 머레이와 나는 중요한 사실을 깨달았다. 그 여행은 최초의 공식 출장인 셈이었는데 우리에게는 정장이 없었다. 옷장에는 주로 밑단을 자른 반바지와 티셔츠, 하이킹 부츠가 온갖 종류별로 갖춰져 있을 뿐이었다. 물론 우리는 사랑과 평화를 구현하는 히피의 본모습 그대로 갈 수도 있었다. 하지만 그러지 않았다. 순간적인 판단 착오나 어쩌면 일말의 나쁜 업보 때문이었으리라.

이유가 뭐였든 간에 우리는 사업에 적절한 외관을 갖추는 일을 약간은 의식하게 되었고, 출장을 위해 평소보다 격식을 갖춘 옷을 찾아 입기로 했다. 나는 더블 버튼에 회색의 가는 세로줄 무늬가 들어간 파란색 정장을 갖고 있었다. 마치 텐트의 덮개처럼 두 배로 펼칠 수 있는 엄청나게 넓은 옷깃이 달려 있었다. 파란색 셔츠와 타이가 폐소공포증을 불러일으킬 지경이긴 했지만, 적어도 나는 사이비 사업가(?) 비슷하게 보이기는 했다. 머레이의 경우 갈색 스웨이드 블레이저와 이에 맞는 갈색 조끼, 회색의 가는 세로줄 무늬가 들어간 바지, 옅은 녹색 셔츠, 그리고 검은색 스트링 보타이를 어찌어찌해서 찾아냈다. 이런 경우가 워낙 드물었던지라 심지어 잔은 이 순간을 기록하기 위해 사진까지 찍었다. 새로운 옷으로 치장을 마친 우리는 여행길에 올랐다.

샌프란시스코에 도착한 우리는 고린 형제의 사무실에 방문해 첫 대면을 했다. 샘플로 본 것이 마음에 든(우리의 옷 말고 제품 말이다) 그들은 물건을 주문했다. 사무실에서 나오면서, 콘서트에 가기 전에 다른 가게를 몇 군데 들러도 괜찮겠다는 생각이 들었다. 우리는 샌프란시스코에 있는 노스페이스North Face 지점을 방문했고, 그곳에서도 제품을 팔기로 했다.

이러한 판매에 고무되어 버클리에 있는 시에라 디자인Sierra Designs이라는 또 다른 아웃도어용품 소매점에 들렀으나, 주문을

샌프란시스코로 첫 출장을 떠난 머레이와 스킵.

넣지 않았다. 그래도 세 곳 중 두 곳에 제품을 팔았으니 나쁘지 않은 수확이었다. 시간을 확인한 뒤, 서둘러 한 군데를 더 방문해도 되겠다고 생각했다. 일을 빨리 해치운다면 콘서트에 가기 전 밴의 뒤편에서 편한 옷으로 갈아입을 시간도 있을 터였다.

스키 헛Ski Hut에 들렀을 때, 흥미로운 일이 벌어졌다. 우리는 '비즈니스용 복장'을 입은 채 자신 있게 계산대로 걸어갔다. 주인을 만나고 싶다고 부탁하자, 상점의 뒤편으로 안내되어 피터 눈을 만날 수 있었다. 우리가 상점을 가로질러 가자 직원들은 마치 서커스의 기괴한 쇼라도 보는 것처럼 충격받은 표정이었다. 심지어 어떤 사람의 다음과 같은 말소리도 들렸다.

"뭐야, 쟤네가 그 잔스포츠 대표들이라고?"

어쩌면 그들은 엘비스의 그것만 한 우리의 구레나룻이나 어깨까지 내려오는 머리 길이, 또는 머레이의 염소수염 때문에 놀랐는지도 모른다. 그들은 구부러지는 프레임으로 만든 우리 제품을 너무 급진적이라고 생각했다. 그럴 만한 것이, 시중에서 판매되는 다른 배낭은 전부 리지드 프레임*을 사용했고 우리는 정반대의 극

---

\* 절점이 강하게 접합된, 뼈대가 두드러지는 구조를 의미한다.

단을 지향한 것이다.

결국, 우리가 이제 막 비즈니스 세계에 진입하려 시도 중인 히피들이라는 사실을 그냥 지나칠 수 없었나 보다. 그들은 우리를 상점 밖으로 말 그대로 집어 던지다시피 쫓아냈다!

솔직히 말해 우리는 크게 낙담하지는 않았다. 재니스 조플린이 그날 밤 노래했듯, "자유는 아무것도 잃을 게 없다는 뜻"*일 뿐이니까. 다시 말해, 마음 깊은 곳에서 우리에게는 자유가 최고라는 사실을 알고 있었다. 자신을 표현할 자유, 자신이 될 자유, 모험과 발견, 재미를 추구할 자유 말이다. 바로 이런 점이 우리 내면의 본모습이었고, 이는 우리가 어떤 옷을 입었는지와는 상관없었다.

비록 아주 짧은 시간이었지만 당시 우리는 다른 사람이 되려고 시도했다는 사실을 깨달았다. 우리가 접촉하려 한 회사의 기업 문화를 추정한 다음 그들에게 잘 보이기 위해서 말이다. 물론 겉으로는 정장을 입었지만, 우리는 전통적인 의미의 사업가들은 아니었다. 다른 사람인 척 가장하는 것은 우리의 본질, 즉, 세계 최고의 가방을 만드는 임무를 수행하는 약간은 불손한 히피라는 본질에 충실하지 못한 행동이었다.

그 바보 같은 정장을 입은 것은 그때가 거의 마지막이었다. 그러나 패션에 관한 규칙 때문에 곤경에 처한 상황이 마지막이었던 것은 아니다.

---

* 〈Me & Bobby McGee〉의 가사로, 재니스 조플린의 사후 1971년에 빌보드 싱글 차트 정상을 차지했다. 원곡 가수는 로저 밀러Roger Miller이다.

## 성공을 위해 차려입다

1972년, 인디애나 주 콜럼버스에 적을 둔 커민스 사(Cummins, Inc.), 즉 K2*의 모회사가 잔스포츠를 인수했다. 인수 과정에서 나는 이사회 부의장의 비서였던 댄 맥코넬과 긴밀히 협력했다. 댄의 임무 중 하나는 커민스의 이윤에서 10퍼센트를 떼어낸 돈으로 커민스처럼 거대한 제조업체로 성장하기를 원치 않는 회사를 찾아내 이를 인수하는 것이었다. 즉, 댄이 각 분야에서 2, 3, 4위로 부상한 기업들을 찾아낸다. 그 회사들이 더욱 성장할 수 있는 강한 잠재력을 지녔음을 알아본 것이다. 그러면 커민스는 이러한 기업들을 인수한 뒤, 더 많은 자본을 투입하고 경영방침을 약간만 새롭게 조정하면 1위를 차지할 거라는 기대를 안고 투자하는 방식이다.

이들이 사들인 최초의 회사가 바로 K2 스키스였다. 구매 당시 K2는 해당 분야에서 8위를 차지하는 회사였고, 유리섬유로 만든 스키 디자인을 전문으로 했다. 당시 업계의 선두주자는 메탈 소재로 스키를 만들던 헤드HEAD 사였다. 3년이 채 안 되어 K2는 업계 1위로 성장했고, 커민스가 지불했던

레이니어 산 세미나에 참가한 스킵. Photo by 키스 군나르

* 미국의 시애틀에 15개의 글로벌 브랜드를 보유한 세계 최대의 겨울 스포츠 장비(노르딕, 스키, 스노보드, 인라인) 회사로서 한국의 K2(케이투 코리아)와는 다른 회사이다. – 편집자 주

비용보다 훨씬 높은 가치를 지닌 기업이 되었다. K2를 인수한 지 1년 뒤, 커민스는 K2가 한 시즌 빨리 스키를 판매한다는 것을 깨달았다. 다시 말해, 그들은 여름에 스키를 만든 뒤 가을에 이를 공급했다. 하지만 겨울에는 이렇다 할 일이 없었다.

K2의 척 페리스는 잔스포츠의 존재를 알고 있었고, 댄 맥코넬을 선두로 내세운 인수합병 이야기가 오가게 되었다. 잔스포츠는 K2의 사업주기 사이의 빈틈을 메우기에 완벽했다. 우리는 사람들이 여름에 사용할 제품을 겨울에 팔았다. 두 개의 회사를 합치면 K2-커민스는 일년 내내 상당한 수입을 얻을 거라고 댄은 확신했다. 댄은 우리의 제조 공정을 확인하기 위해 비행기로 시애틀까지 날아왔다. 그러고는 일생일대의 충격에 빠졌다.

우선 커민스는 복장 규정이 매우 엄격한 회사였다. 남자 직원들은 빳빳한 흰 셔츠를 입고, 항상 타이를 매야 했다. 심지어 파란색 셔츠를 입으면 안 된다는 규칙도 있었다. 예외란 없었다! 머리 모양에 관해서는, 남자들은 짧고 단정한 머리 또는 스포츠머리 중 하나를 선택할 수 있었다. 역시 반박의 여지 따윈 없었다. 커민스의 기업 문화를 묘사하는 데에 '엄청나게 보수적'이라는 표현만으로는 너무도 부족했다.

두 회사 간의 연락책 역할을 맡은 댄은 대기업 문화에 익숙한 사람이었고, 곧 복장 문제는 제쳐놓고라도 잔스포츠와 그가 속한 기업 세계 사이의 엄청난 차이를 목격하게 되었다. 거의 그랜드캐니언 정도의 격차였다. 예를 들어, 커민스 본사는 사무용 칸막이를 이용해 특별히 디자인된 장소였는데, 당시에는 상대적으로 새로운 시도였다. 각 직원은 자신만의 '창의적 사무 공간'에 자리잡고 있었는데, 이는 황갈색과 회색의 칸막이로 구성된 미로를 가로×세로 3미터씩 똑같은 모양의 조각으로 잘라놓은 꼴이었다. 확실히 커민스는 업무 환경을 강하게 통제하는 편이었다. 게시판에 무언가를 게시하기 위해서는 반드시 위원회의 승인을 받아야 할 정도로 매우 보수적인 곳이었다.

댄이 방문했을 당시, 우리 회사에서는 40여 명의 직원들이 편한 옷을 입고 근무 중이었다. 정장이나 타이는 어디서도 찾아볼 수 없었다. 물론 댄의 옷을 제외하고 말이다. 게시판에 붙일 내용을 승인하는 위원회도 없었다. 이처럼 극심한 차이에도 불구하고, 커민스 사는 잔스포츠를 인수했다. 그 뒤 댄은 콜럼버스Columbus에 가서 본사 사람들을 직접 만나보라고 제안했다. 한 배를 타게 되었으니 안면을 익혀두는 것이 좋을 거라고 생각한 모양이었다. 게다가 커민스 사람들은 잔스포츠에 대해 더 많은 정보가 필요했는데, 잔스포츠의 이야기를 들려주기에 나만한 적임자는 없었던 것이다.

몇 주 뒤, 커민스 사의 사장인 필 클레멘트의 요청에 따라 비행기를 타고 인디애나 주로 향했다.

댄은 자신의 창의적인 사무 공간에서 나를 기다리고 있었다. 그날 아침 내내 그는 과연 내가 약속에 나타날지 궁금해했으리라. 나는 약속을 지켰고, 이번에는 정장을 집에 놓고 갔다. 칸막이의 숲을 지나 걸어가는 동안 사람들이 숨을 토해내는 소리가 들렸다. 10킬로미터를 뛰어오느라 숨이 차기라도 한 것처럼 말이다. 조잡

한 칸막이들 위로 저 멀리 고개를 내민 댄의 머리를 볼 수 있었다. 그의 관점에서 봤을 때, 그가 볼 수 있었던 거라고는 어깨까지 내려오는 나의 금발 머리와 제법 까맣게 태운 피부, 그리고 커다란 푸 만추 콧수염*뿐이었다. 목 위만 보자면 나는 캘리포니아에서 온 서퍼 같아 보였을 것이다. 스캔들도 이만한 스캔들이 없었다!

그 층의 가장 구석진 곳으로 걸어가자, 사람들은 자리에서 일어나 경외심과 깊은 우려가 섞인 표정으로 나를 쳐다보았다. 그들은 내가 청바지를 금지하는 규정에 대해 미리 공지를 받지 못했다는 사실 때문에 걱정했던 것이리라. (그렇다, 다른 무엇 때문이 아니라 청바지 때문이었으리라.) 커민스는 직원들이 회사에 청바지를 입고 오도록 절대 허락할 리 없었다. 나의 정말 멋진 카우보이 부츠와 흰색 술이 달린 가죽 재킷도 마찬가지로 금지되어 있었다. 적어도 나는 흰색 셔츠를 입긴 했다. 가슴 중반까지 버튼을 풀어헤치긴 했지만.

게다가 나는 애리조나 주, 혹은 인간 문명의 어느 변두리 지역에서 공수한 납작한 꽃 모양의 거대한 목걸이를 걸고 있었다. 내 복장은 말 그대로 그들의 숨을 앗아갈 지경이었다. 댄이 나중에 말해준 바로는, 그들은 세 가지 질문을 던졌다고 한다. 저 사람은 도대체 누구인가? 저 괴상한 이는 어디로 가는 중인가? 도대체 커민스에는 왜 나타났단 말인가?

드디어 댄의 책상에 도달한 내가 자리에 앉아서 사업에 관한 이

---

\* 수염의 양 끝이 턱 밑까지 길게 늘어진 콧수염이다. 영국의 소설가 색스 로머Sax Rohmer의 소설에 등장하는 가상의 중국인 캐릭터 푸 만추Fu Manchu의 이름을 따서 지어졌다.

야기를 나누기 시작했을 때, 갑자기 직원 전체가 댄의 자리에서 몇 걸음 떨어진 곳에 있는 복사기를 사용하지 않으면 큰일이라도 날 것처럼 굴기 시작한 사실을 눈치채지 않을 수 없었다. 분명 나의 존재가 화젯거리가 된 듯했다. 내가 주변환경과 전혀 어울리지 않는다는 사실을 알고 있었냐고? 물론이다. 하지만 샌프란시스코 출장 뒤, 다른 누군가가 되기보다는 나 자신을 표현하는 것이 항상 낫다는 사실과 결과가 어찌 되든 소신대로 행동해야 한다는 사실을 깨달았다. 자기 자신이 아니라 자신의 사업을 진지하게 받아들여야 한다는 교훈을 다시 한번 상기하라. 나는 내가 하고 싶은 대로 할 뿐이었다. 가끔 논란에 휘말리긴 했지만.

한 가지 사례를 들어보겠다. 커민스에서 길고 긴 하루를 보낸 뒤, 댄과 그의 아내, 커민스의 다른 직원, 나까지 네 명은 밥을 먹으러 갔다. 회사에서 바로 갔기 때문에 댄과 그의 동료는 여전히 모범적인 빳빳한 흰 셔츠에 타이와 정장 차림이었다. 우리가 간 브라운 카운티 인이라는 식당은 그 유명한 핫 비스킷과 애플 버터를 비롯해 여러 중서부식 전통 요리들을 수십 년간 판매해온 현지 식당으로, 웨이트리스가 테이블 주변에서 계속 대기하는 곳이었다. 우리 테이블을 담당한 웨이트리스는 25년이나 그곳에서 근무했다고 했다.

이름은 기억나지 않지만, 그 웨이트리스와 한 말싸움은 평생 잊지 못할 것이다. 특선 요리를 설명한 뒤, 그녀는 음료 주문을 받았다. 멋지게 차려입은 커민스 직원들부터 먼저 말이다. 다른 이들은 맥주나 와인 한 잔을 주문했고, 마지막으로 웨이트리스는 나를 쳐다보았다. 나는 미소를 지었다. 그녀는 책을 늦게 반납하는 사람을 분노에 차서 쳐다보는 사서처럼 안경의 위쪽 너머로 나를 빤히 쳐다봤다.

"그래, 뭘 드실 건가요?"

나는 말했다.

"레드 비어 한 잔 부탁해요."

웨이트리스는 팔짱을 끼더니 경계하는 눈초리를 흘끗 던졌다. 내 주문을 제대로 들었는지 확신할 수가 없어서 다시 한번 반복했다. 그러자 그녀는 말했다.

"손님, 우리는 밀러도 팔고, 버드와이저도 팔고, 밀러라이트도 팝니다. 하지만 빨갱이 맥주 따윈 팔지 않아요."

빨갱이 맥주? 나는 당황했다.

"공산주의자들이 마시는 맥주를 달라는 게 아니에요. 레드 비어를 달라는 겁니다."

"말했잖아요, 그런 거 없다니까요."

그녀의 이해를 돕기 위해 나는 말했다.

"그냥 맥주랑 토마토 주스를 섞은 음료를 말하는 거예요. 유리잔에 토마토 주스를 약간 부은 다음에 나머지는 맥주로 채우면 돼요. 타바스코 소스와 소금도 약간 넣어주시고요."

그녀는 마치 스컹크 냄새를 맡기라도 한 것처럼 얼굴을 찡그리고 눈살을 찌푸렸다.

"그런 건 만들지 않을 거예요. 안 할 거라고요. 그렇게 이상한 음료를 손님께 드릴 순 없어요. 아까도 말했듯, 우리는 빨갱이 맥주는 안 팝니다."

더이상 소란을 피우고 싶지 않았던 나는 결국 타협했다.

"좋아요, 그럼 버드와이저로 할게요."

이런 태도로 퍽이나 고객을 기쁘게 하겠다! 식사 내내 그 웨이트리스는 내 요청에 화가 났다는 티를 숨기지 않았다.

어떤 면에서 보자면, 이 가련한 영혼은 커민스의 사람들과 하나도 다를 바 없었다. 내가 평범한 사람들과 너무 다르고, 일반적인 기준에서 벗어나 있다는 사실을 극복하는 것을 힘들어했으니까. 그러나 커민스 사람들이 훗날 깨닫게 되었듯, 사실 나는 제법 괜찮은 사람이었다. 긴 머리든 뭐든 다 포함해서 말이다.

결국 K2-커민스와 잔스포츠간의 결합은 매우 성공적인 동반관계로 드러났고, 약 5년간 지속되었다. 그 뒤 경영전략이 바뀌면서 커민스는 과거에 인수했던 자회사를 전부 매각했다. 나는 잔스포츠의 필승전략이 유연한 기업 문화라는 사실을 알고 있었고, 우리 자신이 아닌 사업을 진지하게 생각하는 한 우리는 계속 성공할 터였다.

이제, 잠시 자리를 비우고 레드 비어를 주문할 수 있는 곳을 찾아봐야겠다.

# 죽을 뻔한 경험 덕에 탄생한 오리지널 돔형 텐트

일이 예상대로 풀리지 않을 때면 기뻐하라. 곧 위대한 발견을 할지도 모른다. 나는 이를 직접 겪어봐서 안다. 우리에게도 이런 일이 여러 번 일어났다. 지금부터 말하려는 사건의 경우는, 「시애틀 타임스Seattle Times」지의 사진기자를 동반한 단순한 크로스컨트리 스키 여행으로 시작되었지만, 나중에는 전세계의 텐트 제작 방식을 개혁하는 결과를 낳았다. 물론 당시에는 이렇게 될 줄 몰랐지만 말이다. 우리는 단지 언론의 관심을 끌려던 시도 때문에 거의 죽을 뻔했다고만 생각했었다.

1971년, 잔스포츠는 여전히 가족이 운영하는 소규모 회사였고, 당시 우리만의 A자형 텐트를 개발하기 위해 힘쓰고 있었다. 불행히도 우리에게는 전통적인 텐트를 재해석해 만든 제품을 홍보할 마케팅 부서도 없었고, 대형 광고 캠페인을 벌일 돈도 없었다. 우리가 만든 가방과 새로운 시험제작용 잔스포츠 텐트를 대중에게 노출하기 위해서는 전문적인 보도사진기자로 하여금 장비를 실제 사용하는 모습을 찍게 하는 방법이 최선이라고 생각했다. 공짜로 언론의 관심을 받는 것보다 좋은 건 없으니까. 적어도 그게 우리의 생각이었다.

머레이와 잔, 나는 3일 동안 약 33킬로미터 거리를 가로지르는 크로스컨트리 스키 여행을 계획했다. 위냇치의 미션리지Mission Ridge에서 출발해 워싱턴 주 캐스케이드 산맥의 블루웨트 패스 Blewett Pass 근처에 있는 작고 멋진 마을인 리버티Liberty까지 가는 여정이었다. 스키 가이드인 척 크로스가 길을 안내하기로 했다. REI의 사업상 동료인 게리 로즈와 데이브 챈틀러가 동행했고, 「시애틀 타임스」지에서 사진 관련 일을 하는 이라 스프링이라는 사진작가도 함께했다. 사실 우리는 이 여행이 대박을 터뜨리는 데 도움이 될 거라고 생각했다. 잘 짜인 스토리와 산에서 찍은 멋진 사진 몇 장이면 잔스포츠 텐트와 가방이 유명해질 수도 있었다. 모든 일이 계획대로 되어가고 있었다. 아무도 통제할 수 없었던 딱 한 가지 요소만 빼고 말이다. 바로 날씨였다.

길에서 활기 넘치는 하루를 보낸 첫째 날, 밤에 야영을 하기 위해 여정을 멈췄다. 캐스케이드 산의 기상이 종종 그러하듯 한겨울 날씨는 끔찍이도 추워서 온도계의 수은주가 뚝뚝 떨어졌다. 기온은 뼈가 얼어붙을 정도인 섭씨 영하 20도로 내려갔다. 너무 추워서 이라는 카메라의 셔터가 얼어붙기 전에 딱 한 장의 사진밖에 찍지 못했다. 바람은 점점 거세게 불어오고 해는 지고 있었으므로, 우리는 시험제작용 A자형 텐트를 서둘러 조립했다.

설상가상이라더니 눈까지 오기 시작했다. '크리스마스 느낌이

나기 시작하는' 부드러운 눈이나, 우리를 이라의 사진 속에서 혹독한 추위를 견디는 야생인으로 만들 만한 정도의 눈이 아니었다. "당장 내 산에서 나가!"라고 미친 듯이 소리 지르는 듯한, 사방에서 맹렬히 날뛰며 난타하는 눈보라였다.

우리의 수염과 머리는 순식간에 얼음으로 뒤덮였다. 나중에야 안 사실이지만, 그 여행에서 이라가 찍을 수 있었던 유일한 사진은 우리의 얼어붙은 수염과 머리 사진뿐이었다. 할 수 있는 일이라곤 숨는 것밖에 없었다. 그것도 가능한 한 빨리.

우리 셋이 텐트에 비집고 들어가 있는 동안 이라와 REI 팀도 각자 텐트로 숨었다. 일단 안전하게 텐트 안에 들어간 뒤 머레이는 휴대용 스토브에 불을 붙였다. 그러고는 얼어붙은 몸을 녹이기 위해 커피를 끓이고, 체력을 보충하기 위해 저녁을 만들었다. 하지만 바람은 수그러들 기미를 보이지 않았다. 오히려 차디찬 공기가 무자비하고 돌발적인 돌풍이 되어 텐트를 비집고 들어오며 스토브의 불꽃을 위협했다. 그 비좁은 공간에서 우리는 불꽃을 보호하기 위해 안간힘을 다했지만, 결국 스토브는 꺼졌다. 따뜻한 식사가 얼음 위에 놓인 꼴이었다.

난방을 할 방법이 없으니 우리는 한데 모여 최대한 따뜻하게 있으려고 노력했다. 새벽 3시쯤 텐트 문에 달린 지퍼가 부러졌고, 문은 별안간 발작을 일으키듯 빠르게 펄럭이기 시작했다. 바람을 등에 업은 눈은 새로 열린 입구를 통해 텐트 안쪽으로 소용돌이쳐 들어왔다. 그러자 문을 고정하던 막대가 고정장치를 확 벗어나더니 헬리콥터 프로펠러의 날처럼 빙글빙글 돌기 시작했다. 잔은 텐트가 우리를 죽이려 한다고 생각했다.

머레이와 나는 긴 끈을 이용해 덜렁거리는 문을 묶는 데 성공했고, 눈보라가 텐트 내부로 들어오는 것을 막기 위한 미봉책으로 배낭과 각종 장비를 문에 기대어 세웠다. 그럼에도 텐트는 밖에서 빅풋Big Foot*이 두드리기라도 하듯 달그락달그락거리며 흔들렸다. 텐트가 금방이라도 무너질지도 모르는 상황이니 잠은 생각조차 할 수 없었다. 설상가상으로 텐트의 안쪽 벽에 얼음마저 얼고 있었다. 우리는 아이스박스에 갇힌 세 마리의 차가운 물고기나 다름없는 신세였다.

드디어 아침이 되었을 때 우리는 완전히 기진맥진했다. 하지만 산 밖으로 나가기 위해서는 높게 쌓인 눈을 헤치고 16킬로미터 가량 스키를 타야 했다. 쓸모없는 A자형 텐트를 질질 끌어 나르면서 발걸음을 내딛을 때마다, 모두에게 최악의 밤이 되어버린 전날 밤의 일이 떠올랐다.

그럼에도 불구하고 죽음의 흉측하고 공허한 얼굴을 직시한 덕분에 우리는 기존 텐트의 문제점을 명확히 깨달았다. 등산을 하러 산에 갔다가 일종의 계시를 얻었다고나 할까. 만약 그 여행이 그림 속의 한 장면처럼 완벽하고 바람이 잔잔했다면, 그리고 새롭게 디자인한 A자형 텐트가 제몫을 다했다면, 우리는 결코 트레일 돔형 텐트Trail Dome Tent에 대한 영감을 떠올리지 못했으리라.

---

* 미국·캐나다의 로키 산맥 일대에서 목격된다는 미확인 동물이다. 사스콰치Sasquatch라고도 불린다. 사스콰치는 캐나다 서해안 지역의 인디언 부족의 언어로 '털이 많은 거인'이라는 뜻이다. – 편집자 주

## 필요는 발명의 어머니

그 다음 주에 우리는 회사에 모여 블루웨트 패스에서 얼어 죽을 뻔한 날에 대해 토의했다. 겨울의 황량함과 겨울 캠핑, 크로스컨트리 스키에 대한 우리의 애정이 줄어들지는 않았지만, 더 나은 텐트가 필요하다는 사실만은 가슴 아플 정도로 확실했다. 우리는 실수를 반복하지 않기로 다짐했고, 블루웨트에서의 잊을 수 없는 경험을 발판삼아 텐트 디자인을 위한 새로운 기준을 세웠다. 겨울에는 어둠이 빨리 찾아오므로 사용자들은 텐트 안에서 긴 시간을 보낼 수밖에 없었다. 따라서 쾌적하고 기능적이며 편안한 장소가 필요했다. 요리하고 옷을 갈아입는 공간까지 포함해야 했다. 또한, 우리는 온종일 스키를 탄 후 둥글게 앉아 카드놀이를 하고 술을 마시거나, 책을 읽는 모습을 그려보았다. 그때 공간을 최대화할 수 있는 일종의 균일한 형태가 떠올랐다.

전통적인 방식대로 텐트를 만들었다가 겪은 실패와 개인적인 경험을 토대로, 우리는 이글루를 닮은 텐트를 만들기 위해 머리를 굴렸다. 잔이 본을 작업하는 동안 나와 머레이는 돔 형태를 지탱할 수 있는 유연하면서도 단단한 막대를 찾아다녔다. 나의 막역한 친구인 몬태나 주 보즈

시험제작용 돔형 텐트에서 스킵과 머레이.
Photo by 게일 웨스틴

먼 출신(Bozeman, Montana)의 키스 라우쉬는 우리의 이야기를 듣고는 디자인 과정을 돕겠다고 제안했다. 특정한 아이디어에 대해 열정을 지닌 사람과 함께 일하는 것만큼 즐거운 일은 없다.

우리는 아이디어와 노력, 그리고 다양한 시도를 결합해 알루미늄, 속이 막힌 유리섬유, 속이 빈 유리섬유로 된 세 가지 종류의 가벼운 막대를 개발했다. 일단 즉시 구할 수 있었던 속이 막힌 유리섬유로 만든 낚싯대용 대부터 시험해보았다. 하지만 이 막대는 바람이 강하게 불면 부서졌다.

그 다음에는 이스턴 알루미늄Easton Aluminum 사의 화살대를 살펴보았다. 이 회사에서는 물미*를 보강해주었고, 우리는 바로 야외에 나가 이를 시험했다. 그러나 물미를 구부리면 막대에 금이 가거나 부러졌다. 다행히도 이스턴 사에서 완충 고무줄 기술을 이용해 속이 빈 유리섬유 막대를 완벽하게 개선했고, 이것이 오늘날 표준이 되었다.

적합한 막대와 직물 본을 갖춘 우리는 최초의 돔형 텐트를 만들기 시작했다. 세상에, 이 텐트가 어찌나 관심을 끌었던지. 이 텐트는 지지대 없이도 단독으로 설 수 있었고, 마치 외계에서 온 우주비행선 같아 보였다. 일단 조립하고 나면 이를 집어 들고, 뒤집고, 흔들어도 모양이 유지되었다. 판매에 도움이 되는 요소는 아니었지만, 텐트를 한 손으로 들 수 있다는 점도 디자인의 가벼움과 구조적 통합성을 드러냈다.

* 깃대나 창대 따위의 끝에 끼우는 끝이 뾰족한 쇠로, 대를 땅에 꽂거나 잘 버티게 하는 데에 쓴다.

당연히 우리는 텐트를 시중에 내놓기 전에 거의 모든 기상 조건에서 시험했다. 특히 루 휘태커는 레이니어 산을 등반하면서 돔형 텐트를 가져갔고, 경사진 옆면이 표면적이 넓은 A자형 텐트보다도 기상 악조건을 훨씬 잘 견딘다는 사실을 발견했다. 또한, 다양한 직물을 실험한 끝에 외벽에는 데이크론 섬유를 사용하기로 했다. 데이크론은 깜짝 놀랄 만큼 강한 데다 태양의 자외선을 차단하는 능력이 시중에 나와 있는 다른 직물보다 뛰어났기 때문이다.

블루웨트 패스에서 계시를 받은 지 몇 달이 지났을 때, 새로운 발명품을 시장에 내놓을 준비를 마쳤다. 하지만 과연 아웃도어 공동체가 이를 받아들일까? 사실 대부분 사람은 시어스에서 판매하는 거대한 면직물 천으로 제작된, 칙칙한 국방색이나 남색 텐트를 사용하며 자랐으니 말이다. 이러한 텐트는 구멍이 나기도 하고 종종 냄새도 났다. 또한 어둠 속에서 텐트를 조립해 세우는 일은 완전히 악몽이나 다름없었다. 그러나 당시에는 이런 텐트가 업계의 표준형이었다.

이와는 대조적으로, 우리는 최신식인 데다 전위적으로 보이는 밝은 오렌지색이나 노란색의 돔형 텐트를 팔려고 애쓰는 히피에 불과했다. 돔형 텐트는 어려서부터 익숙했던 형태의 텐트로부터의 급진적인 일탈이었다. 하지만 우리는 직감적으로 성공할 것이라 확신했고, 전통에 얽매이기를 거부했다. 진보적인 것을 시도하는 일은 두렵지 않았다. 단지 소비자들도 이러한 비전을 알아채기를 바랄 뿐이었다.

우리는 그 운명적인 겨울 스키 여행에 동반했던 데이브 챈틀러에게 연락했다. 마침 REI에서 텐트를 구매하는 담당이었던 데이브는 제품을 기꺼이 확인해주겠다고 했다. 우리는 트레일 돔형 텐트가 얼마나 빨리 조립되는지 시연해 보였다. 외부에서 텐트 가장자리를 통해 물이 굴러 들어오는 현상도 바닥 방수 디자인 덕분에 방지할 수 있다고 설명했다. 특히 데이브의 관심을 끈 요소는 돔형 텐트가 바람이 아주 강한 상황을 제외하고는 줄을 말뚝에 매거나 고정하지 않아도 잘 서있다는 점이었다. 그가 제품을 마음에 들어하는 것을 느낄 수 있었다.

그 시점에서 데이브에게 이 텐트는 다른 잔스포츠 제품과 마찬가지로 현장에서 혹독한 테스트를 거쳤으며, 지옥에 떨어져도 끄떡없을 만큼 튼튼하다고 장담했다. 생각해보면 트레일 돔형 텐트를 만들기 위해서 우리가 거친 모든 과정이야말로 지옥이나 다름

스킵, 루, 곰부, 그리고 프루숨바. Photo by 키스 군나르

없었으니 말이다. 아마 데이브는 한 해 전에 시험제작용 A자형 텐트가 우리를 죽이려 했던 일에 유감을 느꼈을 것이다. 하지만 그가 돔형 텐트의 잠재성을 알아봤기 때문에 구매한 거라고 생각하려 한다. 실제 이유가 뭐였든 간에, 데이브는 잔스포츠 돔형 텐트 50개를 구매해 자신의 가게에 들여놓았다. 결과는? 돔형 텐트는 아무런 홍보 없이도 날개 돋친 듯 팔려나갔다. 머레이와 잔, 나는 의기양양했다. 데이브는 이 텐트를 더 주문하고, 또 주문하고, 또 주문했다.

일년이 채 지나지 않아 전국 각지에서 주문이 쏟아져 들어오기 시작했다. 사실 너무나 많은 주문이 들어온 나머지, 물량을 감당할 수가 없어서 몇 년간은 할당하는 방식으로 텐트를 팔아야 했다. 이 발명품이 바로 잔스포츠를 유명하게 만든 일등공신이다. 흥미롭게도, 트레일 돔형 텐트의 갑작스러운 인기는 잔스포츠 배낭의 판매고를 올리는 지렛대 구실도 했다. 프레임팩이나 데이팩을 사면 돔형 텐트를 주는 방식으로 물건을 팔았기 때문이다.

돔이라는 형태 자체는 새로운 것이 아니라는 사실을 기억해주기 바란다. 그 기원은 빙하시대 이전으로 거슬러 올라간다. 하지만 이 팽팽한 돔형 구조를 아웃도어 공동체에 도입한 것은 잔스포츠였다. 그리고 1972년 시장에 소개된 이후, 외부에 막대가 있는 돔형 구조는 업계 전반에 걸쳐 다양한 형태로 수용되었다. 돔형 텐트는 실질적으로 야외용 A자형 텐트를 대체했다. 이 정도면 히피들이 벌인 일치고는 제법이라 할 수 있다. 하지만 이야기는 여기서 끝나지 않는다.

## 내 생애 최악의 실수

돔형 텐트 덕분에 사람들의 삶은 많은 부분에서 더 나아졌다. 덕분에 캠핑객이나 주말 하이킹족 모두 야외에서 훨씬 즐거운 경험을 할 수 있었다. 등반가들에게 돔형 텐트는 훨씬 안락한 보금자리를 제공하는 최상의 디자인이었으며, 종종 목숨을 살리기도 하고 등반이나 원정을 계속하도록 도와주는 수단이었다. 오늘날에도 나는 이 근사한 디자인 덕분에 전세계인들이 캠핑을 즐기는 방식이 달라졌다는 사실에 무한한 만족감을 느낀다. 그러나 우리는 자그마한 실수를 하나 저지르고 말았다.

오케이, 사실은 엄청나게 크고, 까무러칠 만한 실수였다. 들을 준비가 되었는가?

우리는 돔형 텐트의 특허를 취득하지 않았다. 업계에서 가장 인기 있는 발명을 해놓고는 제품에 대한 특허는 취득하지 않은 것이다. 수많은 세부사항 중 하필이면 이를 간과한 것이다! 엄청나게 실망스러운 일이 아닐 수 없었다. 우리는 전세계를 바꿀 만한 무언가를 디자인하겠다는 열정에 사로잡혀 있었고, 현금다발을 좇으려는 동기는 없었다. 모르겠다, 솔직히 말하면 어쩌면 조금은 있었을지도. 만약 우리가 특허를 보호하기 위해 부가적인 조처를 했다면, 아마 나는 지금쯤 카리브 해에 떠있는 요트에 있을 것이다. 이 아이디어가 몇백만 달러짜리였다는 데는 의심의 여지가 없다.

부가적인 설명이 도움이 될지는 모르겠지만, 이처럼 엄청나게 큰 실수를 저지를 수밖에 없었던 외부적 요인이 있었다. 당시는 스키 제조업체인 K2 사가 잔스포츠를 막 인수한 때였다. 이 무렵 K2는 헤드 스키 컴퍼니와 유리섬유 스키의 제조 문제를 놓고 정면으로 법정 공방을 벌이고 있었다. K2의 설립자 중 한 명인 빌 키르슈너는 기술적 디자인의 특허를 보호하기 위해 엄청난 돈을 들여 변호사들을 고용했다.

결국 K2가 이겼다. 하지만 빌은 이러한 경험에 환멸을 느꼈고, K2는 법정 싸움에 지쳐버린 나머지 잔스포츠가 가진 것을 알아보지 못했다. 이들은 우리가 개발한 신형 '돔형 텐트'의 잠재성을 이해하지 못했다. 특허를 지키기 위해 변호 비용을 더 쏟아 붓느니 차라리 가만 있기로 했던 것이다.

머레이와 잔, 나는 우리끼리라도 특허를 땄어야 했다. 하지만 회사가 점점 커지고 있었다. 수요를 맞추기 위해서뿐만 아니라 회

1975년의 K2 원정에 사용된 돔형 텐트. Photo by 키스 군나르

사를 더 크게 키우고 데이팩 라인을 늘리기 위해서 온종일 바쁘게 일했다. 물론 절대 놓칠 수 없었던 멋진 콘서트들도 있었다. 우리는 언젠가 특허를 취득하면 될 거라고 생각했다. 제품이 시중에 나온 지 1년 안에 특허를 보호하기 위한 조치를 취하지 않으면 기회는 물 건너간다는 사실을 몰랐던 것이다. 몇 년 뒤, 어느 경쟁사가 돔형 텐트를 베꼈다. 이 일을 계기로 시장의 판도가 바뀌었고, 모두 각자의 돔형 텐트를 생산하기 시작했다. 깜짝 놀란 우리는 더 이상 특허를 취득할 수 없다는 가슴 아픈 사실을 알게 되었고, 이 디자인을 법령의 규제에서 제외시킬 수도 없었다.

이 경험에서 어떤 교훈을 얻었냐고? 바로 다음의 교훈이다. 우리는 특허를 통해 제품을 보호할 수 있다는 사실을 알고 있었고, 특허를 따고 싶었다. 하지만 실행에 옮기지 않은 탓에 낭패를 보았다. 다시 말해, 어떤 일을 해야 한다는 사실을 알기만 하는 채로 남들이 대신하기를 기다리는 것은 절대로 승리전략이 아니다. 마찬가지로, 당신이 처음 계획한 방식대로 일이 풀리지 않을 때면 이에 감사하라. 삶이 종종 실망스럽고 우회로로 돌아가야 할 때면 종국에는 아이디어, 혁신, 기회의 문이 열리는 법이다. 힘든 시기를 보내지 않았다면 새로운 아이디어는 발견되지 않았으리라. 다음번에 거대한 장애물에 부딪히면 돌파구를 찾아보기 바란다. 그리고 진심으로 조언하건대, 반드시 특허를 취득하기 바란다!

# 사업 성공의 비결은?

지금부터 하는 말은 이단적으로 들릴 수도 있지만, 꾹 참고 들어주기 바란다. 만약 당신이 사업에서 성공하고자 최신식 컴퓨터 기술이나 시중에서 가장 인기 있는 데이 플래너, 인터넷 접속이 가능한 값비싼 스마트폰, GPS에 기반을 둔 호출기, 그리고 끝내주는 사업관리 시스템과 프레젠테이션 소프트웨어를 사용한다면, 깜짝 놀랄 준비를 하라. 당신은 이러한 '필수적 비즈니스 수단'만 갖고는 비즈니스적 사다리의 정상에 도달하지 못할 것이다.

조금 더 자세히 설명해보겠다. 만약 당신이 오늘날의 첨단 장비 대부분을 버리면 두 가지 일이 일어날 것이다. (동료들이 당신이 뇌 검사를 받아야 할 날짜가 지났다고 생각할 거라는 사실을 제외하고 말이다.) 먼저, 당신은 이러한 제약 없이도 충분히 일할 수 있음을 깨달을 것이다. 두번째로, 직업적으로 더 큰 성공을 거둘 수 있을 것이다. 어떻게 이처럼 극단적인 주장을 할 수 있냐고? 내가 바로 살아 있는 증거이기 때문이다. 지인들에게 물어보면 나는 절대로 컴퓨터를 즐겨 쓰지 않는다고 말해줄 것이다. (나는 팜 파일럿 같은 PDA나 블랙베리 같은 고성능 휴대폰을 소유해본 적도 없다. 기술 부서의 천재들이 하나 사주겠다고 위협하고 있긴 하지만.) 심지어 휴대폰의 기능도 이제야 막 파악하는 중이다. 그럼에도, 나는 잔스포츠가 시애틀에 위치한 삼촌의 정비소 위 작은 회사에서 업계를 선도하는 국제적인 기업으로 성장하는 모습을 봐왔다. 그렇다면 내가 비즈니스적 사다리를 성공적으로 오를 수 있었던 비결은 무엇이었을까? 바로 사람이다.

지나치게 간단하게 들릴 위험을 무릅쓰고 말하건대, 사업에서의 성공은 결국 사람들을 어떻게 만나고 다루느냐에 달려 있다고 요약할 수 있다. 만약 당신이 좋은 사람들을 열심히 찾고, 이들의 에너지를 잘 활용하고, 당신이 만드는 관계와 연락망에 진심으로 충실하다면, 상상했던 것보다 훨씬 큰 사업적 성공을 거두게 될 것이다. 기술은 사람들 간의 접촉에 너무 자주 끼어들곤 한다. 나는 전선으로 휘감은 사업가 유형의 사람도 만나봤다. 마치 엔터프라이즈 호*에 승선한 듯 공상과학 영화에나 등장할 법한 헤드셋을 귀에 감은 사람 말이다. 이런 사람은 타인과 연락하기 위해 블랙베리 한 대에 500달러나 지불하고도 당장 닥친 가장 간단한 업무를 해결하는 데는 실패한다.

"네, 다음에 그 건으로 연락드릴게요." 또는 "품질보증 부서 사

---

* 미국의 유명 TV 드라마 시리즈 겸 영화 시리즈인 《스타 트렉Star Trek》에 등장하는 우주선이다.

람과 연결해드릴게요." 또는 "사무실에 돌아가면 카탈로그를 보내드릴게요." 또는 "그 정보를 가능한 한 빨리 이메일로 보내드릴게요" 등의 말을 얼마나 많이 들어봤는가? 결과는? 생각보다 꽤나 자주, 아무런 일도 일어나지 않는다. 사람들은 굳이 기억을 하지 않는 것이다. 그러고는 누군가의 이름, 생일, 독특한 재주, 또는 가정생활 등을 기억함으로써 친밀한 관계를 쌓을 기회를 잃는다. 사람들은 관심과 존중받기를 원하고 약간은 특별한 개인적 접촉을 갈망하지만, 이러한 일은 거의 일어나지 않는다. 사실 사업가 중 이러한 일을 지속하는 사람이 예외적인 경우에 속한다.

나는 가로세로 약 7×12센티미터 사이즈의 카드와 펜 같은 원시적 수단만 이용한다. 그리고 직원이나 사업상 만난 사람과 이야기할 때 메모하는 습관을 수년간 들여왔다. 만약 약속을 하면 이 내용을 즉시 적는다. 누군가가 잔스포츠로부터 혜택을 얻을 수 있다는 생각이 들면 이를 필기해둔다. 어떤 이가 특별한 재주를 가졌거나 도움이 필요하면, 이를 기록한 뒤 실제로 딱 맞는 부서에 다리를 놓아준다.

물론 기술은 이러한 과정에 도움이 될 수 있으며, 기술을 이용하는 것이 반드시 나쁜 일은 아니다. 하지만 기술은 일반적인 상식이나 예의범절을 대체하지는 못한다. 남들과 관계를 맺을 때 진정성이 부족하면 기술로도 이를 가릴 수 없다. 직원과 동료, 주요 지인들에게 단순히 관심을 쏟는 일은 어렵지 않다. 그러나 이러한 관심을 실제 행동으로 옮기고 완수하는 일은 또 다른 노력을 요한다. 타인을 진심으로 대하는 일에 대해 이야기하고 보니, 어쩌면 60년대의 '이웃을 사랑하라'는 운동에는 정말로 뭔가가 있었는지도 모르겠다. 영블러즈는 이렇게 노래했다. "지금 여기로 모여/형제를 보고 미소를 지어/모두 함께 모여, 서로 사랑해봐/지금 당장."* 이처럼 사람들을 보살피고 격려하는 일이 어떻게 사업적 결실을 낳는지 지금부터 설명하겠다.

### 내 신발을 신고 걸어봐!

70년대 초, 잔스포츠 생산 설비는 꾸준히 성장하고 있었다. 1972년에 돔형 텐트를 발명하고 큰 성공을 거두면서, 우편함은 전국에서 날아온 편지로 가득 찼다. '히피 텐트'에 대한 소문을 들은 사람들은 어디에서 이 텐트를 살 수 있는지 궁금해했다. 어떤 이들은 이처럼 실용적인 아웃도어 장비를 발명한 데 대해 고마움을 표하기도 했다. 물론 거래가 없었던 소매업자들이 잔스포츠 제품을 상점에 들여놓고자 요청하는 경우도 있었다. 때로는 새로운 아이디어를 제안하거나 일자리를 구하는 사람도 있었다.

하루는 우편물들을 조사하다가 겉면에 두 개의 작은 비브람Vibram 발자국 모양이 찍혀 있는 봉투가 눈에 띄었다. 비브람은 아웃도어 신발 제조업체로, 하이킹족을 위한 개량용 부츠에 사용되는 매우 튼튼한 밑창을 공급하는 업체이기도 했다. 반송 주소를

---

* 미국의 포크록 밴드 영블러즈(The Youngbloods)가 1967년에 처음 발매하고, 1969년에 재발매한 싱글 〈Get Together〉의 가사다.

보니 편지를 보낸 사람은 뉴올리언스에 사는 피터 젠킨스였다. 나는 피터가 누구인지 몰랐지만, 비브람 로고에서 두 개의 발자국 모양을 취해 봉투에 붙인 아이디어가 마음에 들었기 때문에 이 편지에 관심이 갔다. 비록 눈코 뜰 새 없이 바빴지만, 그에게 연락해야겠다는 직감이 들었다. 그처럼 무작위의 편지에 답장을 보낸 덕에 평생의 우정을 얻으리라고 누가 알았겠는가? 약간은 놀라면서도 내 전화에 고마움을 느낀 피터는 자신의 이야기를 들려주었다.

간단히 요약하면, 피터는 코네티컷 주 그리니치(Greenwich, Connecticut)에서 자랐다. 높은 이상을 갖고 있던 그는 대학에 가서 학위를 얻기 위해 열심히 공부했다. 하지만 학업을 계속하던 중 미국에 환멸을 느꼈다. 같은 세대의 다른 학생들처럼 피터도 베트남전과 리처드 닉슨 대통령의 워터게이트 사건 등의 중대한 사건을 목격하며 환상에서 깨어난 것이다. 피터가 동요하는 것을 눈치 챈 대학의 한 상담 교사는 완전히 미국을 배척하기 전에 먼저 미국의 참모습을 제대로 보라고 조언했다. 피터는 이 조언을 받아들였고, 졸업과 동시에 미국을 걸어서 횡단하며 그 본모습을 직접 보겠다는 참신한 계획을 세웠다.

하지만 여행에 착수하기 전에 「내셔널 지오그래픽National Geographic」 사무실에 먼저 들렀다. 미리 약속도 정하지 않고 찾아간 피터는 무작정 안으로 걸어 들어갔다. 그는 알래스카 말라뮤트 혼혈인 애완견 쿠퍼와 개인 소지품이 담긴 배낭 하나만 갖고 뉴욕 북부에서 출발해 미국의 최남단 지역까지 간 뒤, 오리건 주의 서부 해안에 도달할 때까지 서쪽으로 여행할 계획을 설명했다. 그리고 「내셔널 지오그래픽」 지에서 자신의 이야기에 혹시 관심이 있는지 물었다. 그들은 관심을 보였고, 알파인 디자인 프레임팩과 A자형 텐트를 지원해주었다. 1973년 가을, 피터는 훗날에서야 드러나겠지만 그의 삶과 나의 삶을 바꿀 모험을 시작했다.

피터가 뉴올리언스에 도착할 무렵 장비가 거의 망가졌다. 처음에 갖고 출발한 배낭과 텐트로는 남은 여정을 마칠 수가 없었다. 바로 그때, 피터는 대학 시절 잔스포츠 카탈로그를 훑어본 일과 어느 아웃도어 용품점에서 우리의 제품을 본 일을 기억해냈다. 미술을 전공한 피터는 우리의 카탈로그가 매혹적이라고 생각했는데, 가장 큰 이유는 다른 아웃도어 회사에서 만든 카탈로그와 너무나 달랐기 때문이었다. 그래서 피터는 자신의 목표를 설명하는 내용의 편지를 나에게 보냈던 것이다.

미국을 횡단 중인 피터와 바바라 젠킨스 부부.

통화 말미에 그는 여정을 계속하기 위해 텐트와 정말 좋은 프레임팩이 필요하다고 말했다. 그의 이야기가 마음에 들었고, 걸어서 미국을 탐험하겠다는 열정도 좋았다. 솔직히 말해 그렇게 진취적인 사람은 처음 봤기 때문에 잔스포츠 D-3 프레임팩과 트레일 돔형 텐트를 보내주겠다고 약속했다. 기분 좋은 말만 늘어놓고 기다리게 하는 거짓 약속을 한 것이 아니라, 이를 즉각 실행에 옮겼다.

피터는 여행에서 일어난 일을 들려주기 위해 가끔 전화했다. 그는 여정 중에 들른 마을에서 여행비용을 마련하기 위해 일하기도 했다. 뉴올리언스에 있는 동안 그는 바바라라는 이름의 아가씨를 만났고, 사랑에 빠져 결혼했다. 피터가 여행하기 위해 뉴올리언스를 떠날 때 바바라도 함께 떠났다.

몇 달 뒤 겨울이 되었을 때, 그는 다른 부탁을 했다. 그의 여동생 윙키가 여행 중반에 유타 주에서 합류할 예정이었는데 배낭이 필요했다. 우리가 도울 수 있냐고? 나는 불가능해 보이는 일에 매진하는 피터의 열정과 헌신을 보며 전율을 느끼고 있었다. 여동생이 동반함으로써 그가 목표를 이룰 수 있다면, 당연히 도와야 했다. 우리는 즉시 그녀를 위한 프레임팩도 보내주었다. 그런데 윙키는 길을 걷다가 뒤에서 오던 차에 받히는 사고를 당했다. (비록 배수로로 떨어졌지만, 목숨은 건졌다.) 현장에 출동한 경찰은 윙키가 등에 멘 잔스포츠 배낭의 프레임 덕분에 살았다고 했다.

이 대단한 여행을 시작한 지 5년쯤 지났을 때, 피터와 바바라는 드디어 오리건 주 해안에 닿았다. 나는 피터에게서 「내셔널 지오그래픽」이 그의 도착을 축하하는 큰 행사를 주최할 거라는 소식을 들었다. 머레이와 나도 축하연에 초대받았다. 물론 우리는 피터를 위해 후원한 장비가 제 기능을 다했다는 사실에 매우 기뻤다. 축하연에 도착하자 취재진과 사진가들을 포함해 약 300여 명의 사람들이 모여 있었다. 그날 밤 우리는 처음으로 피터의 가족 모두를 만났는데, 피터와 나는 정말 죽이 잘 맞았다.

다시 몇 달이 흘러 해가 바뀐 1979년, 우리는 그의 책인 『걸어서 미국 횡단A Walk Across America』의 출간을 기념하기 위해 다시 만났다. 이 책은 나중에 「뉴욕 타임스」 베스트셀러가 되었다. 책이 400만 부 이상 팔렸으니 피터는 첫 책을 낸 작가치고는 유례없는 성공을 거둔 셈이었다. 피터는 책에서 자신의 여정을 설명하면서 잔스포츠에서 공급한 장비를 포함해 그가 사용한 제품들을 매우 비상업적인 방법으로 언급했다. 흥미롭게도, 그가 지나가듯 언급한 내용은 우리가 비좁은 아웃도어 시장을 넘어 더 넓은 시장에 도달하는 데 도움이 되었다. 책을 비추던 조명과 카메라가 없어진 지 한참 후에도, 피터와 나는 계속해서 함께 여행을 다니고 우정을 키웠다.

잔스포츠에서 보낸 40년을 돌아보면, 나의 중요한 능력 중 하나는 우리에게 좋은 투자가 될 만한 인물을 잘 알아보고 기회를 평가하는 힘이었다. 나는 우리가 상징하는 가치와 가장 잘 들어맞는 요소가 무엇인지 선별할 수 있었다. 피터와 그의 여행은 그중에서도 가장 빛나는 보석이었음이 분명하다. 그는 진정한 의미에서 잔스포츠의 홍보대사 역할을 해왔고, 현재도 하고 있다. 분명 잔스포츠는 피터와의 관계를 통해 이득을 얻었고, 이는 몇 년 전 그가 보낸 편지에 내가 작은 관심을 기울이면서 시작된 일이었다. 나는 약속을 실행했고, 우정에 투자했다. 이것이 바로 인간관계의 효용가치이다. 원원 전략인 것이다. 비록 내가 피터와의 우정을 어떻게 키웠는지에 관한 설교를 늘어놓기는 했지만, 이와는 대조적으로 우정을 키울 기회를 날려버린 사례도 있었다.

### 그래요, 바나나는 없습니다 Yes, We Have No Bananas*

1979년에 나는 밥 쇼, 크레이그 퍼피치와 함께 대학서점 박람회에 참석하기 위해 본사가 있는 시애틀에서 뉴욕까지 여행했다. 믿거나 말거나, 동부로 가야 하는 멋진 미끼가 될 만한 콘서트가 뉴욕 근처에서 열리는 것도 아닌데 무려 5천 킬로미터를 날아간 것이다. 이 행사는 그만큼 중요했고, 경쟁사들도 참석해 대학서점의 바이어들에게 장비를 선보일 예정이었다. 짐작하겠지만, 대부분의 제조업체는 박람회에서 거래를 성사시키고 고객을 확보한다. 하지만 우리가 그곳에 간 이유는 정찰 임무를 수행하기 위해서였다. 우리는 그 박람회가 돌아가는 원리를 이해하고자 했고, 이를 장래에 사업을 확장하기 위한 성장 기회로 삼고자 했다. 고백하자면, 당시 우리는 새로운 소비자를 맞이하기에 충분한 생산 능력이 없었다.

박람회장을 걸어가는데 릭 베커라는 이름의 젊은 외판원이 다가왔다. 릭은 우리 브랜드를 좋아했고, 대학서점에 잔스포츠의 물건을 팔게 해달라고 우리를 심하게 졸랐다. 대학서점을 대상으

---

* 1922년 브로드웨이의 버라이어티 쇼에서 인기를 끈 노래로, 이후에도 각종 영화, 코미디, 만화 등에서 패러디되거나 농담으로 사용되었다. 어느 과일가게의 주인이 손님에게 절대로 부정적인 말을 하지 않기 위해 'Yes, we have no bananas'라고 어법에 맞지 않은 말을 하는 것을 비꼬는 내용을 담고 있다.

로 하는 시장은 분명 외부인력의 도움이 필요한 시장이었다. 캠퍼스에 다양한 인맥을 가졌음을 보여주고 싶었던 릭은 그의 고객 중 한 명인 폴 들로리를 소개했다. 폴은 보기 드문 성격을 지닌 호감 가는 인물로, 이스턴 미시간 대학Eastern Michigan University의 서점을 경영하고 있었다. 거의 한 시간 동안 우리는 배낭과 제품, 서점, 그리고 대학시장과 연관된 모든 화제에 대해 이야기를 나누었다. 폴은 성격이 좋고 믿음직스러웠을 뿐만 아니라, 학생을 대상으로 장사하는 일에 대한 강한 헌신, 그리고 장난스러운 유머감각을 갖춘 사람이었다. 그러니 내가 곧바로 그를 진심으로 좋아하게 된 것도 놀랄 일이 아니었다. 하지만 이때, 생각지도 못한 장애물에 부딪혔다.

잔스포츠에 대한 대화를 마쳤을 때, 폴은 그 자리에서 자신의 상점에 들여놓을 제품을 주문하고 싶어했다. 고맙지만 거절해야겠다고 하자 장난을 친다고 생각했는지 그의 얼굴에는 당황한 표정이 떠올랐다. 사실 그 장소는 판매 박람회장이고, 잔스포츠는 배낭을 파는 사업을 하고 있었으니 말이다. 그렇지 않은가? 물론 이는 사실이었지만, 나는 더이상 새로운 고객을 더할 여력이 없어서 배낭을 못 판다고 설명했다. 무례하게 굴려고 한 것이 아니라 단지 사실을 말한 것뿐이었다. 과거에 좋은 사람들과 훌륭한 기회를 알아본 나의 능력을 감안해, 당신은 내가 폴과 친해지기 위한 다른 수단을 취했으리라고 생각할지도 모르겠다. 하지만 아직도 알 수 없는 어떤 이유로 피터 젠킨스와는 달리 폴과는 더이상 연락을 주고받지 않았다. 내가 거절한 사람이 훗날 나의 상사가 되리라는 사실을 어떻게 짐작이나 할 수 있었겠는가?

몇 년 후, 폴은 이스턴 미시간 대학의 서점에서 다우너스Downers 라는 회사로 일자리를 옮겼다. 분명히 이 회사의 사장인 댄 스팔딩은 내가 눈치챘던 폴의 번뜩임을 보았음이 틀림없다. 하지만 한 가지 다른 점이 있었다. 댄은 폴에게 함께 일하자고 제안한 것이다. 이렇게 운명의 장난이 시작되었다. 다우너스는 1982년에 우리의 모회사인 K2로부터 잔스포츠를 사들였고, 댄은 대학서점에서 판매 경험을 가진 인재가 필요했다. 그는 폴 들로리를 뽑았다.

폴의 첫번째 임무는 비행기에 올라 에버렛에 있는 공장의 공정을 확인하러 오는 것이었다. 단호하게 문을 두드린 뒤, 폴은 내 사무실로 걸어 들어왔다. 장난기 어린, 입이 귀까지 찢어진 미소를 얼굴에 띤 채였다. 얼굴은 낯이 익었지만 그를 만난 것도 몇 년 전의 일인 데다 그마저도 한 시간 정도의 짧은 미팅이 전부였기 때문에 알아보지 못했다. 그는 굳세고 자신감 있게 내 손을 잡으며 말했다.

"안녕하세요, 스킵 씨. 저 기억하세요? 뉴욕에서 당신이 잔스포츠 배낭을 팔지 않겠다고 했던 바로 그 사람입니다."

나는 바닥에 쓰러질 뻔했다. 이처럼 기막힌 아이러니를 두고 우리 둘 다 크게 웃어넘기기는 했지만, 내가 어쩌다 이러한 인연을 놓쳤는지 의아해하지

1986년부터 2001년까지 잔스포츠의 사장이었던 폴 들로리.

않을 수 없었다. 이후 몇 달 동안 폴은 잔스포츠의 사업 철학과 야외활동에 대한 애정, 레이니어 산 등반, 그리고 특히 우리가 하는 모든 일에 재미를 더한다는 핵심 가치를 섭렵했다.

   그는 놀라울 정도로 빠르게 배웠고, 우리의 임무에 담긴 정신을 금방 이해했다. 공동 설립자 중의 한 사람으로서 나는 잔스포츠의 역사와 목표를 전달하기 위해 그와 상당히 많은 시간을 함께했다. 폴이 회사의 계급구조 안에서 돋보이기까지는 그리 오랜 시간이 걸리지 않았다. 사람들과 관계를 쌓고 이를 유지하는 데 대가였던 폴은 결국 잔스포츠 사장으로 승진했고, 1986년부터 2001년까지 이 직책을 수행했다. 심지어 재직 기간에 폴은 나에게 인적 자원을 이용하는 법 한두 가지를 가르쳐주기도 했다. 결국 정상에 도달하기 위해서는 친구들로부터 얻는 도움만 한 것이 없다.

## 야크 후원하기

겉으로 보기에는 멋진 아이디어 같았다. 하지만 이 대단한 계획 때문에 우리는 거의 죽을 뻔했다. 어디선가 많이 들어본 것 같지 않은가? 나는 친구이자 사업 고문인 댄 맥코넬과 함께 루 휘태커의 1982년 중국-에베레스트 원정 비용을 모을 방법을 고민하며 오후를 보내고 있었다. 에베레스트 산의 북쪽 사면을 공격하든, 아니면 칸첸중가 산에 태클을 걸든 간에 모든 등반에서 가장 어려운 문제는 비용을 마련하는 것이다. 이번 원정에는 20만 달러가 넘는 돈이 필요했다. 우리는 최고의 등반가와 물품, 장비를 모을 수 있었지만 적당한 기금 없이는 모든 것이 무용지물이었다. 댄과 나는 기금 마련 작업에 착수했다. 무엇보다도 이 정도 규모의 기금을 모으려면 전통적인 빵 바자회, 세차, 또는 복권 판매 등의 방식으로는 턱도 없었다. 우리는 기억에 남을 만하면서도 재미있는 방법을 찾고자 노력했다.

기발하면서도 '세상에 지나치게 미친 짓은 없다'는 사고방식을 토대로, 우리는 야크의 사진을 팔자는 독특한 아이디어를 생각해 냈다. 사실 야크는 전통적으로 이 지역에서 성공적인 등반에 꼭 필요한 역할을 수행해왔으니까. 소를 닮은 이 동물들은 중국-에베레스트 등반에서도 한 베이스캠프에서 다음 베이스캠프로 5톤 가량의 장비와 프로판 가스를 나를 터였다. 얼어붙은 툰드라를 600미터 이상 올라야 하는 힘든 여정이었다. 이 첩첩산중에서는 야크 한 마리가 허머 사의 사륜구동 지프 한 대보다 나았다.

 게다가 티베트에 사는 우람한 야생 야크와 미국의 히피는 제법 비슷한 생물이다. 둘은 모두 멸종 위기종 목록에 올라 있다. 히피가 구슬 장식을 달고 꽃을 꽂고 나팔바지를 입는 것처럼, 야크도 종종 구슬과 깃털로 된 장식을 달고, 목에는 종을 걸곤 한다.* 야크와 히피는 모두 길고 무성한 털을 갖고 있다. 목욕을 최우선 순위로 여기지도 않고, 높은 곳에 있는 것을 좋아한다는 공통점도 있다. 즉, 야크는 높은 곳에서 생활하는 고산동물이고, 히피는 자연적으로 고취된 상태를 추구하거나 가끔은 화학물질의 힘을 빌려서라도 둥둥 뜬 상태로 있으려 한다. 확실하지는 않지만, 어쩌면 기막힌 우연도 어느 정도 작용했으리라.

 '사랑의 여름' 기간 동안, 히피들은 공랭식** 엔진을 장착한 1967년산 폭스바겐 버그를 많이 타고 다녔다. 이 차의 무게는 810킬

---

\* 나팔바지가 영어로 'Bell-bottom'이고, 종이 'Bell'임을 이용해 히피와 야크의 공통점을 비교한 말장난이다.
\*\* 엔진의 발생열을 제거하기 위해 실린더 및 블록 주위에 공기를 흐르게 하여 냉각시키는 냉각장치의 한 형식으로, 이 형식에서는 엔진 내를 통하여 흐르는 냉각수가 필요 없으며 라디에이터도 필요하지 않다. – 편집자 주

'야크 후원하기' 행사를 위한 야크 액자. Photo by 댄 맥코넬

로그램 정도였는데, 우연히 야크가 저녁에 풀과 눈을 먹고 나서 위장이 가득 찬 후 쟀을 때의 평균 몸무게와 정확히 일치했다. 게다가 기금을 마련하기 위해 야크를 판매하는 일(정확히는 야크 사진을 판매하는 일이지만)은 잔스포츠의 네 번째 원칙에도 들어맞았다. 즉, 우리가 하는 모든 일에 재미를 추구한다는 원칙 말이다. 야크를 팔아 원정을 후원하는 방식은 완벽한 계획 같았다.

댄과 나는 시애틀에 가게를 둔 소규모 자영업자들에게 거래를 제안하기로 했다. 기금을 내는 이들에게 에베레스트 산에서 찍은 야크 사진을 보드지에 붙이고 액자에 넣어 증정하기로 했다. 야크 옆에 후원한 가게 이름도 쓰기로 했다. 무엇보다도 이 액자에는 대원 전부가 사인할 예정이었다. 가게 주인들이 입구에 자랑스럽게 걸어둘 수 있도록 말이다.

이제 야크를 후원하는 공식적인 프로그램이 탄생했다. 우리는 이 후원권을 327달러에 판매했다. 솔직히 딱 떨어지지 않는 애매한 금액이었지만 그 정도면 구멍가게 주인들에게도 부담스럽지 않은 액수였다. 원활한 진행을 위해, 기부금에 대한 세금을 면제받을 수 있도록 비영리 회사도 세웠다. 훌륭한 아이디어를 생각해냈으니 이제 어떻게 실행할지만 생각하면 되었다. 분명 '야크 액자'를 전문적으로 제작하는 카탈로그 회사는 없었기에 커다란 흰색 카드를 든 셰르파와 우리가 야크 옆에 서있는 모습을 찍으면 될 거라고 상상했다. 일단 사진을 찍으면 사무실로 돌아와 50개든 100개든 필요한 만큼의 복사본을 만든 뒤, 흰색 공간에 각 사업체의 이름을 써넣을 계획이었다. (이때만 해도 포토샵이 등장하기 한참 전이었다는 사실을 기억해주기 바란다.) 그리고 나서 사진을 '중국-에베레스트 원정 1982' 로고와 서명들이 있는 플라스틱 액자에 넣으면 완성이었다.

 우리는 에베레스트 산에 있는 베이스캠프에서 야크 사진을 찍기로 했다. 원정에 동원될 때 사진 찍는 일에 동의한 적은 없는 집채만 한 야수를 5천 미터 고도에서 촬영해본 경험은 물론 없었다. 만약 야크가 공격하려는 낌새를 보이면, 셰르파가 진정시킬 거라고 추측했다. 하지만 불행히도 언어 장벽이라는 요소를 미처 고려하지 못했다. 셰르파는 티베트 지역의 방언을 사용했는데, 우리에게는 마치 스타 트렉에 나오는 클링온 행성 사람들의 언어처럼 들렸다. 지나고 나서 생각해보니 통역사를 대동했음에도 우리는 의사소통이 안 될 수밖에 없는 운명이었던 것 같다. 때로는 사업에서도 모르는 게 약이다.

## 야크가 와글와글 Yakety Yak*

우리는 '야크 후원하기Back-A-Yak' 행사가 성공하리라고 확신했지만, 시애틀의 거리를 돌아다니며 실제로 이 아이디어를 판매하는 일이 남아 있었다. 하지만 어디에서 시작해야 할지 몰랐다. 나는 마케팅 전략이나 기부자와의 관계, 또는 기초적인 방문판매 기술에 대해 정규훈련을 받은 적이 없었다. 왠지 가장 가까운 실마리에서 시작하는 일이 이치에 맞는 것 같았기에 잔스포츠 장비를 정기적으로 취급하는 소매업자들이 우리의 첫번째 명단에 올랐다. 소매점들은 아웃도어 용품이나 등산용품을 판매했기 때문에 우리의 비전을 이해할 가능성이 높았다. 야크를 후원하면 이들은 에베레스트 북쪽 사면의 거대한 협곡을 최초로 오르는 미국 등반대를 돕는 셈이었다. 대부분 마케팅 관련 서적은 이러한 방법을 '친화 집단Affinity Group'에 판매하는 것이라고 부르리라.

첫번째 리스트를 소진한 뒤, 우리는 등반을 다니는 사람들이 많이 사

에베레스트 산에 있는 두 마리의 야크.

---

* 영어의 'yak'라는 단어는 동물 야크를 나타낼 뿐만 아니라, '수다, 허튼 소리'라는 뜻도 갖고 있다. 'yakety-yak'는 '와글와글, 왁자지껄, 재잘재잘' 등의 뜻이며, 저자는 야크에 관한 이야기를 하는 대목에서 일부러 이 표현을 사용했다.

는 주변 지역을 공략하기로 계획하고 이발소, 빵집, 그외 지역 상점에 전화를 돌렸다. 이번에도 이러한 시도는 매우 논리적인 것 같았는데, 그도 그럴 것이 홈팀을 지지한다는 점에 지극히 미국적인 감성을 자극하는 무언가가 있었기 때문이다. 물론 우리가 접촉한 대부분의 가게 주인들에게 야크는 카약만큼이나 쓸모없을 터였다. 하지만 여전히 시도는 해봐야 했다.

댄과 함께 어느 빵집에 갔던 일이 기억난다. 그는 잡담을 나누느라 시간을 낭비하는 대신 직설적으로 접근하는 것이 낫다고 생각했다. 댄은 바로 본론으로 들어갔다.

"안녕하세요. 야크를 팔러 왔습니다."

주인 남자는 우습다는 듯 우리를 쳐다봤다. 그는 마늘 한 쪽을 씹은 것 같은 일그러진 얼굴을 하고 있었다. 남자는 맞장구를 쳐준답시고 투덜거리면서 말했다.

"얼씨구, 한 마리에 얼마요?"

"327달러입니다."

댄은 침착하게 미소를 지으며 말했다.

"그렇구먼. 나한테 야크가 무슨 소용인데?"

그는 뒤통수를 긁었다.

"이 보슈, 여기는 빵집이지 정육점이 아니란 말이오."

댄은 당황하지 않고 루 휘태커의 원정과 이 여행에서 야크가 필요한 이유에 대해 미리 준비한 연설을 늘어놓기 시작했다. 주인 남자가 도넛 쟁반들을 정리하는 동안 내가 끼어들어 이 행사에 참여하면 역사의 한 획을 긋는 등반에서 중요한 역할을 하게 될 것이며, 등반대원의 대부분이 그의 이웃이라는 사실을 말했다. 몇 분간의 설득 끝에 지칠 대로 지친 빵집 주인은 한 손을 들어올리더니 말했다.

"하지만 도대체 그 동물을 어디에 쓰란 말이오?"

이제 와 생각해보니, 우리가 문간에 살아 있는 야크를 배달하는 게 아니라는 사실을 명확히 설명하지 않았던 것 같다. 판매할 기회를 놓칠 것 같다고 직감한 댄은 여러 개의 포스터가 붙어 있는 벽으로 걸어가서 말했다.

"여기 있는 포스터들 대신에 이 가게의 이름이 쓰인 야크 사진을 걸게 되실 겁니다. 사진에는 '조의 베이커리'라고 쓰여 있겠죠. 당신의 야크가 되는 겁니다. 시애틀 출신 사람들이 세계의 정상에 오르는 것을 도울 기회예요. 어때요, 살면서 들은 이야기 중 가장 멋지지 않나요?"

빵집 주인은 꽤 오랫동안 댄을, 그러고 나서 나를 물끄러미 쳐다보았다. 그러고는 말했다.

"이봐요, 세계의 정상에 오르는 게 살면서 들은 가장 멋진 이야기 인지는 잘 모르겠소만, 야크는 괜찮은 것 같구먼. 한 마리 사겠소."

주인은 그 자리에서 수표를 끊어주었다. 이런 일이 자주 일어나지는 않았지만, (대부분의 경우 우리는 쫓겨나기 일쑤였다.) 행복한 날이었다. 기금 마련 활동이 끝날 무렵 우리는 거의 100마리의 야크를 팔았고, 약 4만 달러를 벌었다. 여기에 몇몇 대기업의 후원을 더해 목표 금액을 채웠다. 이제는 약속했던 야크를 배달하기만 하면 되었다. 바로 여기에서 문제가 발생했다.

### 야크의 공격

몇 달 후로 건너뛰어보자. 에베레스트 산의 베이스캠프에 도착한 댄과 나는 공식적인 야크 사진을 찍어 돌아가는 일이 우리의 가장 중요한 임무임을 알고 있었다. 약 일주일 정도 베이스캠프에 머물며 등반을 위한 마지막 준비에 박차를 가하고 있었는데, 야크 한 무리가 계곡 아래에서 올라오는 소리가 들렸다. 야크의 목에 달린 종 덕분에 전체 행렬을 보기 훨씬 전부터 이들의 존재를 알 수 있었다. 하늘에 낮게 떠있는 태양을 배경으로 알록달록한 머리 장식으로 치장한 50여 마리의 야크가 셰르파를 따라오는 모습이 보였다. 야크들이 점점 가까워질수록 정말 볼 만한 광경이 되었다. 냄새 또한 어디에도 견줄 수 없을 정도였다. 야크 떼의 도착은 일종의 공감각적 경험이라고 할 만했다. 농담이 아니라 진짜로, 야크 한 무리의 냄새는 스컹크 냄새도 저리 가라 할 정도였다. 사진 찍을 기회를 놓치고 싶지 않았던 댄이 말했다.

"스킵, 지금 당장 사진을 찍자."

다음날 아침이면 야크들은 더 높은 베이스캠프를 향해 산을 오를 터였다. 셰르파가 일찍 출발하고 싶어할 가능성도 충분히 있었다. 그러면 야크들은 모두 가버릴 테고, 사진 찍을 기회도 놓칠 터였다. 댄과 나는 통역사에게 가서 야크 몰이꾼들에게 우리의 뜻을 전달해달라고 부탁했다. 우리는 재빨리 하고자 하는 일, 겉으로 보기에는 너무나 간단해 보이는 일을 설명했다. 솔직히 작은 흰색 보드지를 든 채 야크 옆에 서서 사진을 찍는 일이 뭐 그리 어렵겠는가?

첫번째 목동에게 부탁을 전달한 뒤, 댄은 가장 가까이 있던 야크를 향해 대담하게 나아갔다. 경고할 틈도 없이, 야크는 흥분하기 시작했다. 무게가 800킬로그램이 넘는 야크의 털과 냄새가 국지성 토네이도 정도의 힘으로 주변을 온통 흔들어댔다는 뜻이다. 댄이 필사적으로 살 길을 찾는 동안, 야크는 껑충 뛰고, 쿵쿵거리고, 콧김을 내뿜었다. 그 재빠른 발차기 한 방에라도 맞았다간 원정을 포기해야 할 터였다. 다행히도 댄은 다치지 않고 무사했다. 한 손을 내밀며 그는 말했다.

"네 차례야, 스킵. 어쩌면 네가 더 잘할지도 모르겠어."

나는 이러한 시도가 위험할 수도 있다는 사실을 알고 있었다. 흰색 카드를 받아든 나는 다른 야크를 돌보는 셰르파에게 다가갔다. 아직 거리가 3미터 가량 떨어져 있었는데도, 야크는 미친 듯이 날뛰었다. 게다가 그 야크는 마치 내가 그의 어미를 모욕하기라도 한 것처럼 베이스캠프 전체로 나를 쫓아다니기까지 했다. 그렇게 빨리 뛰어본 적은 생애 처음이었다.

지금에 와서 생각해보니, 아마도 사진을 찍는 타이밍을 조금 더 조심스럽게 고려했어야 했던 것 같다. 그때는 하루가 거의 끝나갈 무렵이었고 야크들은 지친 상태였다. 이들은 온종일 육중한 몸을 이끌고 거친 땅을 걸어 다닌 참이었으니 체력이 바닥나 있었을 것이다. 그런데 바보 같은 백인 청년들이 쫓아다니며 사진을 찍기 위해 포즈를 취해달라고 한 것이다. 야크들은 아마 '턱도 없어, 이 인간아. 너희들 미쳤구나'라고 생각했으리라.

태양이 마치 바위처럼 떨어지고 있었다. 절호의 기회를 날릴 판이었다. 두 번의 아슬아슬한 시도 끝에 항복하는 것은 다른 날을 노려야 한다는 뜻이었다. 하지만 만약 우리가 야크 후원하기 프로그램을 위한 사진을 찍지도 못하고 이를 전달하지도 못한다면, 약 100여 명의 가게 주인들이 신용 사기를 치고 그들의 돈을 떼어먹은 두 명의 머리 긴 인간들을 찾기 위해 조합을 결성할 터였다.

댄이 다른 아이디어를 냈다. 흰색 카드를 야크 목동에게 준 뒤, 이 거친 야수 옆에 서도록 하는 것이었다. 그러자 이번에는 야크가 날뛰지 않았다. 댄은 한 장이라도 건지기를 바라며 가능한 한 많은 사진을 재빨리 찍었다. 다행히 해가 완전히 지기 전에 서너 마리의 야크가 각각 셰르파와 있는 사진을 찍을 수 있었다.

나중에 회사로 돌아와서 사진을 현상하고 액자를 조립한 뒤 이를 가게 주인들에게 자랑스럽게 선보였다. 사람들의 반응은 똑같았다. 모두가 이를 꽤 멋지다고 생각했다. 사실 이 행사는 굉장한 인기를 끌어 2년 후 1984년의 중국-에베레스트 원정 때도 이를 반복했고 더 큰 성공을 거두었다.

## 야크 학교

이러한 경험을 통해 사업과 관련된 원칙을 배울 수 있다. 때때로 목표를 달성하는 유일한 방법은 스스로를 객관적으로 바라보는 것이다. 이 말이 상식에 어긋나는 것처럼 들릴 수도 있음을 안다. 내가 관찰한 바로는 비즈니스 사다리를 오르고자 하는 대부분의 사업가는 언제나 앞에, 그리고 중심에 서야 한다고 믿는 경향이 있다. 다시 말해 영광을 독차지하려 하는 것이다. 하지만 내가 최고라는 생각이 들 때 이러한 감정을 억누르고 다른 이가 주목을 받도록 도와주면, 결국에는 성공을 거두고 예상치 못한 방법으로 목표를 이루게 된다.

사업과 관련된 두번째 원칙은 목표를 이루는 과정을 도와준 이들에게 감사를 표하라는 것이다. 이 원칙도 뻔해 보이리라. 그러나 불행히도 무리 사이에서 정상을 차지하기 위한 약육강식의 논리가 판치는 이 세상에서 자신을 도운 이에게 감사의 말을 전하는 일은 드물다. 대부분의 경우 감사하다고 말하는 일은 거의 돈이 들지 않는다. 이메일을 보내든 편지를 부치든, 또는 전화를 걸든

폴라로이드 사진을 보는 티베트의 야크 몰이꾼들. Photo by 1984년 등반대

간에 진정으로 감사하는 태도는 호의적인 관계를 조성한다.

하지만 때로는 감사를 표하는 일에 대가가 따르는 경우도 있다. 다음의 사례를 보라. 셰르파 덕분에 야크 사진을 여러 장 찍은 뒤, 이들은 야크버터로 만든 차를 함께 마시자고 우리를 초대했다. 일종의 친선의식이었다. 이를 거절하는 것은 심각한 모욕일 터였다. 제안을 받아들이는 것이 옳은 일이었고, 그래야만 우리를 도와준 데 대해 감사를 표할 수 있을 터였다.

고작 차 한 잔하는 게 뭐 그리 대수냐고?

야크버터 차를 맛본 적 있는 사람은 이런 질문을 던지지 않으리라. 일반적으로 셰르파들은 벨트에 달린 주머니에 야크 젖으로 만든 버터를 넣고 다닌다. 당연히 냉장보관을 하지 않으니 야크버터는 부패한다. 차 마실 시간이 되면 이들은 물을 끓인 뒤 휴대용 병에 역겨운 야크버터 한 덩이를 넣는다. 보기만 해도 토할 것 같은 이 덩어리는 찻잎과 함께 컵에 담기고, 그 외에 그때그때 어울리는 재료들이 곁들여진다.

평범한 서구인이라면 즉시 컵의 윗부분에서 야크버터를 걷어내는 반응을 보일 것이다. 그래봤자 별 도움은 안 되지만 말이다. 하지만 현지인들은 두꺼운 야크버터를 띄워 차를 마시기 때문에 이러한 행동은 매우 무례해 보일 터였다. 댄과 나는 미소를 짓고 차를 단숨에 흡입한 뒤, 이를 씻어 내릴 수 있도록 빨리 맥주를 찾기를 바라는 수밖에 없었다. 물론 따뜻한 야크버터 차 한 잔보다 훨씬 더 끔찍한 것도 있다. 차갑게 굳은 야크버터 차를 마셔보라!

# 11
## 에베레스트에 오른 히피들

세계에는 에베레스트 산의 위풍당당한 사면보다도 훨씬 가파른 봉우리들이 존재한다. K2처럼 오르기 더 어려운 산들도 있다. 그럼에도 에베레스트 산에 오르는 시도는 노련한 등반가와 등산을 취미로 하는 초보 등반가 모두의 상상력을 사로잡을 만하다. 1984년의 중국-에베레스트 등반대의 일원으로서, 아름답고 강인한 거인과 같은 에베레스트의 정상을 성공적으로 오르는 탐험은 나에게 비할 데 없는 모험이었다. 이 모험이 얼마나 대단한 일이었는지 제대로 알기 위해서는 어린 시절로 거슬러 올라가야 한다.

나는 캔자스에서 나고 자란 히피였으며, 평원에서 도보 여행을 하고 놀았다. 캔자스에는 제대로 된 산이 없다. 콜로라도 주와의 경계에서 약 1.6킬로미터쯤 떨어진 곳에 선플라워 산Mt. Sunflower이 있기는 하지만, 높이가 겨우 1,231미터밖에 안 되니 '산이 되고 싶은 뒷동산' 정도로 보는 게 맞을 성싶다. 나는 진짜로 높은 산의 정상에 서보는 일의 참맛을 완전히 모른 채 삶의 대부분을 보냈다.

모든 산의 어머니인 에베레스트 산을 바라보는 기분을 상상해 보라. 해발 고도 8,848미터의 만년설로 덮인 봉우리가 하늘을 가르는 모습을. 이 히말라야의 보석을 한낱 말로는 제대로 묘사할 수 없다. 캔자스 주 출신이든 아니든 간에 이 행성의 가장 높은 지점에 서겠다는 꿈은 모든 등산가의 철인경기이며, 모든 등반가의 우주 보행이고, 모든 산악인의 불가능한 꿈이다. 삶을 송두리째 산에 바친 사람들에게 에베레스트에 오르는 것은 인생의 정점을 찍는 경험이다. 바로 이 때문에 루 휘태커가 나 같은 캔자스 촌놈한테 에베레스트의 북쪽 협곡 루트, 즉 중국과 티베트를 통해 접근하는 루트로 에베레스트를 오르는 최초의 미국 등반대에 합류하라고 제안했을 때, 완전히 허를 찔렸다.

때는 1983년 6월 말이었고, 우리는 잔스포츠 딜러 등반에 참여하러 전국 각지에서 모인 35명에게 빙하 여행과 빙벽 등반 기술을 훈련시키느라 멋진 하루를 보낸 참이었다. 앞은 자리에서 애덤스 산Mt. Adams의 계곡이 바라다보였고, 우리는 열정적인 참가자들과 함께하는 데 마음속 깊이 만족하고 있었다. 루와 나는 레이니어 산의 3천 미터 고도 표지판 근처에 있는 캠프 뮤어의 가이드용 오두막 밖에 앉아서, 다가오는 에베레스트 등반에 관해 이야기하고 있었다. 루는 평소처럼 조용한 말투로 1984년 에베레스트 등반에 함께 가고 싶지 않냐고 물었다. 말도 안 된다는 생각이 먼저 들었다. 히말라야를 직접 보는 일이나 그 정도 규모의 원정에 참여하는 일을 수년간 꿈꿔오긴 했었다. 그렇다고는 해도 주말에나 산에 오르고 취미 삼아 배낭여행이나 즐기는 나에게는 너무나 엄청난 일이었다. 그러나 루가 눈사태만큼이나 진지하다는 사실을 깨달 았을 때, 주저하지 않고 대답했다. "당연하지!"

 루는 다양한 경험과 능력, 동기를 지닌 일류 등반가들을 직접 뽑았다. 레이니어 산 등반에서 돌아온 뒤, 우리 팀은 한 달에 한 번씩 만나기 시작했다. 모든 멤버가 각자 임무를 맡아 집중했다. 대규모 원정을 위해 준비해야 할 세부사항은 끝없이 많았다. 나는 RMI의 가이드인 필 어쉴러, 그레그 윌슨과 함께 장비를 마련하는 일을 맡았다. RMI의 전업 가이드인 필은 다년간의 원정 경험이 있었다. 이번 원정은 필에게는 몇 년 만의 세번째 에베레스트 등 정이었고, 그레그 윌슨에게는 첫 대규모 원정이 될 터였다.

레이니어 산 딜러 등반. Photo by 키스 군나르

원정 장비를 개발할 때 중요한 개념은 내구성, 가벼움, 기능성으로 일반적인 배낭족, 캠핑족, 그리고 여행가들을 위한 장비와 같았다. 우리에게 주어진 과제는 가능한 한 최고의 장비를 만드는 일이었다. 나는 전 등반대의 성공 여부가 장비의 질과 조건에 달려 있음을 알고 있었다. 또한, 가장 신뢰할 만한 방법으로 장비를 시험하려면 실제로 이를 사용해야 하며, 원정을 통해 장비를 시험하면 궁극적으로 잔스포츠 제품에 도움이 되리라는 사실도 알고 있었다. 우리는 작은 쇠를 비롯해, 배낭의 기본이 되는 천이나 바느질 등 모두 최고의 재료만을 사용했다. 시험제작 원형이 완성되자마자 대원들은 새로 만든 장비를 등반 훈련에 들고 나가 시험해보았다.

출발하기 전 두 달 동안 마음은 매머드처럼 거대한 도전을 준비하는 일로 꽉 차 있었다. 에베레스트 등반으로 삶이 어떻게 바뀔지, 새로운 사람을 만나고 지구 반대편의 낯선 문화를 경험하는 일은 어떨지에 대해 곰곰이 생각해보았다. 그리고 중국인들이 에베레스트 산을 부르는 이름인 초모랑마Chomolangma(간단히 번역하자면 '대지의 어머니 여신'을 뜻한다)에서 내 능력을 시험해보는 상상을 즐겼다. 나는 베이스캠프를 세우는 지원팀의 일원으로서 모든 역량을 발휘해야 함을 알고 있었다.

또 이런 생각도 들었다. 어쩌면 이 이야기를 책으로 쓸 수 있을지도 모르니, 작가도 한 명 동반하면 어떨까? 이 아이디어를 루에게 말했고, 그도 멋진 생각이라고 동의했다. 나는 친구이자 작가인 피터 젠킨스에게 우리와 동행해 이 이야기를 기록할 생각이 있는지 물었다. 루가 기획했으며, 티베트로 여행할 계획이고, 서양인들로서는 오랜만에 티베트의 수도인 라싸에 들어가게 될 거라고 말했다. 당연히 피터는 바로 이 모험에 뛰어들었다. 나는 그의 우정에 감사했다. 그는 거침없고 재미를 추구하는 성격이었으며 늘 활력이 넘쳤다.

또한 PBS 방송국의 카메라맨도 이 여정을 촬영하기 위해 합류했다. 당시 잔스포츠의 사장이었던 댄 스팔딩과 킴 반더하이든의 부분적인 후원 덕분이었다. 이 카메라맨은 훗날 '에베레스트의 바람Winds of Everest'이라는 프로그램으로 제작될 영상을 촬영했다. 존 덴버가 내레이션을 맡은 다큐멘터리는 이후 몇 년간 PBS에서 방송되었으며, 우리의 여정을 속속들이 기록하고, 온갖 산전수전과 전율과 실의를 생생히 담았다.

한편 미국으로 돌아온 뒤 피터가 쓴 『중국을 넘어Across China』라는 책은 「뉴욕 타임스」 베스트셀러에 석 달간이나 올랐다. 하지만 이야기가 너무 앞서 나간 것 같다.

### 나의 최초의 여행

눈 깜빡할 새에 모든 준비가 끝나고 기금 마련을 마친 뒤, 우리는 비행기를 타고 서쪽으로 날아가고 있었다. 비행기가 구름 사이를 뚫고 가는 동안 많은 생각을 했다. 어떻게 보면 내 삶 전체가 이 여행을 위한 준비 과정이었다는 생각에 전율했다. 어렸을 때부터 어머니는 나를, 여행을 많이 다니게 함으로써 익숙지 않은 환경에서도 자신감을 가지도록 훈련했다. 어머니는 이 두 가지 요소가 언젠가 내 삶에서 큰 부분을 차지하리라고 직감했음이 틀림없다.

예를 들어, 고작 다섯 살이었을 무렵 어머니는 나를 캔자스 주 러셀에서 할머니 댁이 있는 그레인필드까지 가는 그레이하운드 버스에 태워 보냈다. 나 혼자서 말이다. 어머니는 버스 기사에게 내가 그레인필드에서 내리면 되고, 할머니가 기다리고 있을 거라고 말했다.

그 당시에는 이런 일을 겁 없이도 할 수 있었다. 어린 내게는 이 여행이 거대한 모험처럼 느껴졌다. 에베레스트 산에서 어떤 일이 일어날지 고대하는 것처럼, 당시 도로의 다음 모퉁이에서 어떤 일이 일어날지를 매우 기대했다. 나는 버스의 맨 앞좌석에 앉았고, 작은 심장은 이 여정이 주는 흥분으로 콩닥거렸다. 이 여행은 그 후에 겪은 무수히 많은 여행의 시초가 되었다.

열두 살 무렵, 시애틀에서 사촌 머레이와 함께 낚시와 하이킹을 즐기며 여름을 보낸 후 집이 있는 그레이트벤드로 돌아가야 했다. 혼자 시애틀에서 포틀랜드까지 기차를 타고 간 뒤, 다시 러셀로 가는 여정이었다. 어느 오후에 숙모와 사촌들에게 애정이 담긴 작별인사를 한 뒤 기차에 올랐고, 저녁에 포틀랜드에 도착했다.

메기를 든 스킵.

브레이크에서 뿜어져 나오는 뜨거운 공기 바람이 마치 도착을 알리는 신호 같았다. 나는 배낭을 집어 들고 역으로 향했다. 여기 저기 돌아다니며 아직 하늘을 향해 회색 연기 덩어리를 뿜어대는 기차들이 미로처럼 정차해 있는 모습을 구경했다. 기름과 석유 냄새가 공기를 채웠고, 희미하게 불을 밝힌 플랫폼에는 탑승권을 잘라낸 반쪽짜리 보관용 승차권들이 버려져 있었다. 기차 여러 대가 선로에서 증기를 내뿜는 모습이 보였는데, 어떤 기차를 타야 하는지 알 수가 없어서 곤란했다.

어느 안내원에게 캔자스 주 러셀로 가는 기차를 찾는다고 말하니 그는 마치 내가 『올리버 트위스트Oliver Twist』에 나오는 소매치기 소년 '파긴'이라도 되는 것처럼 쳐다보았다. 분명 그는 나처럼 어린아이가 왜 혼자서 여행을 하는지 궁금했으리라. 한참을 뜸들인 뒤, 그는 머리를 긁적이며 정확한 기차를 알려주었다. 시애틀을 떠난 지 3일 뒤, 꼿꼿이 세워진 좌석에서 잠을 자가며 캔자스에 도착했다. 이것이 바로 나의 첫 모험이 시작된 경위다.

네 살 때 메뚜기를 미끼로 한 낚시나 열 살 때 오리와 거위의 주요 서식지인 샤이엔 늪지대Cheyenne Bottoms에서의 꿩 사냥처럼 부모님은 나에게 모험에 대한 갈망과 문제 해결에 대한 취미를 길러주려 노력했다. 이처럼 어렸을 때 일상을 통해 배운 삶의 경험들이 에베레스트 산을 오르는 데 도움이 될 거라고 직감했다. 나는 정말로 준비가 되어 있었을까? 시간이 지나면 답을 알게 될 터였다.

크리스마스를 맞은 아이처럼 들뜬 채로 우리는 티베트의 수도인 라싸에 도착했다. 기원후 7세기에 건설된 포탈라 궁Potala Palace,

즉 티베트의 법왕法王인 그 유명한 달라이 라마의 거처를 보며 우리는 시간을 거슬러 올라간 느낌을 받았다. 거의 피라미드만 한 이 궁전은 '붉은 언덕'이라는 뜻의 마르포 리Marpo Ri 언덕 위에 자리잡고 있었다. 안쪽으로 경사진 외벽에 둘러싸인, 숨막힐 듯 아름답고 요새 같은 궁전에는 무려 천 개가 넘는 방이 있다고 했다. 금박을 입힌 지붕은 맑은 하늘을 찌를 듯 솟아 있었고, 금빛이 반사되어 간간이 허공에 부서졌다. 현대적 건축기술도 없이 어떻게 해발 3,600미터가 넘는 고도에 이처럼 거대한 구조물을 지었는지 놀라울 따름이었다.

다음날 우리는 라싸의 시장을 거닐었다. 친절하고 행복한 표정의 티베트인들은 팔과 다리에 털이 난 낯선 사람들이 신기했는지 우리 주변에 모여들었다. 이곳 사람들은 몸 대부분에 털이 없었다. 마을 주민들이 내 금발 머리카락을 진짜인지 확인하려는 듯 잡아당기는 모습은 정말 웃겼다. 평소처럼 햇볕을 쬐기 위해 셔츠를 벗자 한 무리의 티베트인들이 내 가슴털을 잡아당기기 위해 모여들었다. 이런 경험은 생전 처음이었다.

## 먹거나 혹은 죽거나

믿기 힘들겠지만, 음식이야말로 우리의 주요 대화 주제이자 걱정거리였다. 산에서 건강하고 튼튼하게 지내려면 몸무게를 유지하는 일이 매우 중요하다. 일반적인 등산의 경우 인체는 체중을 유지하기 위해 하루에 6천 칼로리 이상을 필요로 한다. 그런데 고도가 높아질수록 신체는 영양분을 효과적으로 흡수하지 못하며, 이 때문에 달갑지 않은 부작용의 일환으로 몸무게가 줄어든다. 등산가들은 적어도 등반을 시작할 때 적정 체중이어야 최상의 결과를 낸다.

우리의 중국인 요리사는 야크, 개, 비둘기, 굽지 않은 밀가루 반죽, 잉어 요리를 내놓음으로써 이러한 목표를 달성하기 어렵게 만들었다. 그나마 알아볼 수 있는 음식이 이 정도였다. 예를 들어, 라싸에서의 마지막 저녁식사 때 피터 젠킨스는 국에서 아직도 볏이 달려 있는 닭 머리를 건져냈다. 마치 독극물처럼 머리를 조심스럽게 든 채 그는 물었다.

"이봐, 이거 먹고 싶은 사람 있어?"

중국인 통역 중 한 명이 젓가락으로 이를 낚아채더니 통째로 삼켜버렸다. KFC에서 점심을 먹은 경험만으로는 이런 식의 교환을 상상도 할 수 없었다.

라싸를 떠나 에베레스트의 베이스캠프를 향해 내륙으로 이동하면서 우리는 며칠간 여러 마을에 머물렀다. 이 기간을 이용해 화물 문제를 처리하고, 주변 환경에 적응하고, 등반 준비를 해야 했다. 하루는 아침을 먹으러 가는 길에 대여섯 마리의 강아지들이 부엌 문간에서 장난치는 모습을 보았다. 다음날 아침에는 강아지들이 세 마리밖에 없었다. 이 강아지들이 음식 재료로 사용되었다는 사실을 알고 나서야 미스터리가 풀렸다. 핫도그라는 단어에 새로운 의미를 안겨준 경험이었다.

몇몇 식당에서는 쥐들이 부엌을 뛰어다니는 모습을 직접 목격했고, 우리는 이 쥐들이 지역 특선 요리로 탈바꿈해 접시에 등장하리라는 사실을 알고 있었다. 대원 중 댄 맥코넬은 쥐 고기로 배를 채우기를 거부하며 종종 자신의 접시를 밀어내곤 했다. 댄이 이러한 행동을 반복하는 것을 보며 나는 그처럼 덩치 큰 사람이 밥도 안 먹고 어떻게 버티는지 의아했는데, 그가 햄 통조림으로 가득 찬 더플백 덕분에 몰래 끼니를 때운다는 사실을 나중에서야 알게 되었다. 어쩐지 가방이 너무 크더라.

스스로 먹을 음식을 가져와야 한다는 사실을 이전의 여행에서 배운 1982년의 베테랑 대원들을 제외하고, 우리들 대부분은 베이스캠프에 도착할 무렵 '티베트식 다이어트 플랜' 때문에 몸무게가 상당히 많이 줄었다. 그래도 야크 떼 33마리가 장비를 날라준 덕분에 짐을 나르는 데 칼로리를 불필요하게 소비하지는 않았다. 각 야크는 베이스캠프에서 캠프 1까지 50킬로그램의 물품을 날랐고, 운송에 드는 기간이 한 달 이상 줄었다. 야크는 말이 못 가는 지역도 다닐 수 있기 때문에 원정의 성공에 크게 기여했다. 특히 사람들이 별로 오른 적 없는 에베레스트 산의 티베트 사면을 짐꾼이나 셰르파 없이 등반한다는 사실을 고려할 때 더더욱 그랬다.

매일 새롭고 멋진 경험이 기다리고 있었다. 예를 들어, 피트 휘태커, 조지 딘, 필 어쉴러, 그리고 존 스몰리는 약 7,650미터 고도에서 캠프 5를 세울 만한 장소를 물색하고 있었는데, 우연히 천 쪼가리가 삐죽 나온 작은 언덕을 발견했다. 얼음도끼로 눈과 얼음을 부수자 잔스포츠 라벨이 드러났다. 그해 봄, 정상에 오르려다

실패한 중국-에베레스트 등반대가 버리고 간 텐트였다. 이 텐트는 몬순 시즌을 이겨내고 살아남은 것이다. 우리는 재빨리 텐트를 파내 '얼음 궁전'이라는 이름을 붙였고, 더 높은 곳에 있는 베이스캠프에 가져가 한 달 이상 사용했다. 텐트는 시속 160킬로미터의 바람을 견뎌냈다.

또 한 번은 산소통을 묶어 일주일 동안 밖에 놔뒀던 침낭이 눈으로 만든 동굴에서 야영하는 필 어쉴러에게 온기를 제공하기도 했다. 콸로필 섬유의 단열재와 엔트란트 원단으로 만든 침낭은 이름값을 톡톡히 했다. 높은 고도에서, 그것도 눈 속에서 두 달을 살기 위해서는 장비나 행동에서 실수할 여지를 남겨서는 안 되었다. 나는 오직 현장에서 철저히 검증된 잔스포츠 장비만을 가져간 덕에 임무를 완수했다는 점에 감사했다.

등반대의 모든 대원이 정상을 오르는 목표를 가지고 있지는 않았다는 점을 이야기해야겠다. 예를 들어, 내 임무는 베이스캠프에서 지원팀과 함께 있는 것이었다. 임무를 마친 후 우리는 캠프에서 내려갈 준비를 했다. 하지만 나는 루와 다른 이들과 함께 등반팀에 합류하고 싶다는 강한 욕구를 느꼈다. 마치 봉우리가 내게 자신의 얼음 덩어리 어깨에 올라와보라고 유혹하는 것 같았다. 떠나고 싶지 않았다. 적어도 아직은. 그 순간, 나는 등반가들이 세계의 정상으로 향할 때 눈앞에 놓인 역경을 극복하도록 도와주는 내면의 힘에 대해 더 잘 이해하게 되었다. 그리고 진정으로 그들은 삶과 죽음의 드라마 속 주인공이나 다름없었다.

### 벼랑 끝에 놓인 목숨

 우리는 다 함께 더 높은 캠프로 올라가기 위해 피라미드 형태로 캠프를 세우며 짐을 날랐다. 이러한 캠프는 쉴 공간을 제공했고, 잔혹한 기후를 피할 수 있는 피난처가 되었다. 7,650미터 고도에 세워진 캠프는 제트 기류의 영향권에 들어서, 맹렬한 바람이 캠프를 산의 옆면에서 떼어내려 했다. 이처럼 극단적인 상황에서는 사소한 모든 행동이 생존과 직결되는 문제가 되었다. 루는 스노 고글을 잃어버렸다가 세찬 바람과 섭씨 영하 15도의 기온 때문에 눈이 얼어붙은 뒤, 일시적이기는 하지만 거의 완전히 눈이 멀었다.
 그레그 윌슨은 재채기 때문에 갈비뼈가 부러졌다. 이처럼 높은 고도에서는 폐를 채울 공기가 부족하므로, 폐 내부의 기압이 단순한 기침이나 재채기의 충격조차 견디지 못했다. 스토브가 없어 눈을 녹이지 못한 조지 던은 탈수증으로 거의 죽을 뻔했다. 데이브 마르는 5,029미터에서 6,492미터 사이의 약 32킬로미터 길을 3일 동안 오르면서 등반을 거의 포기할 뻔했다. 이러한 역경을 이겨내는 과정에서 그는 모든 대원의 마음을 반영하는 다음의 말을 했다.
 "팀의 일원으로서 나는 내 책임을 다해야만 한다고 느꼈어요."
 고도가 5천 미터 이상인 곳에서 머물다 보니 대원들의 건강이 급격히 악화되었다. 이제는 각종 증상이 심각해지기 전에 정상을 정복하고 하산해야 하는 시간 싸움이 되었다. 약 8천 미터 고도에 위치한 캠프에서 소규모의 그룹이 정상에 오르려고 네 번 출발했으나 네 번 다 그냥 돌아올 수밖에 없었다. 10월 19일, 가장 높은 곳에 위치한 마지막 캠프에는 세계에서 가장 출중한 고산지대 전문 등반가인 존 로스켈리와 과거 두 번의 에베레스트 원정에서 실패를 맛본 필 어쉴러, 그리고 에베레스트만 빼고 세계의 주요 산들을 거의 다 올라본 짐 윅와이어가 있었다. 모두 이처럼 대단한 사람들이었다.

겨울 폭풍이 곧 몰아닥칠 예정이고 물품과 체력 조건은 빠르게 고갈되어가는 상황에서 오직 한 번의 기회만 남아 있었다. 로스켈리는 산소통 없이 정상에 오르려고 마음먹은 터였고, 어쉴러나 윅와이어 중 한 명만이 사용할 수 있는 산소통 한 개가 남아 있었다. 확실히 성공하기 위해서 한 명은 이를 이용해야 했고, 다른 한 명은 마지막 캠프에 남아 있어야 했다. 윅와이어의 말에 따르면, 어쉴러와 그는 몇 시간 동안 열띤 논쟁을 벌였다고 한다. 결론을 내리지 못한 채 그들은 족히 몇 시간을 잤다. 이른 아침에 다시 말싸움이 시작되었고, 근소한 차이로 결정이 났다. 어쉴러가 산소통을 가져가고 로스켈리가 산소통 없이 등반하기로 한 것이다. 윅와이어는 하산 준비를 하며 캠프에 남아 있기로 했다.

등반 과정은 느리고 고통스러웠다. 그레이 밴드Gray Band라고 알려진 울퉁불퉁한 바위지대를 등반하는 일은 고난도의 등반 기술을 요했고, 한 발을 내딛는 일조차 엄청난 의지가 필요했다. 정상까지 300미터 정도밖에 남지 않았지만, 온몸이 얼어붙는 상황에서 로스켈리는 죽음이 가까이 와있음을 느꼈다. 그대로 돌아가거나 죽는 수밖에 없었다. 훗날 휘태커는 다음과 같이 말했다.

"존은 날 보자마자 무너지더니 말하더군. '난 할 수 있는 일을 전부 다 했어.'"

휘태커는 머리를 흔들고는 다시 말했다.

"아무도 그에게 뭐라고 하지는 못할 거야. 정말 필사의 노력이었어."

로스켈리가 포기한 상황에서 어쉴러는 지구상 그 어떤 존재보다도 고립된 채 놓여 있었다. 뭔가가 잘못되더라도 도움을 기대할 수 없었다. 그는 혼자서 산을 올라야 할 운명이었고, 어떠한 실수도 하지 않기 위해 집중했다. 만약 장갑을 떨어뜨렸다가는 추위에 손가락을 잃을 터였다. 그러면 얼음도끼를 사용할 수 없을 테고, 미끄러지면 목숨을 잃을 수도 있었다.

1984년 에베레스트 정상에서 필 어쉴러.

반면 누군가가 정상에 오르면, 이 경우 어쉴러가 도달한다면, 모두 함께 성공의 기쁨을 나눌 터였다. 우리는 숨죽인 채로 그가 안전하기를 기도했다. 베이스캠프에서는 카메라맨인 스티브 마츠가 커다란 1천 밀리미터 렌즈로 어쉴러의 진행상황을 보고 있었다. 갑자기 마츠가 소리쳤다.

"그가 손을 흔들고 있어. 정

레이니어 산, Photo by 키스 군나르

**아래:** 레이니어 산의 세락 (빙하의 흐름에 의해 생기는 탑 모양의 얼음 덩어리)을 오르는 루 휘태커. Photo by 키스 군나르

**위:** 레이니어 산에서의 루 휘태커. Photo by 키스 군나르

네팔 카트만두의 어느 상점. Photo by 스킵 요웰

위: 티베트에 있는 에베레스트 베이스캠프에서 스킵 요웰과 피터 젠킨스. Photo by 러스 콜

위: 5,181미터 고도에 위치한 HMI 캠프에서 루 휘태커, 스킵 요웰, 나왕 곰부. Photo by 위니 킹스버리

위: 칸첸중가 원정에서 만난 다정한 야크. Photo by 스킵 요웰
왼쪽: 중국의 만리장성. Photo by 스킵 요웰

**왼쪽:** 네팔인 포터. Photo by 존 로스켈리

**위:** 칸첸중가 원정에서의 포터들.
Photo by 스킵 요웰

티베트의 어린아이들.
Photo by 데이브 마르

네팔의 어느 마을.
Photo by 스킵 요웰

**위:** 에베레스트 산.

**중간:** 히말라야 산맥.

**아래:** 칸첸중가 베이스캠프에서 포터들.
모두 Photo by 스킵 요웰

칸첸중가의 캠프 2와
캠프 3 사이 지점.
Photo by 조지 던

**왼쪽:** 칸첸중가에서 나왕 곰부,
루 휘태커, 스킵 요웰.
Photo by 프레스톤 스펜서

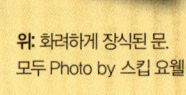

**위:** 티베트 라싸의 포탈라 궁.

**중간 왼쪽:** 부탄에서 축제 때 추는 전통 춤.

**아래:** 부탄의 어느 숲.

**위:** 화려하게 장식된 문.
모두 Photo by 스킵 요웰

**오른쪽:** 뉴질랜드의 마운틴 쿡에서 마이크 시슬러.

**아래:** 뉴질랜드의 밀퍼드 트랙에서 내려다본 풍경.

그리스의 산토리니 섬.
모두 Photo by 스킵 요웰

사우스다코타 주 커스터 주립공원.
Photo by 스킵 요웰

중간: 애덤스 산을 바라보며. Photo by 피터 휘태커
아래: 캐스케이드 산맥 북부. Photo by 스킵 요웰

아프리카 케냐에 있는
어느 상점.
Photo by 스킵 요웰

위: 아프리카의 킬리만자로 산.
Photo by 스킵 요웰

왼쪽: 몸바사 여행에서의 스킵 요웰.
Photo by 잉그리드 휘태커

**위:** 유타 주 아치스 국립공원.

**중간:** 뉴멕시코에서의 잔 루이스.

**아래:** 스킵의 해바라기 밭. 모두 Photo by 스킵 요웰

1974년 제작된
최초의 시험제작용 여행 배낭.

**위:** 초기의 돔형 텐트와
스킵 요웰.

**중간:** 캠핑 장비와 함께
사진을 찍은 스킵과 머레이.

**아래:** 카탈로그용 사진을
위해 포즈를 취한 사진.
프루슘바, 잔, 곰부,
두번째 줄에는 머레이와 스킵.
모두 Photo by 마샤 번스

**오른쪽:** 1989년의 칸첸중가 등반대 포스터.

**중간:** 콜로라도 주 홀리 크로스로 떠난 BCM 여행.
Photo by 키스 라우쉬

**아래:** BCM 여행.
Photo by 키스 라우쉬

스킵이 만든
팝콘의 40주년 기념
포장 라벨.

엘진과 시퍼드가 만든
잔스포츠
30주년 기념 포스터.

**아래:** 잔스포츠의
'직장에 개 데려오는 날'에
찍은 스킵과 폴 들로리의 사진
Photo by 페기 맥낼리

후원사 로고가 박힌 제1회 셰이크 앤 베이크 티셔츠.

**위:** 부탄에서
위니와 스킵.
Photo by 페니 레거트

**중간:** 퀸 요웰.
Photo by 스킵 요웰

**아래:** 마우이에서
스킵과 퀸.
Photo by 페니 러츠

상에 도착했어!"

　1984년 10월 20일, 필의 성공적인 정상 등반 소식을 듣고 우리는 우드스톡 페스티벌 개막일에 모인 군중들보다 더 크게 환호성을 질렀다.

　사람들은 이 특별한 등반에 참여한 덕분에 어떤 교훈을 얻었느냐고 묻는다. 생각해볼 만한 교훈들이 많지만, 그중에서도 가장 중요한 교훈은 바로 누구나 자신의 안전지대를 떠나 다른 이들과 협력하고, 자신의 몫을 완벽하게 해내고, 한계를 인정하고, 주어진 임무에 집중하고, 적절한 때에 보상을 나눌 줄 안다면, 자신의 꿈을 이루는 것은 물론, 개인적인 역경도 극복할 수 있다는 것이다.

　나는 항상 이러한 가치를 머리로 알고 있었다. 하지만 이번 등반이야말로 이를 마음에 깊이 새긴 계기가 되었고, 이후의 사업적 모험에 탄탄한 토대를 제공했다. 평원에서 샌들이나 신고 돌아다니던 히피가 에베레스트 산에 맞설 내면적 힘을 발견했으니, 세상에 불가능은 없다.

## '행동'의 가치를 배운 칸첸중가의 경험

칸첸중가Mt. Kanchenjunga의 철자법은 상당히 다양하다. 캉첸 종가, 캉첸종가, 칸첸장가, 카첸종가, 캉찬판가 등등. 마음에 드는 철자법으로 고르라. 어떤 철자법으로 표기하건 간에 칸첸중가가 다섯 개의 봉우리를 지닌, 사람 잡아먹는 거대한 산이라는 사실에는 변함이 없다. (네팔인들은 이를 '눈 덮인 다섯 개의 보물창고'라고 부른다.)

우리 팀이 세계에서 세 번째로 높은 이 산에 오르려고 시도한 1989년까지, 8,586미터 고도의 칸첸중가를 오른 사람은 17개 국에서 온 75명이 전부였다. 그중 25명이 등반 과정에서 죽었다. 다시 말해, 시도한 사람 중 3분의 1이 죽은 것이다. 잠이 확 달아날 정도의 확률이지 않은가.

게다가 이 등반에서 우리는 이전의 미국 등반대가 하지 않은 일을 시도하려 했다. 사실 이 여행에 대한 아이디어는 루 휘태커가 에베레스트 등반을 최초로 시도한 뒤, 이듬해인 1983년 봄에 생각해낸 것이었다. 루는 상원의원 테드 케네디에게 부탁해 인도의 총리인 인디라 간디에게 제한구역의 출입을 허용해달라는 내용의 편지를 보냈다. 감사하게도 간디 총리가 1988년에 루에게 초청장을 보내준 덕분에, 루는 남쪽 루트 출입을 허락받았다. 당시 우리 대원은 14명으로, 대부분은 RMI의 고참 가이드들이었다. 예산은 18만 달러에 불과했다. 어떤 기준으로 봐도 미미한 수준이었다.

루가 칸첸중가 등반 허락을 받으려고 노력하던 비슷한 시기에, 러시아 등반대도 같은 일을 하고 있었다. 이들도 결국 북쪽 사면으로 허가를 받았다. 러시아 팀은 대원들의 숫자가 40명이 넘고, 짐꾼도 천여 명이나 되는 거대한 팀이었다. 이 정도 규모의 팀은 남쪽 루트로 오르는 게 더 쉬울 터여서, 러시아 팀은 루에게 루트를 바꾸자고 제안했다. 사실 우리도 북쪽 루트가 편했기 때문에 기쁜 마음으로 허가권을 교환했다. 이제 허가권도 받고 선호하던 루트도 얻었다. 아직까지는 모든 게 좋았다. 하지만 로버트 번스가 썼듯, "생쥐와 인간이 아무리 정교하게 계획을 세운다 해도, 그 계획은 종종 빗나가버린다."* 당시에는 몰랐지만, 우리는 곧 이 격언의 깊이를 몸소 체험할 터였다.

확실히 말하건대 이는 루 휘태커의 잘못이 아니었다. 루는 노련한 등반가들을 모아 환상적인 팀을 꾸렸다. 조지 던, 필 어쉴러, 나왕 곰부, 짐 해밀턴, 크레이그 반 호이, 로버트 링크, 래리 닐슨, 팀 주치의인 하워드 퍼터 박사, 존 로스켈리, 에릭 시몬슨, 에드

* The best-laid plans of mice and men often go awry. 18세기 스코틀랜드 시인 로버트 번스Robert Buns의 시 「생쥐에게To a Mouse」에 등장하는 구절이다.

1989년의 칸첸중가 팀. Photo by 나왕 곰부

비에스터스, 짐 웍와이어, 그레그 윌슨, 루, 그리고 나까지. 히말라야에서의 경험이 필수적인 요구조건은 아니었지만, 루가 직접 뽑은 대원 중에는 히말라야의 쓴맛을 이미 맛본 이들이 많았다. 곤란한 상황이 발생했다가는 원정 계획이 우리의 통제 범위를 벗어날 터였다.

따라서 허가를 받고 난 뒤, 우리는 바빠지기 시작했다. 55개 후원사의 참여와 엄청난 인기를 누렸던 '춤추는 아이젠' 티셔츠 판매 덕분에 떠나기 전에 모든 기금을 마련할 수 있었다. 티셔츠를 판매한 금액으로만 2만 5천 달러 이상을 벌었다. 내 생각에 등반에서 가장 힘든 부분은 바로 원정 비용을 완전히 마련하는 일이다. 물론 각자 해결해야 할 중요한 세부사항도 끝도 없이 많았다. 하지만 반드시 필요한 돈이 없다면 아무 데도 가지 못할 터였다.

출발일이 가까워지면서, 우리는 평소 좋아하는 음식을 7천 달러어치 사들였다. 베이스캠프에서도 집에서와 거의 비슷한 음식을 먹고자 했기 때문이었다. 콘플레이크, 오트밀, 피넛버터, 꿀, 커피를 비롯해 아침에 먹을 수 있으며 등반에 필요한 에너지를 공급할 만한 음식들을 챙겼다. 점심과 저녁식사용 음식들도 마찬가지였다. 각종 음식은 습기로 인한 피해를 방지하기 위해 왁스로 코팅한 상자 125개에 포장될 예정이었다. 포터가 이를 날라야 하므로 상자 하나의 무게가 27킬로그램을 넘지 않아야 했다. 음식과 물품을 담은 125개의 상자는 무게만 총 1,580여 킬로그램에 달했다. 3만 달러를 아끼기 위해 비행기가 아닌 배로 화물을 보냈다. 이 상자들은 시애틀에서 인도의 캘커타Calcutta*로 보낼 예정이었고, 그곳에서 트럭으로 네팔까지 간 뒤, 다시 베이스캠프로 옮길 계획이었다. 적어도 애초의 계획은 그랬다.

한편, 대원 대부분은 네팔의 수도 카트만두Katmandu까지 비행기를 타고 갔다. 그곳에서 며칠간 마지막으로 세부사항과 물품을 점검했고, 무엇보다도 중요한 일인 포터를 고용했다. 제한된 지역에 들어갈 예정인 만큼 환경을 보호하는 일에 최선을 다하기로 한 우리는 갖고 들어간 모든 물건을 그대로 갖고 나올 계획이었다. 또한 요리를 하려고 현지의 나무를 잘라 태우기보다는 프로판 가스통을 사용하기로 했다. 우리가 관여할 수 있는 부분에서만큼은 원정을 최대한 친환경적으로 하고자 했다.

* 현재 명칭은 콜카타Kolkata지만 원문 표기대로 번역했다.

하지만 앞에도 언급했듯, 우리가 직접 관여할 수 없는 일들도 여럿 있었다. 예를 들어 정치적인 문제가 있었다. 바로 이 부분에서 로버트 번스의 시가 암울한 현실이 되었다. 네팔은 북쪽으로는 중국에, 남쪽으로는 인도에 면한 채 두 국가 사이에 끼어 있는 작은 내륙 국가다. 카트만두에서 식량과 장비가 든 125개의 상자를 기다리던 중, 인도와 네팔이 심각한 무역 분쟁에 휘말렸다. 인도는 즉각 네팔과의 국경으로 향하는 모든 육로 교통에 제동을 걸었고, 그중에는 우리의 필수품을 나르던 트럭도 끼어 있었다.

그때 우리에게는 개인 장비가 약간 있긴 했었지만 익숙한 음식은 전혀 없었기에 남은 기간 동안 그 지역에서 나는 달걀과 쌀, 감자, 그 외 요오드가 부족한 음식으로 연명해야 했다. 낯선 음식과

칸첸중가에서 크레이그 반 호이와 필 어쉴러. Photo by 에드 비에스터스

현지인 요리사들이 음식을 다루는 관행 때문에 거의 모든 대원이 설사 증세를 보이거나 병에 걸렸다.

## 국경에서의 극적인 화물 운송

나는 살면서 5만 킬로미터 이상을 비행했다. 그중 어떤 비행이 가장 불안했느냐고 묻는다면, 답은 간단하다. 1989년 3월 21일, 카트만두에서 인근의 절벽 사면에 위치한 마을인 타플레중 Taplejung으로의 짧은 비행이었다. 나는 다섯 명의 친구들과 조종사와 함께 그루먼Grumman 사에서 제작한 쥐방울만 한 크기의 프로펠러 항공기에 앉아 있었다. 이 모험의 정신적 지주였던 루는 경비행기를 타면 베이스캠프까지 7일에서 8일을 걸어야 하는 수고를 덜 수 있다고 장담했다. 내 생각에는 그 덕분에 수명도 몇 년 줄어든 것 같지만 말이다.

우리의 불안을 눈치챈 조종사는 비행기가 STOL, 즉 '단거리 이륙과 착륙Short Takeoff and Landing'을 할 수 있다고 안심시켰다. 그루먼 비행기는 좁은 지형 비행에 적합하기로 유명했는데, 이 여행에 야말로 꼭 필요한 요소였다. 914미터 고도에 위치한 타플레중의 '공항'은 칸첸중가의 어느 언덕에 절벽 모서리를 따라 잔디로 좁고 짧게 활주로 표시를 해놓은 곳에 불과했기 때문이다.

우리는 비행기를 타고 에베레스트 쪽으로 100킬로미터쯤 날아갔고, 목적지에 도착하기 위해 눈으로 덮인 히말라야 산맥을 조심스럽게 뚫고 지나갔다. 모든 게 계획대로 된다면(이는 정말 불확실한 가정이다), 한쪽 끝은 낭떠러지 절벽인 데다 거칠기 짝이 없는 임시 활주로에 착륙할 예정이었다. 아주 사소한 실수만으로도 이 엔진 하나짜리 비행기는 역사 속 고물이 되어버릴 터였다.

비행기가 몇 번이나 기우뚱거리고 흔들릴 때마다 심장이 멎을 뻔했지만, 다행히 무사히 착륙했다. 하지만 그 공항 근처에 남아 있던 또 다른 비행기의 녹슨 잔해를 보며 이런 고도에서조차 산은 한결같이 범접하기 어려운 곳이라고 생각했다.

그 주의 남은 기간에 우리는 칸첸중가의 낮은 지대를 우아하게 감싸는 멋진 계곡과 강을 구경했다. 우람한 참나무, 아름다운 진달래, 인상적인 단풍나무, 동백이 진한 녹색과 진홍색의 덮개를 이뤘고, 이는 참으로 눈이 호강하는 광경이었다. 처음 접한 숲의 아름다움을 음미하는 일에는 절대로 질리지 않았다.

루는 장비를 기다리며 마지막 마을에서 빈둥거리기보다는 며칠 더 가야 하는 곳에 있는 베이스캠프를 향해 산을 오르는 것이 낫다고 생각했다. 배로 캘커타까지 운송된 짐들을 가져오기로 한 대원 에릭 시몬슨이 베이스캠프까지 제대로 찾아오기를 바랄 뿐이었다. 결국 우리는 그루먼 비행기 두 대에 짐을 가득 싣고 목숨을 건 비행길에 또 한 번 올랐다.

베이스캠프는 약 5,186미터 고도에 있었고, 점점 높아지는 고도에 적응하기 위해서는 걷는 방법이 최고였다. 그래서 루는 30명 정도가 거주하며 약 3,350미터 고도에 위치한 마을인 군자Gunza에 3일짜리 임시 베이스캠프를 차렸다. 알고 보니 마을 사람들은 모스 부호 전신기를 갖고 있었다. 며칠 동안 루는 네팔인 군인 가이드와 루의 말을 번역해주는 곰부와 함께 장비의 현재 상황을 파악하고자 에릭 시먼슨의 소식을 듣기 위해 노력했다. 하지만 얻을 수 있는 정보라고 해봤자 사실보다는 소문에 가까웠다.

이 시기를 거치며 나는 진정한 인내심에 대해 배울 수밖에 없었다. 생각해보라. 우리는 외부와 고립된 이국땅에서 오도 가도 못하고 있었다. 음식, 장비, 동력 장치가 달린 교통수단도 없이 오지의 마을에서 계속 기다려야만 했다. 전화가 없는 상황에서, 문명 세계와 연결된 유일한 수단이라고는 낡아빠진 전신기 한 대가 전부였다. 만약 누가 아프기라도 하면 가장 가까운 병원에 가기 위해 17일이나 걸어가야 함은 두말할 것도 없다. 게다가 곧 몬순* 시즌이 다가올 예정이니 허비할 시간이 무한한 것도 아니었다.

어떤 일이든, 아무 일이라도 하려면 엄청난 무력감을 이겨내야 했다. 바로 이런 때 인내심의 한계를 시험하게 되는 것이다. 솔직히 말해 나는 이러한 경험에 감사한다. 그 뒤에 다가올 몇 년을 버티는 데 도움이 되었기 때문이다. 덕분에 사업을 할 때에도 인내심을 갖는 법을 배웠다. 대개 사업가 유형의 사람들은 모든 것을 즉각 소유하기를 원한다. 그리고 그들은 '지금 당장' 그것을 원한다. 그러나 나는 인내심을 갖고 기다릴 줄 아는 사람에게 보상이 주어진다는 사실을 깨달았다.

---

* 대륙과 해양의 온도 차이 때문에 발생하는 '계절풍'을 말한다. 히말라야에서는 동서 약 2천 킬로미터에 달하는 광범위한 지역이 몬순의 영향을 받는데, 낮은 지대에서는 안정된 날씨가 지속되지만 산악지대에서는 강풍이 심하게 분다. – 편집자 주

한편, 에릭 시몬슨 역시 인내심을 시험당하고 있었다. 125개의 상자를 실은 그의 트럭은 캘커타에서 네팔로 향하는 도로에서 통행허가를 받지 못한 다른 800여 대의 트럭과 함께 꼼짝 못하고 있었다. 에릭은 노련한 전문가였다는 사실을 기억해주기 바란다. 그는 과거 여러 번의 원정을 경험한 세계적인 수준의 모험가였다. 흔한 표현처럼 이러한 경험이 그에게 '데뷔 무대'는 아니었다.

그러나 기회는 시간이 갈수록 줄어들 터였고 에릭에게는 해결책이 필요했다. 그는 어느 늦은 밤 화장실에서 군 간부를 만나 전략적으로 뇌물을 주었다. 500달러를 건넨 뒤, 국경을 넘어도 좋다는 허가를 받았다. 다음날, 에릭의 트럭은 앞쪽으로 이동해 세번째 순서에 줄을 서게 되었다.

일단 네팔에 들어온 뒤, 에릭의 다음 과제는 장비를 베이스캠프까지 실어나를 헬리콥터를 찾는 일이었다. 아무런 성과 없이 며칠이 흘렀다. 실망했지만 포기하지 않았던 에릭은 드디어 헬리콥터 조종사를 찾아냈다. 그는 1만 1천 달러라는 상당한 돈을 받고, 125

수시로 눈사태가 나는 칸첸중가. Photo by 스킵 요웰

개의 상자 중 75개를 세 번에 걸쳐 실어 날라주기로 합의했다. 전혀 없는 것보다는 조금이라도 있는 게 낫지 않은가. 다행히 에릭은 각 상자의 내용물을 정리한 목록을 갖고 있었고, 이를 토대로 가장 필수적인 물품들만 선별했다. 그는 위스키와 팝콘을 비롯해 많은 음식을 걸러냈다. 하지만 적어도 장비와 등산용품은 우리에게 배달될 터였다.

눈물겨운 희생정신의 일환으로, 에릭은 헬리콥터가 마지막으로 물건을 배달할 때 그 안에 가능한 한 많은 장비를 쑤셔넣기 위해 자신이 앉을 자리마저 포기했다. 팀 전체를 위해서는 좋은 일이었지만, 개인적으로는 그토록 고대하던 등반에 참여할 기회를 잃은 셈이었다. 협동심이 강했던 그의 희생은 우리에게 큰 도움이 되었다.

두 달 동안 집이 될 베이스캠프를 일단 세운 뒤, 우리는 네팔인들이 전통적인 등반에 앞서 기원하는 의식에 참석했다. 이들은 여러 개의 기원문이 쓰인 깃발을 조심스럽게 줄에 매달아놓고, 신들에게 호소하기 위해 향나무를 태우면서 책을 소리내어 읽었다. 가장 큰 걱정거리는 칸첸중가에서 발생하는 눈사태의 빈도수였다. 바로 이 때문에 사망률이 그토록 높았던 것이다.

눈사태에 대해 말이 나온 김에, 우리는 산에서 조금씩 눈이 벗겨지는 것을 매일 보고 들었다. 종종 산의 쪼개진 틈으로 화물열차가 쏜살같이 질주하는 것 같은 소리가 났다. 또한 현지인들은 신을 모욕하지 않도록 정상에 꼿꼿이 서지 말아달라고 요청했다. 우리는 이에 동의했고, 등반을 시작했다. 우리의 계획은 눈사태를 피하고자 꽤 가파른 루트로 올라가는 것이었고, 그 과정에서 다섯 개의 캠프를 세우면서 등반해 최종적으로 정상을 밟는 것이었다. 또 한 번, 우리는 장애물에 부딪혔다.

### 러시아에서, 사랑을 담아

날은 4월 중반에 접어들고 있었다. 우리는 설사와 일정 지연 때문에 고생한 터였다. 에릭은 우리와 함께하지 못하게 되었고, 식량도 많지 않았다. 캠프 2를 세우는 과정에서 루는 카트만두에서 구매한 산소통 열 개에 문제가 있음을 발견했다. 통들에는 다른 종류의 밸브가 달려서 우리에게는 무용지물이었다. 대부분 대원은 산소통을 사용하지 않을 계획이었지만, 루는 누군가가 곤경에 빠질 경우를 대비해 최소한의 공급량을 확보하는 일이 필수적임을 알고 있었다. 보충용 산소가 없으면 정상에 도달할 가능성이 낮을 수밖에 없었다.

다행히 그때 새로운 아이디어가 떠올랐다. 남쪽 사면으로 등반을 계획 중일 러시아 팀이 생각난 것이다. 그 팀의 거대한 규모를 고려할 때, 우리에게 첨단 기술 산소통 몇 개를 팔 여력이 있을 수도 있었다. 루와 짐은 러시아 등반대의 대장인 에드 마이슬로브스키에게 우리의 상황을 설명하면서 산소통을 팔라고 부탁하는 내용의 편지를 써 보냈다. 물론 결코 쉬운 일은 아니었다. 페덱스 FedEx도, 우편도, 교통수단도 없는 상황이니 걸어가는 수밖에 없었기 때문이다.

우리는 야크 목동이며 가이드 노릇도 하는 셰르파에게 3천 달러와 편지를 들려보내기로 했다. 그 셰르파가 신뢰할 만한 사람이라고 가정할 때(3천 달러면 이 지역에서는 10년치 연봉보다도 많은 금액이었다), 우리 캠프에서 러시아 캠프까지는 왕복 16일이 걸릴 터였다. 하지만 다른 방법이 없었다. 인내심이 극한에 달할 때까지 기다리는 수밖에.

그 셰르파가 산소통 여섯 개, 안면 마스크 두 개, 그리고 편지를 들고 돌아왔을 때, 캠프에서는 열렬한 환호성이 터져 나왔다. 러시아 등반대의 대장은 돈을 받지 않고 돌려보내면서, 다음과 같은 편지를 동봉했다.

"공기는 사고팔 수 있는 물건이 아니라고 생각합니다. 이 공기가 모스크바에서 왔는지 시애틀에서 왔는지는 중요하지 않겠지요. 러시아에서 온 공기를 기쁜 마음으로 보내드리오니, 안전하게 등반하시기 바랍니다."

그는 또한 하산 전까지 산소통을 다 쓰라고 했고, 양 팀 모두 안전하게 카트만두에 도착한 뒤 위스키나 한턱 내라고 했다. 우리가 기쁜 마음으로 이를 실행했음은 물론이다.

우리는 본래의 임무에 착수했다. 하지만 이 일이 마지막 장애물은 아니었다. 캠프 6에 도착할 무렵, 미국인 최초로 K2를 정복한 짐 윅와이어와 존 로스켈리가 천식에 걸려 베이스캠프로 내려가야 했다. 이 일은 심각한 타격이었고, 특히 존은 이전에 칸첸중가를 등반한 경험이 있는 인물이므로 더욱 그러했다. 설상가상으로 짐 해밀턴이 어깨를 다치면서 역시 등반을 포기해야 했다.

그때까지 우리는 대원 14명 중에서 네 명을 떠나보냈고, 의료품 역시 많지 않았다. 팀의 주치의인 하워드 퍼터 박사가 가져온 의약품은 대원들의 질병이 심해지면서 점점 줄어들고 있었다. 이 때문에 수의사였던 에드 비에스터스가 갖고 온 의약품에 의지하는 수밖에 없었다. 그러니 우리의 건강관리 상황은 한마디로 '개판'인 셈이었다.

얼마 지나지 않아 식량이 바닥났다. 그나마 연명할 수 있는 음식이라고는 초코바뿐이었는데, 장정들의 아침식사로는 턱없이 부족했다. 결국 나는 이 등반에서 10킬로그램 이상 살이 빠져, 다시 몸무게와 체력을 회복하는 데 무려 아홉 달이나 걸렸다. 일정 지연과 줄줄이 나타나는 장애물들, 역경들, 그리고 대원 중 약 3분의 1이 떠난 상황에서도 우리는 포기하지 않았다. 서로 격려했고, 고약한 몬순 폭풍우가 무자비한 눈 돌풍과 함께 나타나기 전에 최종 목표를 달성하기 위해 여정을 강행했다.

### 저 멀리까지 내다볼 수 있어

1989년 5월 18일, 필 어쉴러, 크레이그 반 호이, 에드 비에스터스는 가장 높은 캠프에 있었다. 동트기 직전 이들은 아래쪽으로 무전을 해서 날씨가 맑고, 기온은 평온한 정도의 섭씨 약 영하 7도라고 보고했다. 이들은 새벽 6시에 정상을 향해 출발하기로 했다.

오후 1시쯤에는 정상에 도착할 터였다. 나중에 들은 바로는, 눈에 겹겹이 쌓인 주변 봉우리들이 장관이었다고 한다. 이들은 신이 창조한 경이로운 세계에 발을 들여놓은 몇 안 되는 사람 중 최초의 미국인들이 되었다.

이들은 흥미롭게도 러시아인들 또한 정상을 정복했음을 나타내는 증거인 산소통 몇 개를 발견했다. 며칠 뒤인 1989년 5월 21일, 레이니어 산의 가이드인 로버트 링크, 래리 닐슨, 그레그 윌슨은 몰아치는 눈과 두꺼운 구름층을 용감하게 뚫고 칸첸중가의 정상에 도착했다. 여정 중 매 발걸음마다 마주해야 했던 온갖 역경을 고려할 때 믿기지 않을 만큼 대단한 등반이었다.

8,586미터의 칸첸중가 정상에서 에드 비에스터스와 필 어쉴러.
Photo by 크레이그 반 호이

당시 칸첸중가 등반대로부터 배운 여러 교훈 중 가장 중요한 것은 '절대로 협동의 가치를 평가절하하지 말라'다. 협동심과 전문성을 지닌 개인들이 모여 재능과 기술을 결합한다면, 그리고 필요할 때에는 희생도 기꺼이 무릅쓴다면, 어떤 도전도 불가능하지 않고 어떤 장애물도 힘겹지 않다.

잔스포츠에서도 이러한 역동성을 경험할 수 있다고 믿는다. 마치 기름을 친 기계처럼, 강한 팀은 변함없이 닥치는 도전에 몸을 싣고, 물살에 맞춰 흐르고, 적응하는 법을 배운다. 이런 팀의 멤버들은 새로운 아이디어를 잘 수용한다. 이들은 제대로 듣는 법과 서로 존중하는 법을 안다. 마치 에릭이 등반대에서 자신의 자리를 포기한 것처럼, 이들은 더 큰 목표를 위해 개인적인 계획은 옆으로 미룬다.

비슷한 맥락에서, 비즈니스의 사다리를 혼자서 오르고 싶은 유혹을 느끼더라도 오히려 동료와 함께하면 성공할 가능성이 매우 높아진다. 따라서 사이먼 앤 가펑클이 "나는 바위이고, 나는 섬이야"*라고 노래한 것은 동의할 수 없다.

다음 장으로 넘어가기 전에, 반드시 덧붙여야 할 뒷이야기가 있다. 몬순은 우리가 역사를 새로 쓰는 과정을 자비롭게 기다려주었지만, 하산할 때에는 온갖 시련을 주었다. 수풀이 지붕 모양으로 무성하게 우거진 숲에서 200여 킬로미터의 평온한 하이킹을 즐겼던 기억은 잊어주길 바란다. 무지막지한 몬순성 장대비가 쏟아지

---

* 1966년 발매된 사이먼 앤 가펑클Simon and Garfunkel의 앨범 [Sounds of Silence]에 실린 〈I Am a Rock〉의 가사다.

면서 피를 빨아먹는 거머리들도 열기를 감지해 우리에게 정확히 떨어져 내렸다.

밤에도 마찬가지로 그들에게서 벗어날 수 없었다. 거머리들은 온혈동물의 존재를 감지하는 능력을 유전적으로 타고났다. 그리고 이 온혈동물에는 우리도 포함되었다. 이 끈적끈적한 기생물 한 부대가 텐트 안으로 기어들어온 첫날 밤을 평생 잊지 못할 것이다. 다음날 아침, 거머리들은 우리의 목, 귓바퀴, 팔을 비롯해 상상할 수 있는 모든 곳에 달라붙어 있었다. 누군가가 이를 떼어낼 때마다 부풀어 오른 거머리가 터지면서 사방에 피를 뿌렸다.

한 가지 더. 독불장군이 되기보다는 남들과 협동하는 것이 훨씬 이상적인 또 하나의 이유가 바로 이 때문이다. 혼자서는 등에 붙은 거머리를 떼기 힘드니까!

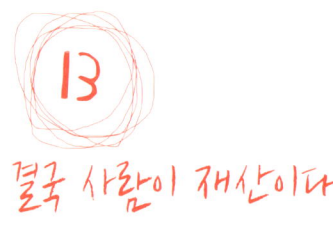

# 13
## 결국 사람이 재산이다

사랑과 평화, 대안적인 이데올로기에 대한 최신 유행 문구를 거침없이 말하는 일이 1960년대에는 중요한 부분을 차지했다. 버클리에서 맨발로 돌아다니든 보스턴에서 브래지어를 태우든 간에 히피라면 누구나 "평화에 기회를 주세요Give peace a chance", "싸우지 말고 사랑을 하자Make love, not war", "함께 하라, 흥분하라, 이탈하라Tune in, turn on, drop out", "서른이 넘은 사람은 믿지 마세요Don't trust anybody over thirty" 등의 말을 하고 다녔다. 분명 우리는 서른 살이 되었을 때 무슨 일이 일어날지 예견할 만한 통찰력이 없었던 것이다. 그럼에도 이처럼 유명한 문구들은 새로운 세대의 생각을 정의하는 집단적 태피스트리를 형성했다.

마치 60년대에 히피들의 사상을 정의하는 일련의 문구들이 있었던 것처럼, 비즈니스 사다리를 오르는 일에 관해 사람들에게 동기를 불어넣는 현대의 구루들은 유별난 각종 유행어와 충고를 내세운다. 최고의 자리에 오르기 위한 내용을 담은 경영서적 중 현재 가장 인기 있는 책들의 책장을 넘겨보라. 이런 책들은 기업 세계에서 성공하기 위해서는 반드시 다음의 규칙을 따라야 한다고들 말한다.

자신을 돋보이게 할 방법을 찾아라.
동료들을 기분 좋게 칭찬하라.
수다를 떨어라, 그렇지 않으면 도태될 것이다.
이용하라, 그렇지 않으면 이용당할 것이다.
왕따가 되지 않기 위해 최선을 다하라.
사무실 내 권력관계를 마스터하라.
군계일학이 되기 위해 노력하라.

이처럼 스스로의 한계를 제한하는(self-limiting) 사고방식을 갖고 일하는 부류의 사람들을 굳이 비판하려는 것은 아니다. 하지만 이러한 가이드라인을 지키면서 비즈니스 사다리를 오르는 일은 꽤 악전고투일 것처럼 들린다.

나는 다른 길을 택했다. 내가 보기엔 '1등을 추종해야만' 기업 세계에서 성공할 수 있는 것은 아니다. 오히려 자신의 꿈을 좇되, 다른 이들의 꿈을 지지하는 것도 똑같이 중요하다고 믿는다.

다시 말해, 오늘날의 경영서적에 등장하는 각종 조언에는 간단한 원칙 세 가지가 빠져 있다. 그리고 믿기 힘들 수도 있겠지만, 이 세 가지 원칙, 혹은 가치는 사실 히피 문화에 근간을 두고 있다. '다른 사람을 양성하고, 다른 사람에 대해 좋게 말하고, 다른 사람을 도우라'는 원칙이다. 일터에서 이처럼 관대한 정신을 보이는 사람은 돋보일 수밖에 없다.

다른 사람을 양성하는 일에 대해 이야기해보자. 잔스포츠에서 좋은 지위에 있던 직원이 퇴사할 때마다, 나는 그들이 자립할 수 있도록 최선을 다해 도왔다. 왜냐고? 나는 다른 사람들에게 투자하고 이들을 길러내는 것을 즐기는 사람이기 때문이다. 심지어 이러한 목적에서 정말 좋은 사람이 잔스포츠를 떠나려 할 때면 우리의 경쟁사에 전화해 이직을 도와준 적도 있다. 여기에 숨어 있는 가치는 매우 간단하다. 인과응보다.

어떤 사람이 잔스포츠에서 일하는 과정에서 불행하거나 성취감을 느끼지 못한다면, 당연히 나는 그가 일을 지속하기를 원치 않는다. 이러한 관계에서는 그 직원과 잔스포츠 모두 실패를 맛볼 수밖에 없다. 하지만 이들이 다른 곳에서 딱 맞는 직업을 찾을 때 도움을 주면, 나는 고용관계를 떠나 친구를 얻는 셈이다. 다른 사람들은 어떤지 모르겠지만 나는 그동안 살아오면서 만들고 유지한 우정을 통해 큰 도움을 얻었다.

이는 사업에 대한 히피적 접근의 두 번째 원칙, 즉 다른 이들에 대해 좋게 말하라는 교훈과도 연관된다. 나는 경쟁자에 대해 절대로 험담을 하지 않는다. 어쩌면 이는 히피의 세계관인 '나도 살고 남도 살게 하라'의 일부인지도 모른다. 또는 전생에 남을 욕했던 나쁜 업보 때문인지도 모른다. 어쨌든 나는 그런 성격을 갖고 태어났다.

물론 잔스포츠가 경쟁사와 어떻게 다른지, 또는 어떤 방법으로 더 나은 서비스와 제품을 제공하는지 등의 언급은 한다. 하지만 다른 사람이나 다른 기업에 대해 험담을 할 이유는 없다. 다른 사람들에 대해 나쁘게 말하는 것은 전문가답지 못할 뿐만 아니라 말하는 사람의 격도 떨어뜨린다. 게다가 품위를 유지해야 더 좋은 위치에 설 수 있다. 간단히 말해, 나는 무언가 도움이 될 만한 말을 하거나 아니면 아예 아무 말도 하지 않는다.

비즈니스 사다리를 오르기 위한 세 번째 원칙은 다른 이들이 목표와 꿈을 이루게 도와주는 것이다. 이에 해당하는 예를 잠깐 살펴보자.

### 남의 꿈도 내 꿈처럼

내가 에드 비에스터스를 처음 만난 건 레이니어 산 딜러 등반에서였다. 에드는 딜러들이 정상에 오르도록 이끄는 역할을 맡은 RMI 가이드 중 한 명이었다. 처음 만났을 때부터 에드가 멋지고 훌륭한 사람이라는 것을 알 수 있었다. 그는 딜러들을 따뜻하게 맞았고, 편안함을 느끼도록 배려했으며, 등반을 돕기 위해 무슨 일이든 했다.

1989년, 에드는 '다섯 개의 눈의 보고'라는 별명을 지닌 칸첸중가 산을 오르는 등반대에서 나와 동료가 되었다. 삐죽삐죽한 얼음이 윤곽을 이루는 칸첸중가는 네팔과 인도에 걸쳐 있는 히말라야 산맥에 자리잡고 있다. 또한 다섯 개의 경이로울 만큼 아름다운 봉우리로 이뤄져 있고, 그중 네 개는 높이가 8천 미터가 넘는다. 칸첸중가는 세계에서 세 번째로 높은 산이며, 높이가 6천에서 7천 미터에 달하는 멋진 봉우리들을 자랑한다. 에드는 1989년 칸첸중가 등반에 성공하면서 처음으로 산소통의 도움 없이 8천 미터 봉우리를 올랐고, 그 다음해 역시 산소통 없이 에베레스트 산에 올랐다. 세계에서 가장 높은 산과 세 번째로 높은 산을 산소통 없이 올랐으니, 두 번째로 높은 산인 K2도 오르면 멋질 거라고 그는 생각했다.

1992년에 에드는 시애틀의 유명한 등반가인 스캇 피셔와 함께 K2에 오를 등반대를 꾸렸다. 하지만 당시 에드는 직업이 없었고, 원정 비용을 위한 기금을 마련해야 했다. 그는 최초의 칸첸중가 원정 때 티셔츠를 판매해 기금을 모았던 일을 기억해내고 나에게 전화해 K2에 오르려는 목표에 대해 설명했다. 그러고는 우리에게 로고와 티셔츠 디자인을 고안한 뒤 제작해서 보내달라고 부탁했다. 그는 반드시 우리에게 비용을 갚겠다고 말했다.

믿거나 말거나, 나도 이에 동의했다. 누가 미쳤다고 그런 거래에 동의하겠는가? 물론 에드의 꿈은 멋졌다. 세계에서 가장 높은 산 세 개를 산소통 없이 등반한 등반가들은 몇 명 되지 않았다. 하지만 여전히 이는 '그의' 꿈이었다. 게다가 우리 돈으로 티셔츠를 제작해야 했다. 다시 말해, 금전적 보상이 주어지지 않았던 셈이다. 정말이지 이러한 일을 왜 한단 말인가? 그의 말을 거절했다면 우리는 분명 골치가 덜 아팠을 것이다.

그러나 나는 내 꿈을 좇는 것만큼이나 다른 이들의 꿈을 지지하는 일도 똑같이 중요하다고 믿었다. 결국 스캇과 에드는 티셔츠를 판매해 돈을 모았고, 신용카드를 한도까지 쓰고, 값이 나갈 만한 물건은 몽땅 팔아치운 끝에 출발 비용을 마련했다. 카트만두로 날아가는 비행기 안에서 에드는 잔스포츠에 티셔츠 값 1만 5천 달러를 지불하지 않았음을 깨달았다. 이 일은 네 달 동안의 원정기간 내내 그에게 마음의 짐이 되었다고 한다. 약속을 잘 지키는 사람인 에드는 귀국 후 등반사진을 모아 전시회를 몇 차례 열었고, 금방 1만 5천 달러를 벌어 돈을 갚았다.

　내가 에드의 꿈에 투자한 일은, 결국 그가 잔스포츠의 공식 후원 등반가가 되어 기능성 제품들을 디자인하고 실제로 사용하는 데 도움을 주는 중요한 원인이 되었다. K2를 성공적으로 등반한

October 14, 1992

Dear Skip,
　Scott and I would like to thank you again for supporting our K-2 Expedition. It was people like you that made it all possible. We have enclosed an expedition report and a signed photo of K-2. The route that we climbed was the right hand skyline.

Very Truly Yours,

Ed Viesturs

Scott Fischer

뒤, 에드는 8천 미터 높이의 산 전부를 산소통 없이 오른 최초의 미국인이 되었다. 그는 전세계에서 열두 번째로 이처럼 대단한 성취를 이뤄낸 인물이었다. 그리고 우리가 그를 도왔기에, 그도 오늘날까지 우리를 돕고 있다.

## 다른 사람에게 투자한 결과

다른 사람에게 투자하는 이야기가 나온 김에 다른 예를 들어보겠다. 바로 앰버 브룩먼의 사례다. 앰버는 로스앤젤레스에서 모델 일을 하던 매력적인 금발의 아가씨였는데 뉴욕으로 본거지를 옮겨 모델 경력을 계속 쌓았다. 명석한 두뇌와 아름다운 외모를 지닌 그녀는 이후 앨리드 패브릭Allied Fabrics 사의 대외홍보 및 제품개발 부서에 취직했다.

나는 1981년 어느 박람회에서 잔스포츠 데이팩에 쓸 특정 직물에 관련된 문제를 논의하기 위해 앰버를 처음 만났다. 몇 주 뒤, 앰버가 내게 전화를 해서 회사 고객들 몇 명을 만나러 갈 예정이라며 에버렛에 있는 우리의 공장과 회사에 들르겠다고 제안했다. 우리에게 특별히 필요한 직물이 있는지 봐주기 위해서였다. 뉴욕의 대기업에서 관심을 표한 데 감사하며 우리는 방문 약속을 잡았다. 그녀가 과거에 모델이었다는 사실은 우리가 함께 어울리는 데 '아무런' 영향도 미치지 않았다. 오케이, 어쩌면 조금은 이 때문이었을지도. 재미를 더하고자 나는 그날 리무진을 한 대 빌렸다. 그리고 머레이에게 말했다.

"나랑 같이 가자. 오늘 앰버 브룩먼을 폼나게 맞이할 거야."

전에는 리무진을 빌린 적이 없었다. 이런 경험은 태어나서 처음이었다. 우리는 시애틀 시내에 위치한 웨스틴 호텔에 들러 앰버를 차에 태웠고, 드라이브를 즐기고, 웃고 떠들며 맥주를 약간 마셨다. 점심을 먹은 뒤에는 퓨젯사운드 일부를 관광했다. 심지어 공장 근처에는 가지도 못했다. 그만큼 그녀와 재미있게 노느라 바빴다.

그날 오후 우리는 앰버를 호텔에 데려다주고, 저녁식사를 위해 밤에 다시 데리러 오겠다고 말했다. 당시 나는 낡아빠진 1934년식 인터내셔널 픽업트럭을 한 대 갖고 있었다. 이 털털거리는 트럭을 시내로 몰고 간 다음, 앰버를 태워 캐피톨 힐에 있는 고급 레스토랑에 데려가면 재미있을 것 같았다. 충실하지만 낡디낡은 픽업트럭을 몰고 웨스틴 호텔에 갔을 때, 앰버는 옷을 쫙 빼입은 채로 도보에서 기다리고 있었다. 우리가 리무진에서 1934년 식의 픽업트럭으로 수준을 확 바꾼 데 대해서 그녀가 뭐라고 생각했는지 단정하기는 어려웠다.

1980년대 레이니어 산 등반 세미나에서 앰버 브룩먼과 스킵.

저녁을 먹으면서 나는 앰버에게 레이니어 산 딜러 등반에 대해 이야기했고, 아웃도어 업계와 관련 사업에 뛰어드는 데 도움이 될 터이니 그녀도 참여하라고 권유했다. 그녀는 음료를 휘젓고는 나에게 회의적인 시선을 던졌다.

"캠프파이어도 하는 건가요? 마시멜로 구워 먹어도 되죠?"

그녀는 장난스러운 미소를 지으며 물었다. 나는 재빨리 대답했다.

"당연히 안 되죠. 하지만 정말 재미있을 거예요. 제가 보증할게요."

그녀는 스키 타는 것은 좋아했지만 제대로 산을 등반해본 적은 한 번도 없었다. 운동을 즐기는 유쾌한 성격의 앰버는 제안에 대해 고민해보기로 했다.

등반 예정일이 다가왔을 때 나는 앰버와 다른 등반가들에게 필수 장비 리스트를 보냈다. 그녀는 답장을 보내왔다.

"이봐요, 스킵. 얼음도끼는 왜 필요한 거죠? 마티니를 젓는 데 쓰려고요?"

앰버가 참여하기로 한 것을 보고 기쁘고 즐거웠다. 그녀는 정말로 끈기 있는 사람이고 최선을 다하기는 했지만, 첫 해에는 정상까지 오르지 못했다. 경쟁을 좋아하고, 모든 일을 끝까지 해내는 성격인 앰버는 곧바로 다시 도전하기로 마음먹었다. 아직도 우리는 그녀가 훈련법에 독창적으로 접근한 일에 대해 농담을 하곤 한다.

예를 들어, 우리는 '레스트 스텝Rest Step'이라는 기술을 가르쳤다. 이는 등반을 할 때 평소처럼 서둘러 걷는 것이 아니라, 매 발걸음 사이에 산소가 폐까지 깊이 들어갔다 나오도록 걸으며 호흡하는 기술이다. 이 기술은 편안하고 안정적으로 걷도록 도와준다. 하지만 앰버는 패션쇼 무대에나 어울릴 법하게 독특한 모습으로 발을 끌며 '모델 스텝'으로 걷곤 했다. 우리는 "앰버, '모델 스텝'이 아니라 '레스트 스텝'으로 걸어야 해요"라고 말하곤 했지만, 앰버는 우리 말을 듣는 척도 안 했다.

이듬해 다시 도전한 앰버는 루 휘태커의 4인조 로프팀의 맨 뒷줄에 서게 되었다. 내가 이끄는 로프팀은 루의 팀을 따라갔으므로, 나는 앰버의 바로 뒤에서 등반하게 되었다. 늘 그렇듯 아침 일찍 출발했으므로 헤드램프를 달아야 했다. 약 3천 미터 고도에 위치한 캠프 뮤어를 떠난 우리는 카테드랄 바위Cathedral Rocks가 있는

에드 비에스터스가 히말라야 정상에서 직접 찍은 자신의 사진.

곳까지 올라갔고, 클리버Cleaver 루트로 향하는 길에 동쪽에서 떠오르는 태양을 구경했다. 약 4천 미터 고도에서 바라본 만큼 정말로 아름다운 광경이기는 했지만, 이 때문에 한눈을 파는 사이 최악의 사태가 발생했다. 미처 눈치챌 틈도 없이 앰버가 크레바스 사이로 떨어진 것이다.

크레바스에 떨어진 적이 있는 사람으로서 말하건대 이는 분명 즐거운 경험은 아니다. 크레바스는 발견하기가 어렵다. 멀쩡히 잘 걸어 다니다가도 윗부분이 살짝 덮여 있는 거대한 구멍에 빠질 수도 있다. 대부분의 경우에는 구멍이 열려 있으므로 이를 잘 보고 피할 수 있다. 하지만 때로는 구멍이 눈에 덮여 가려진 경우도 있다.

우리가 받은 훈련에 따르면, 한 사람이 크레바스에 떨어지면 다른 로프 팀원들은 얼음도끼를 이용해 셀프어레스트 자세를 취한 채로 몸을 낮춰 더이상 떨어지지 않게 막아야 한다. 그게 1단계이다. 2단계는 크레바스에 떨어진 사람을 당기는 것이다.

내가 있는 곳에서 구멍으로 떨어진 앰버는 마치 꼭두각시 인형처럼 앞뒤로 흔들리기 시작했다. 그녀의 비명소리는 약 60킬로미터 떨어진 세인트헬렌스 산Mt. Saint Helens까지 울려 퍼질 정도였다. 설령 그녀가 바지에 오줌을 지렸다 해도 놀라지 않았을 거다. 그만큼 무서운 일이기 때문이다. 물론 루와 그의 팀은 셀프어레스트 자세를 취했다. 루는 크고 우렁찬 목소리로 소리쳤다.

"걱정 마요, 앰버. 우리가 꺼내줄게요!"

비록 앰버가 얼음도끼를 꺼내다가 실수로 떨어뜨리긴 했지만, 우리는 그녀를 안전하게 끌어냈다. 정상에 도달하려면 한 시간 정도 밖에 남지 않은 상황이었기에 앰버는 하산을 원하지 않았다. 우리는 계속 앞으로 나아갔다. 아드레날린 수치가 높아졌다는 사실을 고려하더라도, 앰버는 정상까지 가는 내내 쉬지 않고 떠들어댔다.

그날 앰버에겐 마법 같은 일이 일어났다. 우리가 이전의 등반에서 경험했던 것처럼 앰버도 산에 의해 변한 것이다. 앰버는 죽음을 목격했고, 그동안 잊고 있던 잠재적인 힘을 영혼 깊은 곳에서 발견했다. 그리고 정상에 오름으로써 일단 시작한 일을 완수했다. 그날 이후 어떤 산이나 장애물도, 어떤 도전도, 그것이 현실에 존재하든 상상의 산물이든 간에 정복할 수 있을 터였다.

산에서의 경험 덕분에 앰버가 앨리드 패브릭 사를 떠나 자신만의 꿈을 추구할 수 있는 내면의 용기를 찾았다고 나는 생각한다. 앰버는 브룩우드Brookwood 사의 창립자이자 CEO이자 사장이 되었다. 이 회사는 연 매출이 1억 3천만 달러에 이르는 직물 및 의류 회사이다. 우리 회사는 아직도 그녀의 회사와 파트너 관계를 유지하고 있다.

상상할 수 있겠지만 앰버는 잔스포츠와 함께하는 과정에서 겪은 인생의 변화에 대해 여기저기에 좋게 말하고 다녔다. 이처럼 다른 사람에게 투자하면, 그들도 당신에게 투자하는 법이다. 감사하게도 잔스포츠 설립 초기에 경쟁사 중 하나가 이처럼 바람직한 철학을 우리를 위해 실천한 일이 있었다.

### 사업 초기에 받은 대가 없는 도움

리지드 프레임팩의 근원을 찾아 역사를 거슬러 올라가다 보면, 로이드 F. 넬슨의 널찍한 어깨와 맞닥뜨리게 된다. 1920년 봄, 로이드는 태평양 연안 북서부 지역에 위치한 퓨젯사운드의 해군조선소에서 일하고 있었다. 그는 휴가 기간에 알래스카 산악지대를 걸어서 넘기로 마음먹었다. 그 무렵 등산객들이 짐을 나르는 유일한 방법은 어깨끈이 달린 평범한 천 자루를 메는 것이었다.

산행을 준비하던 로이드에게 어느 인디언 친구가 전통 지게의 일종인 팩보드를 빌려주었다. 여러 개의 버드나무 막대로 만든 틀에 물개 가죽을 늘려 씌운 것으로, 거친 모양새를 띤 물건이었다. 흐늘흐늘한 천 자루보다는 훨씬 나았지만 그래도 로이드는 몇 주 동안이나 등이 아팠다. 이후 9년 동안 밤마다 지하실에서 일한 로이드는 나무 널조각과 천을 이용해 리지드 프레임팩을 완벽하게 보완했다. 결국 그는 무게를 효과적으로 분산할 수 있는 '트래퍼 넬슨Trapper Nelson'이라는 배낭을 개발했다. 이는 당시 시중에 나와 있던 그 어떤 제품보다도 뛰어난 제품이었다.

그는 리지드 프레임팩 디자인으로 특허를 받았고, 시애틀을 기반으로 벌목 장비와 광업용 장비 제조업체를 운영하던 찰스 트레거에게 1929년 자신의 사업체를 팔았다. 얼마 지나지 않아 트레거의 회사는 엄청난 수량의 트래퍼 넬슨을 팔아 대박이 났고, 이 배낭은 몇십 년 동안 업계 표준이 되었다. 트레거는 보이스카우트와 산림청, 전투지도 제작기관을 포함하는, 계속 성장하는 시장에 트래퍼 넬슨 팩보드를 팔았다. 이 시장에는 훗날 REI와 에디 바우어도 뛰어들 터였다.

찰스 트레거는 아들인 조지에게 사업을 물려줬다. 나는 찰스를 직접 만난 적은 없지만, 조지와는 수년간 우정을 쌓아왔다. 잔스포츠의 초창기에는 구부러지는 프레임팩을 만드는 데 필요한 원재료가 종종 동나곤 했다. 트레거의 회사가 한마을에 있었기 때문에, 우리는 조지 트레거와 알고 지내는 사이가 되었다. 조지는 긴 머리의 젊은이들인 우리를 좋아했고, 너무나 좋아한 나머지 우리 재료가 다 떨어질 때면 다음과 같이 말하곤 했다.

"스킵, 필요한 건 뭐든 빌려가. 나중에 갚을 수 있을 때 확실히 갚기만 하면 돼."

이후 몇 년 동안 머레이와 나는 필요할 때마다 직물과 쇠고리*를 빌렸고, 이윤이 발생하는 대로 가능한 한 빨리 조지에게 돈을 갚았다. 사실 우리는 경쟁자 관계였으므로, 조지로서는 한 무리의 히피를 도울 이유가 없었다. 그는 왜 우리를 도운 걸까? 조지는 자신만의 방식으로 잔스포츠의 역사에 중요하게 기여했다. 그의 친절함 덕분에 잔스포츠는 오늘날 글로벌 리더가 될 수 있었다.

그의 유례없는 관대함 덕분에 당시 막 날개를 펼치던 우리 회사는 성공을 향해 한 걸음 더 나아갈 수 있었다. 이는 다른 사람을 양성하고, 다른 사람에 대해 좋게 말하고, 다른 사람을 도울 때 어떤 결과가 발생하는지 보여주는 좋은 사례다. 조지가 우리를 신뢰

---

* 옷감에 뚫은 구멍 부분을 튼튼하게 보강하기 위해 끼우는 고리.

한 것과 우리가 도움이 가장 필요할 때 손길을 내민 일을 나는 늘 기분 좋은 기억으로 간직하고 있다. 당연히 나도 바로 이러한 유형의 사업가가 되고자 노력한다. 어쩌면 조지는 마음만은 히피였는지도 모른다.

## 모험을 즐기는 이유

　　　　　　　　　나는 스스로 한계를 넘어서는 습관을 지녔고, 종종 안전지대에서 벗어나 다양한 경험에 뛰어들곤 한다. 그렇다고 자학을 즐기는 것은 아니다. 하지만 사고의 지평을 늘리고 독특한 기회를 잘 활용하면 다시 사무실로 돌아갔을 때 정신을 바짝 차릴 수 있다. 나는 직접 접한 풍부하고 새로운 경험과 추억을 통해 활력을 얻는다. 모험에서 만난 풍경, 소리, 냄새, 그리고 사람들 덕분에 창의적 사고가 흘러넘치게 된다.

　나는 간부용 사무실, 고급 벨벳 카펫, 끝내주는 야경을 지닌 '꼭대기 층'에 도착한 것이, 진짜 성공한 지위에 오른 거라고 만족하는 실수는 저지르고 싶지 않다. 나의 근원을 자각하게 만드는 대지와 직접 접촉하는 일이야말로 꼭 필요하다고 생각한다. 외부에서 고립된 결정자들은 결국 정체될 수밖에 없다. 매니큐어를 칠한 손톱 아래로 약간의 먼지를 묻히는 일이 어떤 이에게는 득이 되기도 한다.

나는 일터에서 지루해지거나 무감각해지고, 동기를 잃고 무력해질 때면, 이를 밖에 나가야 한다는 신호로 받아들인다. 그렇기에 멋진 장소들을 그토록 많이 여행한 것이다. 여기서 말하는 멋진 장소란 '거기 가봤어, 그거 해봤어, 티셔츠도 샀어' 식의 일반적인 관광명소를 말하는 것이 아니다. 정말 드물고, 삶을 변화시키는, 머나먼 장소들을 말하는 것이다. 너무나 경이로워서 마치 신성한 대지 위 모세 옆에 서있는 느낌을 받게 되는 장소들 말이다.

바로 이 때문에 절친한 친구이자 셰르파인 나왕 곰부에게서 받은 전화 한 통에 끌렸다. 곰부는 에드먼드 힐러리 경과 함께 1953년에 세계 최초로 에베레스트에 올랐던 텐징 노르게이의 조카이자 고지대 모험 전문가였다. 어렸을 때, 부모님은 그를 롱북 사원 Rongbuk Monastery*으로 보냈다. 에베레스트 산 티베트 사면의 베이스캠프 바로 아래에 위치한 이 장소는 숨이 멎을 듯한 3,350미터 고도에 있었다. 당연히 롱북은 세계에서 가장 높은 곳에 위치한 사원 중 하나였다. 곰부는 승려가 되기로 정해져 있었으므로, 계율을 어길 때면 관습에 따라 뺨을 맞았다. 이 때문에 때때로 입이 너무 부어올라 음식도 제대로 먹지 못할 지경이 되곤 했다.

어느 날 밤, 곰부와 그의 친구는 이처럼 엄격한 통제를 더이상 참지 않기로 했다. 그들은 함께 탈출할 계획을 세웠다. 이 장소는 깊게 쌓인 눈에 둘러싸여 있었고, 곰부는 정식으로 산악 등반 훈련을 받은 적이 없었다. 게다가 적당한 등반 장비도 없었다. 그러

---

* 원서에는 철자가 Rombuk Monastery라고 표기되어 있는데 저자의 착오인 듯하다. 사원 높이에 대한 정보 또한 측정 위치와 출처에 따라 4,980미터/5,150미터/5,030미터 등 제각각이다.

나 도전을 포기하지 않는 성격인 곰부는 샌들에(그렇다, 샌들이다) 줄을 묶어 눈 위를 걸을 때 마찰력을 높이자고 친구에게 제안했다. 결국 눈 쌓인 산길을 5일 동안 걸은 끝에 곰부는 안전하게 집에 도착했다. 열한 살짜리가 한 일치고는 대단한 일이 아닐 수 없다. 분명 곰부는 전문 등반가가 될 운명을 타고났던 것이다.

1953년, 그는 에드먼드 힐러리 경과 텐징과 떠난 최초의 에베레스트 등반대에서 셰르파를 맡아, 8,229미터 고도까지 허리가 부러질 정도로 무거운 장비를 날랐다. 몇 년 뒤인 1963년, 곰부는 최초로 에베레스트에 오른 미국인인 짐 휘태커와 함께 정상에 올랐다. 곰부는 역사상 최초로 에베레스트를 두 번 등정한 인물이 되었고, 두 번째 등반은 1965년의 인도 쪽 등반대와 함께한 것이었다. 그의 성취가 너무나 대단한 일이었기에 미국의 존 F. 케네디 대통령은 그에게 영예로운 허버드 메달Hubbard Medal을 수여했다.

그러니 곰부 같은 사람이 멋진 모험에 대한 아이디어가 있다고 하면, 무언가 특별한 일이 틀림없었다. 1995년 곰부는 나와 아내인 위니, 그리고 루와 잉그리드 휘태커 부부를 일생에 한 번뿐인 여행에 초대했다. 신비롭고 매혹적인 국가인 부탄에 방문하자는 제안이었다.

두 가지 이유로 이 제안에 끌렸다. 첫째, 모두 알다시피 나는 뼛속 깊이 모험가이다. 곰부는 야외활동에 대한 나의 애정을 알았고, 이러한 활동 덕분에 내가 새로운 사업적 아이디어를 떠올린다는 사실도 알고 있었다. 둘째, 부탄은 현대의 수수께끼나 다름없는 나라였다. 1960년까지 부탄의 국경은 이방인들에게 닫혀 있었다. 이는 자신만의 유토피아가 외세 열강에 의해 강제로 분할되기를 원치 않았던 군주가 자국을 스스로 고립시킨 결과였다. 또한 그는 내륙에 고립된 부탄이 관광객을 끌어들이기에는 관광자원이 부족함을 깨달았다.

에덴동산 같은 이 나라는 일년에 딱 3천 명의 관광객에게만 입국을 허용했다. 입장을 허락받은 소수의 선택받은 사람들은 정부에서 지정한 여행 관리자들과 함께 여행해야 했다. 그러니 부탄에 입국하는 일은 비틀즈 멤버 네 명이 모두 사인한 1963년도 앨범 [플리즈, 플리즈 미Please, Please Me]를 소유하는 일만큼 어렵지는 않았지만,(미국에서 진품으로 입증된 이 서명본을 소유한 사람은 여섯 명도 채 안 된다), 부탄에서 먼저 초청을 받을 확률은 거의 이에 가깝다고 할 수 있었다.

짐을 나르며 마을을 지나가는 어린아이들.
Photo by 스킵 요웰

남아시아에 위치한 이 조그만 왕국이 매력적이었던 또 다른 이유는, 이 국가가 21세기의 거의 모든 유행을 거부했기 때문이다. 부탄에는 스타벅스가 없었다. 야크 고기로 만든 버거를 파는 패스트푸드점도 없었다. 페덱스도 없었다. 자판기도, 쇼핑몰도 없었다. 심지어 이메일도 없었다. 부탄에서는 서구식

옷차림은 전통 복장에 자리를 내주어야 했다. 아주 소수의 사람만이 텔레비전을 시청했다. 게다가 최초의 텔레비전은 1999년에나 들어왔다고 한다. 이들의 평균 연간 소득이 미화로 1천300달러 정도임을 고려할 때, 오두막 벽에 커다란 텔레비전을 달려고 안달 난 사람은 없었으리라. 대부분 사람이 집에 침대조차 없는 상황이었으니 더더욱 그렇다. 게다가 이 나라에는 방송국도 딱 한 개밖에 없었다.

 외부 세력에 잠식당하는 일을 막기 위한 이들의 노력이 일면 편협해 보일지도 모른다. 어쩌면 그럴 수도 있다. 하지만 사람들이 마돈나의 배꼽 모양에 일말의 관심조차 없는 나라에 사는 것도 제법 괜찮은 일인 것 같았다. 포장된 도로도 몇 개 없는 상황이다 보니 부탄에는 아직 신호등이 없었다. 부탄의 딱 하나뿐인 공항에는 포장된 활주로가 깔려 있었지만, 여객기 비행사들은 울퉁불퉁한 히말라야의 언덕에 심장이 쿵쾅거리는 착륙을 하기 위해 특별 조종훈련을 받아야 했다. 분명 부탄은 지구상에서 마지막으로 원시의 순수한 매력을 간직한 보석 같은 장소이고, 진정으로 일생에 한 번은 가볼 만한 장소다. 부탄 사람들은 시간의 흐름을 잊은 채 살며, 이를 즐긴다.


### 용의 땅

 곰부의 집은 인도 다르질링(Darjeeling, India) 지방의 깊은 산중에 있었다. 마침 부탄 왕국은 그가 사는 산의 바로 북쪽에 있었고, 이 지역은 등산가들을 훈련하기 위한 장소로도 사용되었다. 히말라야 산악학교Himalayan Mountaineering Institute의 관리자로서, 곰부는 부탄의 왕인 지그메 싱예 왕추크Jigme Singye Wangchuck에게 연줄이 닿아 있었다. 이 특별한 관계 덕분에 곰부는 우리가 '드룩 율Druk Yul', 즉 부탄인들이 자국을 부르는 이름으로 '용의 땅'을 의미하는 이 나라에 들어갈 수 있게 주선해주었다. 아내와 나는 배낭과 하이킹 장비를 챙긴 뒤 지구 반 바퀴를 돌아 그곳으로 향했다. 미국을 떠나 부탄으로 가는 일은 그 자체로 하나의 모험과 같았다.

우선 방콕으로 날아간 뒤, 다시 캘커타에 들른 다음에야 부탄에 도착했다. 우리는 긴 여행 시간의 일부를 할애해 몇백 년 동안 전통을 지켜온 이 특별한 나라의 지형과 역사를 탐구했다. 알아본 바로는 부탄은 세 개의 주요한, 그리고 다양한 지역으로 구성되어 있었다. 전체 면적은 인디애나 주의 절반 정도였다. 남부는 완만한 평야와 깊고 푸른 계곡 지형으로 이뤄져 있었다. 계곡의 바로 북쪽에는 약 1,500미터에서 4천 미터에 달하는 히말라야의 언덕들이 거대한 계단처럼 뾰족하게 솟아 있었다. 그 모양새를 보면 그야말로 '천국으로 가는 계단'*이라고 표현할 만했다. 마지막으로, 눈과 빙하에 덮인 해발 7천 미터 이상의 울퉁불퉁한 고산지대가 존재했다. 이러한 지형들이 섞여 있기 때문에 이 지역의 기후는 매우 변화무쌍했다.

---

* 레드 제플린Led Zeppelin의 명곡 〈Stairway to Heaven〉에 비유한 표현이다.

근처에 홈데포Home Depot*도 없는데도 부탄 사람들은 스스로 집을 지었다. 대부분 집에는 냉방시설이나 전기설비가 없었다. 빛이 필요할 때는 양초를 켜고, 겨울에는 장작과 말린 야크 똥을 난로에 태워 난방을 했다. 심지어 농장의 가축들도 가족의 일부처럼 집 안에서 함께 살았다.

또한, 농경민족인 부탄인들은 매년 추수가 끝난 후 축제용 춤을 곁들인 거대한 잔치를 벌였다. 남녀노소 모두 손으로 깎아 만든 아름다운 나무가면을 쓰고, 수확을 축하하며 나무로 만든 다양한 악기를 연주했다. 이 광경만은 직접 보기로 마음먹었다. 캔자스의 곡창지대 중심부에서 자란 내가 장담하는데, 미국 농부들은 이런 추수 잔치를 열지 않는다. 부탄의 성대한 연회와 조금이라도 견줄 만한 거라고는 겨울에 존 디어 콤바인을 갈무리한 뒤 버드와이저 맥주나 몇 병 마시는 거랄까.

그리고 나서 나는 아내에게 부탄의 왕에게는 부인이 네 명이며, 이들은 모두 자매라는 사실을 큰소리로 읽어주었다. 내가 이 문장에 대해 곰곰이 생각하자 아내는 화난 눈초리를 던졌다. 이 눈초리는 어떤 언어로든 다음과 같이 번역될 수 있을 터였다.

'당신은 부탄의 왕이 아니니, 일부다처제는 꿈도 꾸지 않는 편이 좋을 거야, 이 양반아.'

나는 다음과 같이 말하듯 주저하는 미소를 지었다.

'그런 생각은 절대로 안 했어, 자기야.'

---

* 미국 최대의 가정용 건축 자재 업체로, 다양한 건축 및 인테리어 제품을 판매한다.

부탄에 있는 타이거스 네스트 사원. Photo by 스킵 요웰

다시 자료를 읽던 중 부탄에서는 농촌 아무 데서나 마리화나가 자라지만, 마약 밀매도 없고 현지인 중에는 마리화나 상용자도 없다는 사실을 알게 되었다. 아마도 그곳에는 비틀즈의 앨범이 없기 때문일 것이다. 대신 농부들은 마리화나를 돼지의 식욕을 늘리기 위해 먹이는 데 쓴다고 했다. 충분히 가능한 이야기다. 60년대에 마리화나를 피던 히피들이 왜 그렇게 다들 먹성이 좋았는지 설명이 되는 대목이다. 이러한 사실을 '스킵의 재미있는 연감'에 더해야겠다고 머릿속으로 메모했다.

우리의 계획은 산에 오르고, 돌아다니고, 현지의 다양한 문화를 가능한 한 많이 경험하는 것이었다. 부탄은 온 국민이 불교를 믿는 전세계에 마지막 남은 국가라는 사실을 기억해주기 바란다. 그러니 여행의 백미는 도마뱀처럼 산의 옆면에 붙어 있는 타이거스 네스트 사원Tiger's Nest Buddhist Monastery에 오르는 일이 될 터였다. 현지에서 '호랑이 굴'이라는 뜻의 '딱창 종Taktsang Dzong'이라고 불리는 이 사원은 해발 2,743미터* 높이에 자리한, 깜짝 놀랄 만큼 오래된 건축물이다.

건축 자재는 전부 당나귀나 야크 등에 실어 날라야 했으리라. 길도 없었을 뿐만 아니라 인부들이 사용할 수 있는 공구나 전기도 없었다. 비계를 설치할 공간도 없었다. 사원의 뒷면 전체가 수직 벽에 기대어 있기 때문이다. 이 2층짜리 건물의 전면은 정확히 절벽 끝에 있고, 몇천 미터 아래에는 강이 흐르고 있다. 궁금증이 들 수밖에 없었다. 도대체 왜 이런 곳에 사원을 지었단 말인가?

전설에 따르면 현자 승려 림포체Rimpoche**가 티베트에서 화염에 휩싸인 호랑이의 등을 타고 날아와 부탄에 불교를 전파했다고 한다. 그는 무시무시한 절벽 면을 만져 신성하게 만든 후, 건물을 지을 장소로 정했다. 이 마법 같은 나라에서는 이러한 이야기도 왠지 진짜인 것 같았다. 어쨌든 오늘날 부탄의 승려들은 이 사원에서 3년간 살아야 한다. 사원 근처에 발을 들여놓지 못할 거라고 생각했는데(일반적으로 금지된 구역이기 때문이다), 곰부와 함께 있었기에 입장을 허락받았다. 근처의 절벽에서 세계적으로 유명한 성소와 이곳만의 독특한 관습을 감상한 경험은 평생 잊지 못할 것이다.

비행기에서 내린 나는 부탄에 대해 읽은 내용이 실제의 절반에

* 이 사원도 측정 위치와 정보 출처에 따라 높이가 다르다. 위키피디아의 경우 높이를 3,120미터로 표기하고 있다.
** 림포체는 환생한 고승을 지칭하는 티벳 불교 용어로, '존귀한 이'라는 뜻이다. 딱창 종을 짓고 티베트에 불교를 들여온 림포체는 '파드마 삼바바'라는 승려라고 전해진다.

도 못 미침을 알게 되었다. 아내와 나는 친절한 사람들에게 감동했고, 그들 중 다수는 영어도 할 줄 알았다. 현지인들이 손으로 만든 소품들의 다채로운 광경과, 미국과는 극적으로 다른 환경에 우리는 압도되었다. 수백 년 동안 전통을 지켜온 문화의 한가운데 서있으니 마치 다른 세상에 와있는 느낌이었다. 우리는 분명 지상에 있었지만, 이 매혹적이고 고립된 지역은 거의 묘사를 거부하는 듯했다.

곰부가 옳았다. 이 경험은 절대로 잊을 수 없는 모험이었다. 도착하자마자 나는 여태껏 사용되지 않았던 뇌의 일부분이 잠에서 깨어나 활발하게 움직이기 시작하는 것을 느낄 수 있었다. 창의적 사고가 탄력을 얻으면서, 마치 스펀지처럼 새롭고 놀라운 자극을 빨아들였다. 이 마법처럼 신비로운 여행이야말로 꼭 필요한 것이었고, 나는 마치 오랜 친구처럼 매순간을 정열적으로 끌어안았다.

## 위대한 깨달음

잔스포츠는 다른 기업과 마찬가지로 창조적인 아이디어를 통해 발전한다. 그리고 아이디어는 혁신으로 이어진다. 따라서 아이디어는 새로운 제품과 더 나은 마케팅 전략, 그리고 더 높은 시장 점유율을 빚어내기 위한 재료다. 아이디어는 성장을 촉진한다. 경쟁사를 앞서기 위해서는 독특한 아이디어가 필수다. 게다가 좋은 아이디어는 실수를 방지해준다. 현실적으로 승산 있는 아이디어를 새롭게 만들어내는 일이 매일매일의 과제다.

  앞서 말했듯, 가끔 나의 '경험 탱크'에 매우 거칠고 정제되지 않은 물질만 남았음을 발견할 때가 있다. 그럴 때마다 근근이 버텨야 한다. 의도치 않게 비즈니스 세계에 끼어든 사람으로서, 익숙한 과거의 성취에 안주하고, 문제를 해결할 때 과거의 방식에 의존하면 사실 쉽다. 비즈니스 세계에는 이러한 경향이 만연하다. 회사가 커질수록 안전성을 추구하고 다른 이들을 따라 해야 한다는 압박도 커진다. 당신이 업계의 선두주자라는 축복을 받은 사람이라면 더더욱 그러하다. 잃을 게 너무 많은 것처럼 느껴지고, 새로운 아이디어는 실제로 실현되어 나쁜 결과를 낳기도 전에 이미 정제된 밀가루처럼 색이 바랜다.

  그렇다면 최종 결과는? 혁신보다는 모방을 하게 된다. 아이디어를 깊은 미지의 물 속에서 자유롭게 헤엄치게 놔두는 것이 아니라 수영장의 얕은 쪽에 가둬버리는 것이다. 그 작은 영역에서 기업들은 치고받고 싸우거나 술래잡기 놀이를 한다. 사업을 하다 보면 사람들은 한계에 도전하고 새로운 물을 맛보기보다는 유행을 파악한 뒤 단지 이를 모방하려 한다. 그러니 독창성과 스타일, 품격이 모자란 제품이 그토록 많아도 놀랄 일이 아니다.

  바로 이 부분이 중요하다. 사업을 하다 보면 혁신 또는 모방이라는 두 가지 선택지가 주어진다. 그렇다, 경쟁자를 모방하면 위험성은 낮다. 하지만 더 어려운 길을 택하는 혁신가야말로 위대한 결실을 거둘 수 있다. 지금부터 이와 관련된 이야기를 들려주겠다.

  어느 덥고 끈적이는 오후, 나는 부탄의 먼지투성이 비포장도로를 걷고 있었다. 야외에서 종종 그러듯 윗옷을 벗었는데, 가슴에 털이 난 백인 남자가 미국에는 제법 흔하지만 부탄 같은 곳에서 맨가슴으로 다니는 일은 또 다른 문제였다. 그곳 사람 대부분은 몸에 털이 난 사람을 본 일조차 없었다. 머리털을 제외하면 부탄 사람들은 그렇게 털이 많은 편은 아니다. 길에 멈춰선 사람들은 수줍어하며 내 쪽을 쳐다보곤 했다. 가슴에 난 털을 보고 호기심이 인 게 분명했다. 부탄 근처에 위치한 티베트를 방문했을 때도 이와 비슷한 반응을 얻은 적이 있었다. 다만 그때는 현지인들이 모여들어 왜 이런 곳에서 털이 자라는지 알아내려는 듯 손가락으로 가슴을 쓸어보곤 했다. 현지인들은 다른 방문객들에게는 이런 식으로 접근하지 않았다. 다른 방문객들은 현지인들과 마찬가지로 윗옷을 입고 있었기 때문이다. 무언가 엄청나게 다른 것 또는 사람이 등장해야만 현지인의 호기심과 행동을 유발할 수 있었다.

여기에서 얻을 수 있는 교훈이 뭐냐고? 사람들은 늘 선택권을 갖고 있다. 우리는 다른 사람들이 이미 가본 안전하고 예측 가능한 길을 따라 사업을 진행할 수도 있고, 또는 전형적인 것에서 벗어나 독특하게, 즉 맨가슴으로 서서 다른 사람들과 구별될 수도 있다. 군중 속에 홀로 서기 위해서는 진정한 혁신을 찾는 여정에 몸을 바쳐야 한다. 그래야만 다른 이들이 자세를 똑바로 하고 관심을 가질 것이다. 잔스포츠는 바로 이러한 길을 선택해왔다.

그러므로 내가 할 수 있는 최고의 충고는 부탄인들을 생각하라는 것이다. 히말라야 산맥의 가파른 절벽들을 보라. 장애물에 대해서는 잊어라. 위험을 무릅쓰는 일을 두려워하지 마라. 그리고 몇백 년 후의 사람들을 감탄시킬 만한 무언가를 짓거나 발명하라. 이러한 일이 불가능하다고 생각하는가? 절벽 끄트머리, 해발 2,743미터 높이에 위치한 타이거스 네스트 사원에 사는 승려에게 그런 말을 해보라.

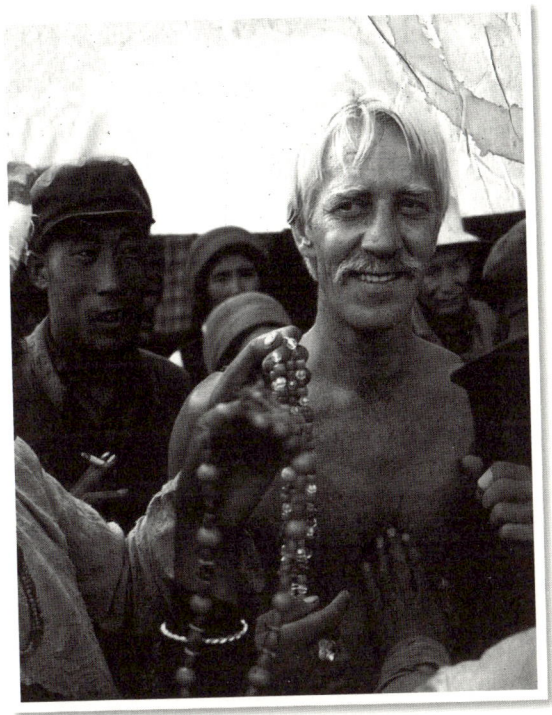

티베트에서의 스킵

## 재미와 패션과 기능성을 고수하라

1964년, 밥 딜런이 시대가 "변하고 있다"고 노래했을 때\*, 이는 다가올 미래에 대한 절제된 표현이자 전조였다. 정치에서 예술에 이르기까지, 비순응적인 히피들은 세계를 바꾸기 위해 노력했다. 패션을 예로 들어보자. 히피들은 당시 유행하던 상업적 제품 대부분을 거부했다. 스커트가 길면, 히피들은 가위로 잘라서 미니스커트로 만들었다. 이들은 어디서나 전통적인 정서를 스캔들에 몰아넣었다. 그리고 나서, 미니스커트가 유행하면 다시 이 스커트를 샌들을 덮는 길이의 맥시스커트로 만들었다.

평범한 티셔츠는 시어스 백화점의 카탈로그에 등장하는, 스포츠머리를 한 아이들에게나 어울렸다. 반면 취향이 화려하기로 유명한 히피들은 밍밍한 흰 티를 한 움큼씩 묶어 주름을 잡은 뒤 이국적인 색채의 물감에 담가 홀치기 염색을 함으로써 '타이다이Tie-

---

\* 밥 딜런이 1964년 발표한 앨범 [The Times They Are A – Changin']에 수록된 동명의 곡이다. 시대가 변함을 노래하면서 당시 발아하던 민중의식에 대한 내용을 담았다.

die' 룩을 도입했다. 히피들은 일자바지의 아랫단을 넓혔고, 짜잔! 그렇게 나팔바지가 탄생했다. 단지 재미를 위해 바지 다리 아래에서 3분의 1지점에 천을 덧대어, 나팔바지의 확장버전으로 단 둘레가 35센티미터 이상인 '엘리펀트 벨즈Elephant Bells'가 탄생했다.

게다가 허리까지 올라오는 청바지는 한물가고, 밑위 길이가 짧고 허리춤이 낮은 청바지가 유행을 탔다. 가장자리의 패치, 단추, 구슬, 술 장식은 그 사람의 개성을 더하거나, 자아를 표현하거나, 또는 색다른 방식으로 그 사람의 성격을 반영했다. 살다 보면 결국 자아를 표현하는 일이야말로 가장 중요한 법이다. 나는 어렸을 때부터 나만의 스타일 감각을 발전시켰고, 항상 나름대로 멋있게 보이고 싶어했다.

열네 살 무렵, 개학을 앞두고 어머니는 나를 차에 태워 쇼핑에 데려갔다. 가게로 가면서 나는 어머니의 옷 취향이 나와 맞지 않을 거라고 직감했다. 실제로 어머니가 골라준 옷들은 나를 평생 최악의 패션 테러리스트로 만들 뻔했다. 어머니가 골라준 옷들을 의무감에 입어본 뒤, 감사하지만 '이런 옷'을 입을 수는 없다고 말했다. 어머니는 개의치 않았다. 현명하게도 어머니는 내가 원하는 옷을 직접 사라고 했다. 다행히 눈을 치우고 신문을 돌리고 그밖의 특이한 아르바이트를 하면서 돈을 모아둔 터였다.

그날 이후로 모든 옷을 직접 샀다. 스스로를 표현하도록 허락해준 어머니 덕분에 나는 다양한 스타일을 평가하고, 물품의 질을 살펴보고, 가격을 유심히 관찰하는 습관을 기르게 되었다. (그때 리Lee 브랜드의 괜찮은 청바지 한 벌은 4달러 25센트로 당시에는 상당한 금액이었다.)

그러니 몇 년 후 탄생한 잔스포츠가 제품에 기능성은 물론 패션까지 더한 것은 당연한 일이다. 시각적 아름다움을 추구하는 일은 내 천성에 맞았다. 또한 이는 우리가 사는 시대를 반영하는 수단이기도 했다. 경쟁력을 유지하기 위해서 우리는 혁신적으로 생각해야 했다. 그리고 혁신적으로 생각하기 위해 땅에 귀를 대고 오늘날의 유행이 흘러가는 방향을 조심스럽게 살펴야 했다. 이는 오늘날에도 마찬가지다.

예를 들어보겠다. 60년대에 시중에 판매 중이던 프레임팩들은 꽤 구식이었다. 짙은 녹색이나 담갈색의 캔버스 천 배낭이 전부였다. 오만불손한 데다 히피들의 정신상태를 잘 아는 우리는 패션 부문에서 금기를 깨뜨렸다. 예를 들어, 우리가 초기에 출시한 배

1970년에 출시된 잔스포츠 프레임팩. Photo by 스킵 요웰

낭 중 하나는 다양한 색의 데이지 꽃을 현란하게 모아놓은 무늬를 띠었다. 마치 평범한 배낭을 꽃밭에 가져가 치장한 것처럼 매우 재미있어 보였다. 이 디자인은 히피들 사이에서 대박이 났음은 물론이고 당시 크게 유행했다.

최근에 복고풍이 인기를 끌 때 젊은 세대를 위해 다시 출시한 이 제품은 베스트셀러가 되었다. 또 다른 복고풍의 인기 배낭은 문화적 아이콘인 피터 폰다와의 만남에서 영감을 얻은 패션이었다. 다시 한번 문화적 추세를 주목한 결과, 우리는 '캡틴 아메리카 배낭'으로 홈런을 쳤다.

## 〈이지 라이더〉가 '캡틴 아메리카'를 만나다

데니스 호퍼와 피터 폰다가 1969년도의 대박 영화인 〈이지 라이더Easy Rider〉에서 함께 할리 데이비슨 오토바이에 올라탔을 때, 이들은 히피의 역사에서 자신들의 위치를 공고히 했다. 두 명의 머리 긴 변절자로, '미국을 발견하고자 하지만 어디서도 이를 찾지 못하는' 배역을 연기한 호퍼와 폰다는 반문화를 상징하는 인물이 되었다. 마약과 여자, 호시절을 자유롭게 즐기던 이들은 마디 그라Mardi Gras*에 제시간에 도착하기를 바라며 캘리포니아에서 뉴

---

* 원래는 프랑스어로 사순절이 시작되기 전의 참회 화요일을 의미했으나, 의미가 확장되어 사순절 이전의 축제 기간 전체를 지칭하게 되었다. 현재는 종교적 의미를 포함하지 않는 축제도 아우르는 용어로 사용된다. 대규모 퍼레이드와 성대한 축제로 유명한 뉴올리언스의 마디 그라는 이 지역이 프랑스의 식민지였던 시절에서부터 비롯되었다.

올리언스까지 여행했다. 이 영화가 60년대의 자유로운 정신을 잘 표현하긴 했지만, 마약은 내가 선택한 길이 아니었음을 언급해야겠다. 나는 야외에 나가 놀면서 얻게 되는 자연적인 흥분상태를 선호했다.

록밴드 스테픈울프의 혈기 넘치는 곡〈본 투 비 와일드Born To Be Wild〉가 사운드트랙으로 울려 퍼지는 가운데, 폰다가 연기한 와이어트는 붉은색, 흰색, 파란색이 섞인 성조기 무늬 헬멧을 쓰고 등장한다. 캘리포니아 식으로 개조한 할리 데이비슨을 성조기 무늬로 장식하고, 역시 성조기 무늬를 넣은 가죽 재킷을 입은 와이어트는 이 영화에서 자신을 두 번이나 '캡틴 아메리카'로 소개한다. 톡톡 튀는 개인주의와 자유를 사랑하는 정신 덕분에 그는 곧 히피들 사이에서 인기를 끌었다. 이 영화가 성공을 거두면서 빨간색, 흰색, 파란색의 조합도 인기를 끌게 되었다. 우리는 곧바로 이 유행을 제품에 반영했다.

〈이지 라이더〉에 이어 피터 폰다는 곧바로 저예산 공상과학 영화〈아이다호 트랜스퍼Idaho Transfer〉에 주연으로 출연했다. 영화의 대본작가 토마스 매티어슨은 머레이의 대학 시절 지인이었다. 그는 영화에서 사용할 목적으로 독특한, 즉 이상한, 빨간색, 흰색, 파란색을 사용한 프레임팩과 데이팩을 만들어달라고 잔스포츠에 부탁했다. 우리가 들은 바로는 대본에 '세상의 종말' 느낌이 난다고 했다. 우리의 임무는 이러한 주제에 어울리도록 뭔가 미래적인 디자인을 하는 것이었다.

촬영은 주로 워싱턴 주 벨뷰Bellevue와 아이다호 주에 있는 달의

분화구를 닮은 화산 지형에서 이루어졌다. 머레이와 나는 촬영 기간 동안 세트를 방문해서 피터 폰다를 만났다. 피터를 만난 뒤 우리는 영감을 얻었다. 이렇게 캡틴 아메리카 배낭이 탄생했고, 결국 영화에도 등장했다. 원래 배낭의 주머니 부분의 별과 줄무늬를 실크 스크린으로 작업했는데, 캡틴 아메리카 배낭의 인기가 너무 높아지면서 이를 아예 디자인이 인쇄되어 나온 천으로 대체했다. 배낭은 큰 성공을 거두었고, 시중에 판매된 2년 동안 2만 5천 개 이상이 팔렸다.

레이니어 산에서
캡틴 아메리카 배낭을 든
머레이와 스킵.
Photo by 마샤 번스

이때를 기점으로 잔스포츠는 크게 성장했다. 우리는 화려한 프레임팩부터 학생용 가방, 데이팩, 여행용 가방에 이르기까지 제품을 다양하게 늘려왔다. 또한 에베레스트에서 칸첸중가에 이르기까지 굵직한 등반대들을 후원했다. 그 과정에서 끝내주게 멋진 사람들과 성질 고약한 곰들도 만났다. 초기에 우리가 세웠던 원칙(고품질 장비에 재미, 패션, 기능성을 더하는 것)은 오늘날에도 여전히 잔스포츠를 상징한다.

변함없이 우리는 최고 품질의 아웃도어 장비를 만들며, 기회가 있을 때마다 밖에 나간다. 산에서, 자연에서, 또는 그냥 걸어 다니면서 우리는 품질과 내구성, 고객들이 요구하는 특징들에 대해 많은 것을 배운다. 그리고 아직도 땅에 귀를 대고 새로운 유행을 파악하고자 노력한다.

## 잔스포츠에 애플을 담다

2002년에 잔스포츠는 '라이브와이어LiveWire' 배낭을 출시했다. 최신 유행에서 영감을 받아 탄생한 혁신적인 신상품이었다. 이는 전자기기가 배낭과 결합한 최초의 사례였다. 시장조사를 하고 휴대용 음악 장비의 계속되는 성장을 관찰하면서, 우리는 전자기기와 배낭의 결합이 시너지 효과를 낼 것으로 예측했다.

2004년, 우리는 아이팟 프로그램과 함께 시장에 진출했다. 아이팟이 폭발적인 호응을 얻기 전부터 우리는 애플Apple 사의 디자인팀과 교류해왔다. 우리는 그들에게 휴대용 음악기기 시장이 얼마나 성장할지 이해한다고 말했고, 청소년들에게 인기 많은 두 브랜드인 잔스포츠와 애플을 결합하자고 제안했다. 이들은 비전을 이해했고, 우리와 함께 일했다.

2세대 라이브와이어 배낭의 외부에는 버튼이 다섯 개 달린 끈이 있었다. 이 끈 덕분에 사용자는 아이팟을 가방 안쪽에 안전하게 넣어둔 채로 조작할 수 있었다. 우리는 멋진 블루투스 기술을 이용해서 아이팟과 휴대폰을 동기화시켜 호환되게 만들었다.

작동 원리는 다음과 같다. 예를 들어 당신이 배낭을 멘 채 하이킹하거나 스키를 타거나 버스를 타고 간다고 해보자. 그리고 당신은 아이팟을 듣고 있다. 그런데 갑자기 전화가 걸려온다. 몇 년 전만 하더라도, 당신은 아이팟을 정지한 뒤 헤드폰을 벗고, 가방이나 주머니에서 휴대폰을 찾아 전화를 받고, 휴대폰을 다시 원래 자리에 넣은 뒤, 헤드폰을 다시 끼고, 그 다음에 아이팟을 재생해야 했다. 이런 방법은 복잡하고 촌스럽기 짝이 없다.

하지만 개선된 디자인 덕분에 이제는 배낭의 어깨끈에 달린 특정 버튼을 간단하게 누르기만 하면 된다. 이 버튼은 음악을 정지시키고 자동으로 휴대폰 전화에 연결해준다. 게다가 어깨끈에 스피커가 내장되어 있으므로 그냥 대고 말하기만 하면 된다. 이미 끼고 있던 헤드폰으로 통화 상대방의 목소리를 들을 수 있다. 휴대폰으로 누구와 통화하든 간에 스테레오 음질로 듣는 셈이랄까. 전화를 끊은 뒤 다시 어깨끈의 버튼을 누르면 아이팟 음악이 재생된다. 모든 동작에 끊김이 없다.

하지만 이게 전부가 아니다. 나는 사람들을 관찰하는 습관이 있다. 사람들이 어떤 일을 하는지, 무엇을 들고 다니는지, 수많은 물건을 어떻게 아슬아슬하게 옮기는지, 무엇을 입는지 등을 관찰하곤 한다. 그래서 아이팟 열풍의 최전선에서, 사람들이 이미 많은 물건을 들고 다니는데 아이팟까지 들고 다니는 건 비실용적이라는 사실을 깨달았다. 배낭을 멘 경우가 아니라면 아이팟을 넣고 다닐 만한 무언가가 필요할 것 같았다. 사람들이 아이팟을 늘 손에 쥐고 다닐 수는 없는 노릇이고, 휴대폰이나 팜 파일럿처럼 손으로 쓰는 기기를 지닌 경우에는 더욱 그러했기 때문이다.

우리는 회사에서 이 문제를 논의했고, 재킷 안에 아이팟을 넣을 특별한 공간이 있으면 멋질 거라고 생각했다. 라이브와이어 제품을 만든 경험을 기반으로, 배낭을 만드는 데 사용했던 기술을 이용하고 이를 아이팟 사용자들을 위해 의류에 더하고 싶었다. 우리는 아이팟용 의류의 잠재성을 알아본 유일한 제조업체는 아니었지만, 배낭 겸 의류 제조업체로는 최초로 이를 대규모로 생산했다.

우리의 해결책은? 배낭을 제조할 때와 같은 기능성을 재킷에도 더했다. 재킷의 왼쪽 앞주머니 바로 위에 위치한 멋진 컨트롤 스트립 덕분에 사용자는 아이팟 음악과 휴대폰을 자유롭게 전환할 수 있었다. 게다가 이 재킷은 세탁도 가능하다. 우리는 모든 전자 장비를 폴리우레탄으로 코팅하므로, 배낭을 멘 채 비를 맞거나 물에 젖어도 상관없다. 전부 방수가 되기 때문이다. 분명 캡틴 아메리카도 대륙을 횡단할 때 이러한 장비를 갖고 싶어했으리라.

## 협동으로 태어난 혁신적인 인기 상품

내가 묘사하는 이러한 디자인은 늘 잔스포츠 직원들이 합심해 노력한 결과 탄생한다. 모든 직원은 어떠한 방식으로든 힘을 보탠다. 우리는 영업사원과 디자이너는 물론 고객 서비스센터 상담원에 이르기까지 다양한 직원들의 제안을 주의 깊게 듣는다. 물론 나도 나만의 아이디어를 많이 갖고 있지만, 사업에서 성공하려면 다른 이의 제안을 수용할 줄 아는 스펀지가 되어야 한다. 협동정신 덕분에 혁신적인 제품이 탄생한 완벽한 예를 들려주겠다.

잔스포츠 고객의 대다수는 학교에 다니는 학생이다. 또한 사람들은 항상 물건을 들고 다닌다. 아이들은 해변에 가거나 운동 경기를 하러 다닌다. 사람들은 캠핑을 하고, 여름에는 어딘가로 놀러 가서 친구나 가족과 함께 많은 시간을 보낸다. 그리고 우리는 음악이 이들의 야외활동에서 큰 부분을 차지한다는 사실을 알고 있었다. 그래서 '학생용 가방'이 아니면서도 음악과 결합할 수 있고, 들고 다니기에 재밌을 법한 무언가를 창조하고자 했다. 우리는 이 아이디어를 개발팀에 던져준 뒤 브레인스토밍을 부탁했다.

그 결과 쿨러, 스테레오, 배낭이라는 세 요소를 결합하고, 이를 새로운 라이브와이어 기술에 접목하기로 했다. 또한, 수건 몇 개를 집어넣을 만큼 충분한 내부 공간을 만들고자 했다. 물론 방수가 되어야 했고, 상대적으로 충격에 강해야 했다. 정말 까다롭지 않은가! 하지만 우리 팀원들은 도전에 맞섰다.

2006년 봄, 압축형 판을 댄 방수 배낭에 납작한 패널 스피커를 넣고, 이를 다섯 개의 버튼이 달린 아이팟 컨트롤러에 연결한 가방을 만들었다. 이제 아이들은 해변에 누운 채로 어깨끈을 통해 아이팟을 조종하며 스테레오처럼 방송할 수 있었다. 우리는 로-잭 커넥션Lo-Jac Connection이라는 기술을 도입하여, 사용자가 혼자서 이어폰을 이용해 음악을 듣는 것도 가능하게 만들었다.

배낭 바닥에는 쿨러를 넣어 해변에 가거나 다른 야외활동을 즐길 때 최대 열두 팩의 음료를 차갑게 보관할 수 있도록 했다. 저장 공간의 부피는 34리터가 넘었고, 이 정도면 꽤 넓은 편이었다. 무엇보다도 매우 튼튼하므로 3미터 높이의 공중에서 떨어져도 스피커나 쿨러가 멀쩡했다. 또 한번, 우리는 끝내주는 인기 상품을 개발한 것이다.

중요한 것은 단지 문화적 유행에 주목하는 것이 아니라 이로 인해 계속 변하는 소비자들의 요

부탄 전통의상을 입은 스킵.
Photo by 위니 킹스버리

구를 충족시키는 것이다. 시류에 합류하기를 꺼리는 이들은 결국 배를 놓칠 수밖에 없다. 바로 이 때문에 시대가 변해도 잔스포츠는 장비의 기능에 재미와 패션을 더하는 것이다. 당신이 나팔바지를 입든 안 입든 간에 말이다.

## 평생 보장 서비스와 YKK 지퍼 캠프

바람은 배고픈 코요테 무리처럼 울부짖었다. 3천 미터가 넘는 고도에서 똑같은 양말을 9일째 신고 있었지만 상관없었다. 우리는 무거운 발걸음으로 터덜터덜 걸었다. 우리는 무방비 상태의 좀비나 다름없었고, 휴대용 영양바 몇 개와 새로 개발한 배낭을 테스트하려는 열망만이 원동력이었다. 때는? 1967년 어느 시점이었다. 장소는? 높은 산등성이, 황야지대 또는 사람들이 냉동된 인스턴트 고기나 군수품 육포를 먹고는 큰소리로 트림을 해대는 시골 중 하나였다.

우리는 익숙한 대자연 속을 돌아다니며 잔스포츠의 신상 배낭을 테스트 중이었고, 이 과정을 '연구조사 및 제품개발'이라고 불렀다. 구부러지는 알루미늄 프레임팩 같이 대단한 아이디어는 칸막이 책상 앞에서 음악만 듣는다고 떠오르지 않는다. 절대 아니지. 밖에 나가야만 이러한 아이디어를 떠올릴 수 있다.

완벽한 배낭을 완벽하게 만드는 과정이 쉽다고 생각할 수도 있겠지만, 단언컨대 그렇지 않다. 지독하게 뻣뻣하고, 용접된 부분이 어깨와 등에 온통 배기는 배낭을 나흘 동안 메고 돌아다녀보라. 커다란 말벌들이 들끓는 벌집보다도 맨살이 더 심하게 따끔거리는 왕겨투성이 텐트에서 잠 못 이루는 며칠 밤을 보내보라. 얼마 지나지 않아 당신은 용접 부분이나 딱딱한 조립 부분이 없는 더 나은 배낭을 꿈꾸게 될 것이다. 그리고 몸을 더 자유롭게 움직일 수 있고 마음대로 구부릴 수 있는 텐트의 환영이 어른거릴 것이다. 적어도 우리는 그랬다.

우리는 고객들이 배낭과 사랑에 빠지기를 바라는 마음에서 상상할 수 있는 모든 방법으로 장비를 테스트한다. 산악 등반가를 위한 제품을 만들 때 사용하는 것과 똑같은 기술, 훌륭한 재료, 탄탄한 공정이 학생들이 365일 끌고 다니며, 진흙과 비, 물을 견뎌야 하는 데이팩에도 그대로 적용된다. 잔스포츠 제품은 매우 튼튼하고 내구성 있기 때문에 항상 고객들보다 장수한다. 바로 이 때문에 1970년부터 잔스포츠의 학생용 가방과 데이팩은 학생, 하이킹족, 서류가방을 거부한 사업가들 사이에서 최고의 제품으로 인정되어 온 것이다.

처음부터 우리는 품질에 대한 완벽주의자였다. 이 표현은 선전용 문구가 아니라 실제로 사업을 행하는 방식이다. 사업 초기, 돈을 절약하고 단기적인 이익을 극대화하기 위해서는 질이 떨어지는 재료로 배낭을 만들어야 한다는 사실을 깨달았다. 그러나 하버드대 경영대학원을 나오지 않았어도, 이류 부품을 사용했다가는 배낭이 얼마 지나지 않아 망가질 거라는 사실이 뻔히 보였다. 그러면 불만 접수를 받으면서 길고도 지루한 시간을 보낼 터였고, 이런 일은 피하고 싶었다.

반면 우리는 최고의 배낭을 만들 수도 있었고, 이 경우 고객은 즐거운 캠핑객이 될 터였다. (실제로 그러했다.) 오후 내내 불만 접수에 시달릴 일도 없었다. 내가 계산한 바로는 최상의 재료만을 활용해야 장기적으로도 이윤을 낼 수 있고, 피부를 태닝할 시간도 많이 남을 터였다.

잔스포츠의 고객들은 브랜드 충성도가 매우 높고, 여기에는 그럴 만한 이유가 있다. 우리 회사의 배낭은 엄청나게 튼튼하고, 기막힐 정도로 물건을 많이 쑤셔넣을 수 있으며, 무엇보다도 평생 보장 서비스를 받을 수 있다. 일단 이 사실을 안 사람들은 질이 떨어지는 다른 배낭에 안주하기를 거부한다. 완벽을 위한 우리의 헌신이 드디어 제값을 다하는 것이다. 잔스포츠의 고객이 자신의 배낭을 사랑한다는 말은 과소평가에 불과하다.

### 영원히 당신의 것

잔스포츠의 고객이 경쟁사의 고객보다 친절하고 똑똑하다는 생각은 불손한 일인지도 모른다. 하지만 단언컨대 우리보다 독창적이고 칭찬 일색인 팬레터들을 받는 회사는 없다. 예를 들어, 플로리다 주 포트로더데일(Fort Lauderdale, Florida)의 에릭이 보내온 편지를 보자. 에릭은 자신의 배낭을 정말 좋아한다. 평생 보장 서비스를 이용할 일이 있었을 때 그는 모욕적인 비판을 쏟아 붓는 대신, 손상된 데이팩에 다음과 같은 시를 붙여 보냈다.

"나의 믿음직한 배낭에 바치는 송가

몇 년 전 나는 이 배낭을 발견했지
'어쩌다?'라고 묻는다면 알 수 없지.
그때부터 나를 충실히 섬겨왔기에
이제는 이 배낭을 그대에게 보내네.
이 배낭을 오래오래 사용했기에
작은 노래를 써야겠다고 결심했지.
배낭에 내 책을 넣었던 시기에 대해
지금 보이는 서글픈 모습에 대해.
내 잔스포츠 배낭은 나를 너무나 잘 섬겨
내 장비는 살아 있는 지옥을 헤쳐왔지
주머니는 뜯어지고 실밥은 터졌지.
(얼룩도 생겼다네, 커다랗고 붉은 얼룩)
안쪽의 박음질도 보수가 필요하지
이제는 약간 낡아 빠졌다네.
내가 왜 시를 쓰는지 궁금한가.
흔해 빠진 배낭에 바치는 시를.
왜냐하면 내가 당신에게 보낸 것은
나의 일부, 빛바랜 파란색의 기억,

내가 가본 곳들의

동이 터오는 모습을 지켜본 아침들

장엄하고 힘찬 일몰들, 맑은 밤들

여러 번의 대륙 간 비행

눈 덮인 알프스와 태양에 물든 모래이기 때문.

나의 배낭은 여러 곳을 여행했다네.

그러니, 오 제발, 보여주시게.

내 배낭이 나에게 빨리 돌아오는 모습을.

추신. 이 시가 바쁜 하루 속 당신을 미소 짓게 하기를.

내가 종종 집어 던진 것을 고쳐주되

마치 당신의 것처럼 보살펴주기를."

이 시를 읽고 나는 거의 눈물을 흘릴 뻔했다. 오케이, 어쩌면 아니었을지도 모른다. 하지만 이는 고객들이 배낭에 정말 애착이 있음을 보여주는 증거다.

이번에는 뉴올리언스의 메리가 보내온 찬사를 살펴보자. 그녀의 소중한 배낭은 어깨끈 부분이 문에 낀 채로 차에 끌려갔다. 훌륭한 품질에 놀란 그녀는 우리에게 편지를 보내 자신의 이야기를 들려주었다.

"어둡고 울퉁불퉁한 캘리포니아 주 고속도로에서 시속 100킬로미터로 한 시간을 운전하다 배낭이 없어진 것을 깨닫고는 차를 멈췄어요. 제 차는 1976년식 혼다 어코드인데, 배낭이 차 밑에 끌려왔던 거예요. 차 밑에서 이 소중한 배낭을 꺼낸 순간 깜짝 놀랐어요. 연기가 약간 나고 앞주머니가 타기는 했지만, 지퍼로 닫은 주머니 속에 있던 물건들은 모두 온전했어요. 치약과 데오드란트만 약간 녹았을 뿐이었죠.

원래 잠금장치가 없었던 앞부분의 파우치는 못 쓰게 되었지만, 그래도 1994년에 있었던 이 사건 이후에도 저는 이 믿음직한 배낭을 일년 더 꽉 채워 사용했어요. 최근에 다른 배낭을 (물론 잔스포츠 배낭이에요) 선물받으면서, 이 낡은 배낭은 잔스포츠의 훌륭한 품질에 대한 기념품으로 옷장에 넣어두려고 해요. 제 경험을 나누고 싶어 편지를 쓰게 되었습니다. 계속 좋은 가방을 만들어주세요."

잔스포츠 제품이 얼마나 튼튼한지 알아보려면, 스티브가 보낸 편지를 보면 된다. 스티브는 '올드 레드 슈퍼 색Old Red Super Sack' 제품을 30년 동안 충실한 동반자로 여기며 사용해왔다. 스티브의 편지에는 잔스포츠를 40년간 업계의 선두주자로 만들어준 고객들의 호의와 충성심이 나타나 있다. 다음은 그가 보낸 편지다.

"제 빨간색 잔스포츠 데이팩에 대한 이야기를 하려고 편지를 씁니다. 저는 이 배낭을 1970년대 초, 인디애나 주 포트웨인(Fort Wayne, Indiana)에서 고등학교에 다닐 때 샀어요. 그리고 지난 32년간 거의 날마다 사용해왔어요. 이 배낭을 처음 멘 시기는 고등학교의 마지막 2년간이었지요. 이후 4년간 하버드 대학교에 다니고, 2년간 옥스퍼드 대학교에 다니고, 3년간 스탠포드 대 로스쿨에 다니는 동안에도 계속 사용했어요. 정말 여행을 많이 다닌 가방이죠.

1984년 변호사로 개업했는데, 도저히 잔스포츠 데이팩을 다른 서류 가방으로 바꿀 수가 없더군요. 공간도 더 넓고, 디자인도 낫고, 들고 다니기도 훨씬 편하니까요. 저는 지난 21년간 실리콘밸리에서 변호사 일을 했고, 고객 미팅은 물론 법정에 나갈 때도 늘 이 데이팩을 메고 다녔습니다. 최근 5년 동안은 뉴욕의 로펌에서 일했는데, 아마 월스트리트의 주요 로펌에서 백팩을 메고 다니는 파트너급 변호사는 저밖에 없을 겁니다.

저는 25년간 행복한 결혼생활을 해왔는데도 잔스포츠 데이팩과 함께한 시간이 아내와 함께한 시간보다 7년이나 더 길어요! 그래서 이 제품을 신상 모델로 바꾸고 싶지 않았습니다. 이 가방을 꿰매고, 필요한 부분은 보강하고, 어깨끈을 새로 꾸미거나 교체하고, 다른 방식으로 개선하는 방법을 이용해서 앞으로 변호사 일을 20여 년 정도 더 하면서 계속 사용하고 싶습니다.

우리 가족은 전부 잔스포츠 가방을 애용합니다. 학교에 갈 때는 물론이고, 아내는 지갑으로 유용하게 쓸 수 있는 작은 배낭을 이용하지요. 잔스포츠 데이팩은 저에게 오랜 친구나 다름없고, 수십 년간의 믿음직한 서비스에 걸맞은 대우를 해주고 싶습니다."

잔스포츠의 품질에 대한 명성이 고객들의 마음속에 너무나 확고하게 자리잡은 나머지, 때로 우리는 다른 회사 대신 칭찬을 받기도 한다. 한 번은 플로리다에서 대학을 다니는 어느 청년이 우리에게 연락해 자신의 룸메이트가 2년 전 배낭을 도난당했는데, 이 배낭이 망가지지 않고 무사히 돌아왔다고 한 적이 있다.

하지만 사실관계를 확인하기 위해 당사자에게 전화했더니, 그 배낭은 사실 잔스포츠의 제품이 아니었다. 게다가 그 배낭은 우리의 경쟁사가 만든 제품이었다. 그래서 우리는 그에게 시간을 내줘서 고맙다고 말하고, 그 이야기를 어디 가서 반복하지 말아달라고 부탁했다.

## 죽음이 우리를 갈라놓을 때까지

어찌나 많은 사람이 잘 만들어진 배낭이 자신보다 오래 살 거라고 생각하고 이에 대해 편지를 쓰는지, 그저 신기할 따름이다. 예를 들어, 캔자스 주 오번(Auburn, Kansas)에 사는 도로시는 1998년 백팩을 구매했다. 2005년 가을, 세계 각국을 여행한 뒤 귀국한 그녀는 지퍼가 부러진 것을 발견했다. 도로시는 배낭을 버리지 않고, 수리를 위해 우리에게 보냈다. 서비스에 대단히 만족한 그녀는 편지를 썼다.

"지퍼 수리는 물론 어깨 패드도 고쳐주고 드라이클리닝까지 해주다니 정말 만족스럽네요. 처음에는 아예 새 상품을 보내주신 줄 알았답니다. 그 정도로 대단했어요! 앞으로는 잔스포츠를 강력히 추천하고, 모두에게 잔스포츠는 끝까지 제품에 대한 책임을 지고 훌륭한 서비스를 제공한다고 말하려고요. 저는 올해 쉰 살인데, 아무래도 제 배낭이 저보다 오래 살 것 같네요. 잔스포츠 덕분에 훌륭한 품질 보장 서비스의 존재를 믿게 되었어요."

나이 든 고객인 짐은 수리를 위해 자신의 배낭을 우리에게 보냈다. 배낭을 돌려받은 뒤 그는 우리에게 편지를 보냈다.

"지퍼 두 개를 교체해줘서 고맙습니다. 이 배낭을 메고 하이킹도 엄청 많이 하고, 퍼시픽 크레스트 트레일Pacific Crest Trail을 관리하는 모임에도 참여했지요. 몇 달 뒤면 저는 여든일곱 살이 되는데, 이 잔스포츠 가방이 저보다 오래 살 것 같습니다."

아흔 살이 되어서도 여전히 하이킹을 즐기고 햇볕을 쬐는 삶은 정말 아름답다. 잔스포츠는 바로 이러한 가치를 지향한다. 짐의 야외활동에 잔스포츠가 일부를 차지하다니 이는 개인적으로도 매우 기쁜 일이다. 짐 같은 고객들이 브랜드 충성심을 가지게 된 까닭은 우리가 제품을 끝까지 책임져야 한다는 고전적인 가치에 헌신했기 때문이다. 사람들은 상점에 있는 잔스포츠 제품을 보면서 평생 사용할 수 있음을 알고, 만약 문제가 생길 경우 우리가 이를 제대로 처리할 거라고 믿는다.

사람들은 어떤 제품의 품질에 불만을 품으면 그 브랜드 전체에 따뜻하고 호의적인 감정을 갖지 않는다. 그리고 그들은 다른 사람들에게도 기분 나빴던 경험에 대해 말하고 다닐 것이다. 결국 장기적으로는 고객을 잃을 뿐만 아니라 그 고객의 말을 들은 다른 잠재적인 고객들까지 잃게 되는 것이다. 너무나 많은 사업체가 이처럼 간단한 개념을 깨닫지 못하는 게 놀라울 따름이다.

그러니 어떤 회사가 제품의 품질을 보증한다고 주장해도 고객들이 이를 상당히 회의적인 시선으로 보는 것도 무리가 아니다. 예를 들어, 쉰다섯 살의 빌은 연방정부에서 은퇴한 전직 공무원이다. 10년 전, 그는 아들에게서 잔스포츠 배낭을 선물로 받았다. 시간이 지나면서 어깨끈을 가방에 고정하던 스티치가 느슨해졌다. 빌은 우리가 제품을 평생 보장한다는 사실을 알고 있었지만, 정말로 수리를 해줄 거라는 확신은 그의 가방끈만큼이나 해진 상태였다. 다행히 그는 일단 우리에게 연락해 서비스를 받아보기로 했다.

"솔직히 말해 나는 '평생 보장 서비스'가 정말로 유효한 것인지 의심했습니다. 아시다시피 서비스를 보장한다고 해놓고 지키지 않는 회사들이 많으니까요. 나는 배낭을 귀사의 공장에 보냈고, 기쁘게도 바로 다음 주에 어깨끈이 마치 새것처럼 수리된 배낭을 받았습니다. 게다가 수리받는 동안 배낭을 이용하지 못하는 것에 대해 사과하는 카드를 발견하고 깜짝 놀라면서도 기분이 좋았습니다.

귀사는 뛰어난 고객 서비스를 보여주었습니다! 배낭은 완벽하고 신속하게 수리되었고, 비용도 무료였지요. 심지어 배낭이 수리를 받는 그 짧은 기간에 대해서도 미안하다는 사과까지 받았습니다. 귀사의 제품과 보증 서비스, 수리, 그리고 고객 서비스에 매우 감동했어요."

서비스의 질은 회사의 고용인들에 달려 있다. 품질보증 부서에 근무하는 르네 폭스와 로빈 키비라는 노련한 직원 덕분에 잔스포츠의 서비스는 명성을 얻었다. 거의 30년간, 이 충직한 직원들은 제품에 관한 지식과 경험, 아름다운 미소로 고객을 완벽하게 응대했다.

 의심의 여지 없이 최상의 제품과 특별한 고객 서비스야말로 잔스포츠의 뛰어난 명성을 지켜온 두 가지 비결이었다. 하지만 우리는 기업임에도 불구하고 늘 감동을 창조하는 것으로도 유명했다. 앞서 말했듯, 우리 회사의 핵심 원칙 중 하나는 모든 일에 재미를 더하는 것이다. 하지만 고객이 제품 수리 과정을 재미있게 느끼도록 하려면 어떻게 해야 할까? 다음의 사례를 보라.


YKK 지퍼 캠프에서 날아온 엽서


 누구나 지역 상점에 어떤 물건을 수리하려고 맡겼을 때 끔찍한 서비스를 경험해본 적이 있을 것이다. 우리도 이런 일을 전부 겪

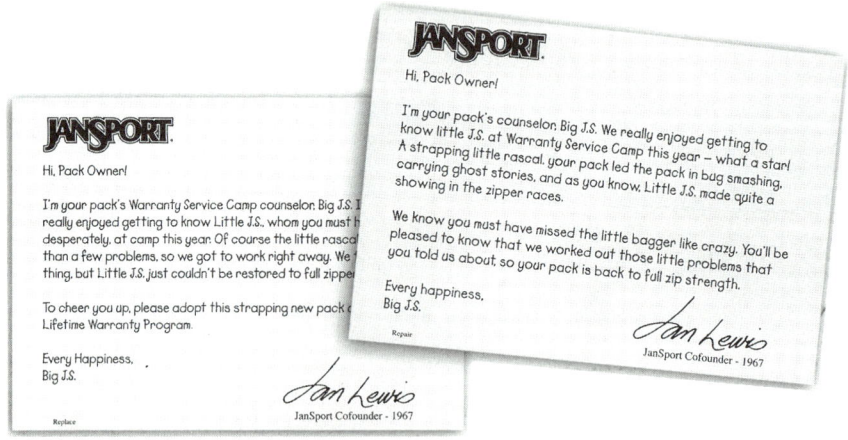

어봤다. 도대체 언제부터 기업들이 성의 있는 고객 서비스를 제공하는 일을 경시하기 시작했는지 확실치 않다. 이러한 변화는 기업에도 해로우며, 바로 이 때문에 우리는 다른 회사들과 달라지고자 했다. 잔스포츠는 고객을 기분 좋게 만들고 기억에 남을 만한 서비스를 제공하고 싶었다. 그래서 품질보증 부서에서는 지퍼가 고장 난 데이팩이나 백팩의 수리가 들어왔을 때, 가방 주인에게 다음과 같은 엽서를 보낸다.

"안녕! 나야, 네가 가장 좋아하는 백팩.
품질보증 서비스 캠프는 정말 좋아. 다른 배낭들은 정말 색다르고, 나는 내 배낭 상담원이 매우 마음에 들어. 너랑 놀러 다니고 늘 너의 짐들을 싣고 다니던 일이 그리워. 빨리 보고 싶어! 여기 사람들 말이 곧 집에 돌아갈 수 있을 거래. 이만 줄여야겠어. 오늘 지퍼 경주를 하기로 했거든!
작은 백팩 올림"

그러고 나서 수리가 끝난 가방을 원래 주인에게 보낼 때에는 지퍼 캠프로부터의 엽서를 동봉했다.

"배낭 주인에게,
안녕하세요! 저는 당신의 배낭을 상담한 빅 J. S.입니다. 올해 품질보증 캠프에서 꼬마 J. S.를 만나 무척이나 반가웠어요. 이 개구쟁이 꼬마는 정말 대단한 녀석이에요! 당신의 배낭은 벌레 잡기, 무서운 이야기하기에서 뛰어난 능력을 보여줬어요. 아시겠지만 꼬마 J. S.는 지퍼 경주에서도 훌륭한 성과를 냈답니다. 이 조그만 배낭 녀석을 엄청나게 그리워하셨을 거라는 걸 알아요. 저희에게 알려주신 작은 문제들을 모두 해결했음을 전하게 되어 기쁩니다. 이제 당신의 배낭은 완벽하게 튼튼해졌어요.

행복을 빌며,

빅 J. S. 드림"

사람들은 이러한 개인적 접촉을 정말로 좋아했다. 일단 수리해야 할 가방이 들어오면 고객에게 언제까지 다시 돌려주겠다고 알렸다. 품질보증 부서에서는 이러한 조치를 취함으로써 고객들이 질문할 필요성을 없애고, 태산 같은 전화를 방지할 수 있었다. 게다가 우리는 이를 고객과 재미있게 소통할 기회로 삼았다. 여행 중 사람들에게 얼마나 많이 다음과 같은 말을 들었는지 셀 수 없을 정도다.

"스킵, 제 가방을 보냈더니 캠프에서 잘하고 있다는 내용의 끝내주는 카드를 받았어요."

솔직히 말해 잔스포츠 가방에 달린 지퍼는 수리를 받을 필요가 거의 없다. 39년 동안 YKK 브랜드의 지퍼를 사용했기 때문이다. YKK 지퍼는 나일론 코일 재질의 우수한 제품으로, 초기의 다른 지퍼들이 놋쇠 재질로 만들어져 얼어붙고, 천을 물고, 천에 끼던 것과는 대조되었다. 이처럼 혁신적이고 신뢰할 만한 제품 덕분에 지퍼와 관련된 문제는 최소한으로 줄어들었다. YKK 지퍼는 품질이 너무 좋아서 종종 고객이 지퍼를 고쳐달라고 배낭을 보냈을 때도 지퍼 자체는 멀쩡한 상태였다. 가방이 망가진 이유는 지퍼의 질이 낮기 때문이 아니라 함부로 사용하거나 잘못 사용했기 때문이었다.

그러나 고객의 실수로 가방이 망가진 경우에도 고객을 기쁘게 하고자 수리했다. 또한 고객이 수리 과정을 즐겁게 여기도록 엽서를 보냈다. 믿거나 말거나, 몇몇 고객들은 배낭 상담원에게 답장을 보내기도 했다. 예를 들어, 낸시라는 이름의 고객은 서비스에 감동한 나머지 자신의 데이팩이 다음과 같은 편지를 쓰도록 도와주었다.

"품질보증 캠프 담당자께,

캠프에서 보낸 즐거운 시간에 대해 감사드려요. 제 배낭 상담원은 매우 좋은 분이었고, 저는 지퍼 경주를 하면서 정말로 재밌는 시간을 보냈어요. 이제는 지퍼 경주를 매우 잘해서, 제 주인님이 말하기를 그 어느 때보다도 지퍼가 잘 잠긴대요! 주인님은 제가 집에 돌아온 게 너무 기뻐서 다시 짐을 들고 다닐 수 있게 허락해줬어요. 다른 배낭들에게 저를 대신해 안부 전해주세요! 다시 한번 감사드립니다!

작은 배낭 올림"

사람들은 잔스포츠 배낭이나 상품에 대해 이야기하기를 좋아한다. 우리가 최고의 기준에 부합하기 위해 헌신하고, 각각의 고객에게 정성을 다했기 때문에 이러한 이야기들이 탄생했다. 다시 말해, 고객이 어떤 문제에 대해 이야기해도, 이를 해결하는 일은 우리에게 문제도 아닌 것이다.

# 17
## 사회 환원과 기금 마련의 재미

캔자스 주 그레이트벤드에서 보낸 어린 시절, 나는 야구하는 것을 좋아했다. 야구 경기의 모든 요소를 사랑했다. 가죽 글러브에 새로 오일을 바른 냄새부터 파리를 뒤쫓다 생긴 배트의 균열까지, 야구는 내게 기쁨이었다. 얼른 여름이 와서 친구들과 야구를 할 수 있기를 늘 고대했다. 야구에 대한 나의 애정을 알고 있었던 부모님은 지역의 유소년 야구팀에 들어가도록 격려했다. 나는 첫날 등록했고, 곧 투수가 되었다. 투수로 등판하지 않는 경기에서는 내야의 아무 포지션이나 맡아 수비를 했다.

몇 년 뒤 고등학생 때, 예체능 활동 부서의 담당자가 오더니 말했다.

"스킵, 유소년 야구팀을 지도하려고 하는데 아이 아버지들이 아무도 코치를 맡으려고 하지 않아. 네가 직접 코치 한번 해볼래?" 코치 경험이라고는 전혀 없었지만 그가 물어봐줬다는 자체만으로도 영광이었다. 나는 기쁜 마음으로 팀을 맡겠다고 말했다.

나중에야 알게 되었지만 이 소년들은 마을의 저소득층 가정 출신으로, 형편이 어려운 가정에서 자란 아이들이었다. 자기소개를 했을 때, 나를 물끄러미 쳐다본 아이들은 대부분 히스패닉이나 흑인이었고, 백인은 소수에 불과했다. 아이들과 함께 운동하면서, 곧바로 여러 아이가 운동에 천부적인 재능을 가졌음을 발견했다. 그들은 마치 운동선수가 되기 위해 태어난 것 같았다. 아이들에게 필요한 것이라고는 훌륭한 선수가 되기 위한 약간의 코칭과 멘토링이었다. 진짜로 이들은 매우 훌륭한 선수가 되었다. 타고난 기량을 가진 아이들 덕분에 우리는 대부분 경기를 이겼다.

캔자스 주 그레이트벤드의 파크 다저스 팀.
스킵은 가운데 줄 오른쪽 끝에 있다. Photo by 그레이트벤드 데일리 트리뷴

이제 와 돌아보면, 아이들의 삶에 투자를 하는 일은 이들의 미래에 긍정적인 영향을 미친다는 사실을 알 수 있다. 승리할 때마다 아이들은 새로운 자신감을 얻었다. 아이들은 협동의 중요성을 배웠고, 무엇보다도 경기에 질 때면 패배를 어떻게 받아들여야 하는지를 배웠다. 아이들과 함께한 활동은 홈런만큼이나 대단한 경험이었다. 나는 불우한 이를 돕는 일에 깊이 만족했다.

장기적으로 봤을 때, 캔자스 주에서 유소년 야구팀의 코치로 활동한 경험은 훗날 내가 '위기에 처한' 청소년을 위한 나눔에 앞장서는 배경을 조성했다. 나중에 알게 되었지만, 이러한 아이들은 집단 따돌림, 폭력, 범죄, 가난, 가정 파탄 등의 고난을 겪었다. 사업가의 지위를 이용해 어려운 처지에 놓인 청소년을 한 명이라도 도울 수 있다면 나에게도 가치 있는 일이 될 터였다. 훗날 잔스포츠는 단지 한 명이 아닌 더 많은 청소년에게 다가갔음은 물론이다.

### 불우 청소년을 돕는 단체를 후원하다

1980년대, 네바다 주 리노의 아웃도어 소매용품 박람회장을 걸어가고 있었다. 그때 짐 컨이라는 사람이 다가와 잠시 시간을 내줄 수 있느냐고 물었다. 아웃도어 컨벤션은 겨울을 목전에 둔 벌집보다도 바쁜 장소다. 사람들은 서로 교류하고, 물건이나 서비스를 사고팔기 위해 말 그대로 무리지어 떠밀려왔다 떠밀려갔다. 내가 맡은 직무의 성격상 오랜 친구를 만나서 함께 열 발자국쯤 걸으려면 대개 잠재적인 고객이나 판매자가 끼어들곤 했다. 더구나 만나는 모든 이를 존중하며 성의 있게 대하자는 게 개인적인 철학이다. 그러니 이 사람이 누구인지, 무엇을 원하는지 전혀 몰랐음에도 불구하고, 나는 그와 한쪽으로 가서 이야기하기 위해 테이블에 앉았다. 짐은 책을 꺼내며 시간을 너무 많이 뺏지 않겠다고 약속했다. 사진으로 가득 찬 책장을 넘기면서 그는 말했다.

"저는 아이들이 야외에서 일생일대의 경험을 하도록 도와주는 '대도시의 등반가들(Big City Mountaineers; BCM)'이라는 비영리 프로그램을 운영하고 있어요. 이 아이들은 살면서 많은 문제를 겪었고, 개중에는 법을 어긴 아이들도 있어요. 대부분 법정에서 청소년 센터 치료를 선고받은 아이들이고요. 우리는 매년 콜로라도 주로 하이킹을 가고, 때로는 유타 주로도 갑니다. 근데 이 아이들에게 배낭이 없어서 제가 얻어주려고 합니다. 잔스포츠가 아이들을 도와줄 방법이 없을까요?"

짐의 설명을 들으면서 내면의 무언가가 반향을 일으켰다. 마음속 깊은 어딘가에서, 캔자스에 살던 시절 유소년 야구팀과 함께했던 기억이 떠오르면서 이들에게 도움을 주어야 한다는 확신이 들었다.

나는 말했다.

"물론이죠. 아이들에게 맞을 만한 배낭을 12개 보내드릴게요."

짐은 예상보다 큰 도움에 매우 고마워했다. 이듬해, BCM은 청소년들과 함께한 활동을 담은 내용의 보고서를 보내주었다. 그리고 나서 프로그램을 확장하기 위해 장비를 추가로 요청했다. 우리는 그들을 도울 기회가 생긴 걸 반가워하며, 몇 년 동안 더 많은 장비를 지원했다.

그러던 어느 날, 새로운 아이디어가 떠올랐다. 제품을 지원하는 방식에 더해 회사 이익 중 일부를 불우한 청소년을 돕는 데 사용하는 것이었다. 비영리적 기부를 담당하는 회사 내 위원회의 직원인 폴 들로리, 하브 에릭슨, 마이크 시슬러, 짐 코흐네, 카린 아피츠에게 이런 생각을 이야기했다. 그들은 불우한 환경의 청소년들을 돕는 단체에 기금을 후원하는 아이디어가 멋지다고 동의했다. 나는 BCM의 창립자인 짐에게 권유했다.

"이봐요, 짐. 프로그램을 크게 만들고 싶으면 여기에 와서 프레젠테이션을 하는 게 어때요?"

우리는 몇 년간 BCM에 배낭을 공급해왔으니, 이들의 일에 대해 알고 있었다. 또한 짐이 플로리다 트레일 연합Florida Trails Association과 미국 하이킹 학회American Hiking Society를 비롯해 각종 훌륭한 단체를 설립했다는 사실도 알고 있었다. 짐은 본사에 와서 멋진 프레젠테이션을 했다. 우리가 엄청난 액수의 돈을 기부하며 직접 단체에 관여하고 싶다고 말하자 짐은 깜짝 놀란 듯했다. 또한 미래의 기금 마련 활동을 위해 단체의 이사회에 우리 직원 몇 명을 참여시켜달라고 부탁했다.

나도 BCM의 이사회 멤버가 되어달라는 부탁을 받았고, 잔스포츠는 아직도 이 단체에 자금을 후원하며 물품을 공급하고 있어 기쁘다. 나는 BCM에서 대외협력부의 부회장직을 맡았고, 집행위원회 위원을 두 번 연임했다.

우리는 단순히 이들의 좋은 목적을 위해 이름과 재정을 제공하는 것 이상으로 활동에 참여했다. 나는 소년들과 떠나는 BCM 여행에 여러 번 동참했는데 살면서 한 일 중 가장 흐뭇한 일이었던 것 같다. 한 청소년의 삶에 투자하는 일은 연못에 돌을 던지는 것과 같다. 산에서 진행되는 일주일 과정의 코스가 한 아이의 삶에 영향을 미치면, 그 여파는 아이의 남은 인생 전체에 반향을 일으킨다.

아이들 대부분은 살면서 호수나 산에 한 번도 가본 적이 없었다. 우리는 기본적인 야외활동 기술을 교육하고, 호수까지 도착하라는 목표를 주었다. 깊은 숲을 거쳐가야 하는 꽤나 힘든 하이킹이었다. 매순간을 1대 1로 개인적으로 집중하기 위해, 다섯 명의 아이들과 다섯 명의 자원봉사자들이 한 팀을 이뤘다. 아이들은 건전하고 건강하게, 재미있게 놀면서 자신감을 쌓았다. 가장 좋았던 것은 아이들이 실제로 자신의 삶에 관심을 두는 멘토와 상호작용한다는 점이었다. 여행이 끝나면 그룹 내에서, 아이와 멘토 사이에 유대감이 형성되었다.

그때의 개인적인 경험을 여기에 나누고자 한다.

### 사회 환원의 의미

BCM과 떠난 초기 여행 중 하나는 콜로라도 주 베일(Vail, Colorado) 근처 홀리 크로스 산Mt. Holy Cross의 언덕에 자리한 호수로 떠난 여행이었다. 나는 플로리다에서 온 데릭이라는 청소년의 멘토가 되었다. 각자의 상담원과 함께 여행하는 우리 그룹 내 다른 네 명의 청소년처럼, 데릭은 여행에 참여하기 위해 본인이 노력한 끝에 그 권리를 차지해야 했다. 삶에서 실의를 맛본 아이들이 대부분 그러하듯, 데릭은 과거에 노력을 통해 무언가를 성취해본 적이 없었다. 드디어 그는 자신의 안전지대에서 완전히 벗어난 것이다.

생각해보라. 이 청소년들은 도시라는 정글 속 콘크리트 도로를 떠나 나흘 동안 황야와 길들지 않은 야생으로 가는 것이었다. 당연히 데릭은 계속 초조해하며 수많은 질문을 던졌다. 길을 잃어버리면 어떡해요? 비가 오면 어떡해요? 거기에 화장실은 있어요? 곰이 나타날까요? 곰이 우리를 공격해 잡아먹으려고 할까요? 누군가가 아프면 어떻게 해요?

한 걸음씩 걸을 때마다 데릭은 점차 진정하기 시작했다. 어떤 일이 일어나든 간에 우리가 함께 있을 거라는 사실을 깨달은 것이다. 부모에게 버림받은 경험이 있는 청소년들에게는 이 문제가 매우 중요했다. 데릭은 자신이 다른 사람들과 속도를 맞춰 걸을 수 있음을 깨달았고, 하이킹이 자신이 상상하지 못한 방식으로 해방감을 느끼게 해준다는 사실을 발견했다. 얼마 지나지 않아 우리는 호수에 도착해 캠프를 세웠다. 그곳에서 휴식을 취하고, 수영을 하고, 아이들에게 플라이 낚시하는 법을 가르쳤다.

이 특별한 여행을 위해 오리건 대학 내 서점의 주인이자 플라이 낚시의 대가인 짐 윌리엄스가 함께했다. 그는 다년간의 연습과 경험을 토대로 소년들을 가르쳤다. 아이들은 그의 모든 움직임에 시선을 고정했다. 데릭이 이에 완전히 몰두하기까지는 그리 오래 걸리지 않았다. 데릭은 플라이 낚시에 완전히 빠져들어서 손에서 놓지 않으려 할 지경이었다. 그날 저녁 우리는 캠프파이어 주위에 둘러앉아 놀았지만, 데릭은 밤 늦게까지 낚시를 즐겼다. 다음날 아침 그가 누구보다도 빨리 호수에 나간 것을 알고는 미소 지을 수밖에 없었다.

여행이 끝나고 며칠 뒤, 데릭은 새로운 열정을 발견했다는 내용의 편지를 보내왔다. 그는 새로운 취미에 열중한 나머지, 개인 낚싯대를 살 돈을 모으기 위해 훨씬 열심히 일했다. 데릭에게 일어난 변화는 놀라웠다. 나는 그를 격려하고, 열정을 유지할 수 있도록 장비 몇 가지를 보내주었다. 그 후에도 데릭과 계속 연락했는데, 결국 그는 학업을 마치기 위해 고등학교로 돌아갔고, 낚시 장비를 더 많이 사기 위해 아르바이트 자리를 찾아다닌다고 전했다. 이처럼 자유와 특별한 관심으로 가득 찬 흔치 않은 경험을 한 덕분에 데릭은 삶에 대한 열정을 얻은 것이다.

열다섯 살 소년인 에릭도 데릭처럼 불우한 환경에서 어린 시절을 보냈다. 부모님은 그가 어렸을 때 이혼했고, 이 때문에 그는 잘못된 길로 접어들었다. 에릭은 편지에 다음과 같이 썼다.

"그처럼 힘든 시간을 보내고 긍정적인 롤모델이 없었던 탓에, 저는 물건을 훔치기 시작했어요. 아무 집에나 들어가 돈, 담배, 술은 물론 눈에 들어오는 물건은 닥치는 대로 훔쳤어요. 제 시간을 관리하는 데는 능숙했지만, 학교에는 거의 가지 않았어요."

계속 학교를 빠진 에릭의 성적은 바닥으로 곤두박질쳤다. 또한 정학을 당하기도 했다.

"제가 한 행동 때문에 저는 로하이드 보호시설Rawhide Boys Ranch에 수감되었어요. 로하이드에 도착했을 때 기분이 좋았어요. 일진들이 보내지는 장소에 들어온 거였고, 부모나 학교와 타협하지 않는 제 이미지를 이어가겠다고 다짐했으니까요."

로하이드 보호시설도 잔스포츠에서 후원하는 기관이었다. 로하이드는 '위기에 처한' 소년들을 데려다 자기존중과 근면, 제대로 된 삶의 가치를 가르치는 수용시설이다. 위스콘신 주 애플턴(Appleton, Wisconsin)의 우리 회사에서 15분 떨어진 곳에 87만 평의 땅에 위치한 로하이드는 수십 년에 걸쳐 수백 명 소년의 삶에 놀라운 변화를 만들어냈다.

1968년, NFL의 전설적인 풋볼 선수이자 그린베이 패커스의 쿼터백인 바트 스타가 로하이드의 프로그램에 감동했다. 이곳에 특별한 선물을 하고 싶었던 그는 제2회 슈퍼볼 경기에서 MVP 상품으로 받은 쉐보레 콜벳을 기부했다. 시설 측에서는 기금 마련을 위해 이 차를 팔았다. 스타의 선례를 따라 사람들은 현재도 기금 마련을 위한 경매용 차를 로하이드에 기부한다. 스타는 또한 직접 소년들과 함께 많은 시간을 보냈다.

에릭의 편지로 다시 돌아와서, 나는 그의 삶이 나아진 것을 보며 전율했다. 나는 2004년 6월에 미네소타 북부에 위치한 바운더

리 워터스Boundary Waters로 에릭을 포함한 몇 명의 소년들, 여행 지도자와 함께 며칠간 카누 여행을 갔다. 이 여행과 로하이드 멘토링 프로그램의 뛰어난 성과 덕분에 에릭의 삶은 더 나아졌다. 그는 다음과 같이 썼다.

"등급이 오르면서 용돈을 더 많이 받게 되었고, 최근에 치아 미백용 스트립을 사느라 그 돈을 썼어요. 앞으로 더 많이 웃을 계획이어서요. 그리고 또 무슨 일이 있었게요? 스타 아카데미(로하이드 내 사립학교)를 다니면서 성적이 올랐고, 이제는 A, B, C학점을 받고 있어요. 대박이죠! 처음 로하이드에 왔을 때는 이러한 일을 이뤄내리라고는 상상조차 못했는데…… 지금은 제 자신이 자랑스러워요."

에릭은 편지 말미에 졸업 후 대학에 진학할 계획과 '일을 구하고 가정을 꾸릴 수 있는' 위스콘신에서 일자리를 구할 계획에 대해 설명했다. 정말 환상적이지 않은가? 다른 이들에게 돌려준다는 것은 이런 것이다.

### 비영리 기금 후원의 성공 사례

BCM에서 일하면서 경험한 최고의 비영리 기금 후원 행사는 '누군가를 위한 정상Summit for Someone'이었다. BCM의 사무국장 마크 고들리는 여섯 명으로 구성된 등반대가 미국에 있는 주요 산

다섯 개를 오르도록 가이드하자는 아이디어를 냈다. 각 참가자는 일생일대의 등반에 참여하기 위해 2천500달러를 내거나 이 금액을 자체적으로 모금해야 했다. 참가자에게는 20개의 아웃도어 회사들이 1천700달러 상당의 장비를 기증했고, 이들의 등반 비용은 BCM에 기부되어 위기에 처한 도시 청소년 다섯 명을 멘토링하기 위한 일주일 간의 여행비용으로 사용될 예정이었다. 그야말로 원윈 전략이었다.

기금 마련을 위해 지정한 산은 휘트니 산Mt. Whitney, 샤스타 산Mt. Shasta, 후드 산Mt. Hood, 올림퍼스 산Mt. Olympus, 그리고 레이니어 산이었다. 1989년에 칸첸중가의 8천 미터 정상을 정복했던 크레이그 반 호이, 잔스포츠의 레이니어 세미나를 진행했던 피터 휘태커와 커트 웨드버그 등 RMI 가이드들이 6명으로 구성된 등반대를 동반할 터였다.

마크의 아이디어는 정말 좋았다. 첫 해에는 30명의 참가자를 받았는데, 한 시간 안에 매진되었다. 2006년에는 온라인으로 진행된 등록에서 두 시간 만에 120자리가 모두 꽉 차버렸고, BCM을 위해 30만 달러를 모았다. 「백패커」지의 편집장인 존 돈은 미디어의 힘을 이용해 홍보를 도와줬다. 돈은 「백패커」지와 로데일Rodale 사의 자매지인 「맨즈 헬스Men's Health」에 전면 광고를 게재해 우리에게 큰 힘을 실어주었다.

한편, 미국의 일류 고산지대 등반가인 에드 비에스터스는 2007년 이 프로그램의 명예회장으로 선임되었다. 그가 참여함으로써 자선 등반 행사는 새로운 단계에 접어들었다. 이는 아웃도어 업계가 서로 협력해 성공적인 비영리 프로그램을 지원하는 훌륭한 예가 되었다.

## 셰이크 앤 베이크 파티 Shake N Bake Party

1970년대 후반과 1980년대 초반 아웃도어 업계에서 가장 큰 박람회는 라스베가스에서 매년 열리는 스키 쇼였다. 스키 산업이 너무 빨리 성장한 나머지, 근처의 홀에 아웃도어 산업, 즉, 하이킹 부츠, 백팩, 기타 관련 장비를 파는 이들을 위해 장소를 내준 것이

BCM 기금 마련을 위한 셰이크 앤 베이크 파티 디자인. 애플턴의 잔스포츠 지사에서 그래픽을 담당했다.

다. 아웃도어 활동을 즐기는 사람이나 딜러, 등반가들에게 이 박람회는 모든 행사의 메카였다.

1979년, 흥미로운 소문을 들었다. 로우 알파인Low Alpine, 카리부 마운티니어링Caribou Mountaineering, 윌더니스 익스피리언스Wilderness Experience라는 세 아웃도어 회사가 매년 컨벤션에 참석하는 딜러들에 대한 감사의 의미로 성대한 파티를 공동으로 열 예정이라는 소식이었다. 나는 주저 없이 원조 파티광인 잔스포츠도 참여하고 싶다고 말했다. 히피들은 파티를 좋아하기 마련이니까. 우리는 음악과 춤을 사랑한다. 그리고 공짜 음식과 이를 소화하기 위해서는 좋은 맥주만 한 게 없다.

나는 티셔츠를 만들겠다고 자원했고, 네 개 회사의 로고를 이용해 멋진 디자인을 고안했다. 각 회사는 각자의 부스에서 티셔츠를 나눠주었다. 티셔츠는 공짜였지만, 파티에 참석하기 위해서는 반드시 입어야 했다. 최초의 셰이크 앤 베이크 파티는 사하라 호텔 앤 카지노에서 열렸고, 밴드 비용을 대기 위해 소정의 입장료만을 걷었다. 비록 주방에서 큰불이 나서 소형 소방차 몇 대가 출동하기는 했지만 파티를 계속했다. 파티는 대박이 났고, 600명에 달하는 사람들이 참석했다.

그 뒤, 이유는 알 수 없지만 사람들은 셰이크 앤 베이크 파티를 '잔스포츠 파티'라고 부르기 시작했다. 다른 회사 사람들은 실망한 듯했고, 다음 해에는 공동주최를 하지 않기로 했다. 우리는 계속해서 우리만의 잔스포츠 셰이크 앤 베이크 파티를 열었다. 나는 매년 다른 디자인의 티셔츠를 제작했고, 파티 참석자의 수가 늘면서 그 수량도 두 배가 되었다. 전과 마찬가지로 티셔츠는 우리 부스에서 나눠주었다.

파티는 그 지역의 바나 식당, 심지어 커다란 호텔 로비에서도 열렸다. 아웃도어 컨벤션이 스키 박람회에서 분리되어 독자적인 행사가 될 무렵, 파티 장소를 야외로 옮겼다. 초대한 뮤지션은 엘빈 비숍, 알로 거스리, 니티 그리티 더트 밴드, 그리고 블랙 아이드 피스에 이르기까지 다양했다. 이제는 행사 규모가 수천 명에 이르렀으니 우리는 말 그대로 도심 시내의 한 블록 전체를 장악한 셈이었다.

이 일이 기금 마련과는 무슨 상관이냐고? 약 10년 전부터 우리는 전설적인 셰이크 앤 베이크 댄스파티를 BCM이나 OIA 같은 훌륭한 비영리 단체를 위한 기금 마련 수단으로 활용하고 있다. 이처럼, 반드시 강제로 돈을 모금할 필요는 없다.

## 받은 만큼 돌려주자!

잔스포츠 내에는 사회 환원의 특권을 부여받은 위원회가 두 개 있다. 회사가 설립된 초기에는 우리의 임금을 낼 돈조차 없었음을 고려할 때 매우 감동적인 사실이다. 당시에는 다른 이들을 돕겠다는 개념 자체가 불가능했지만, 회사가 점차 성장함에 따라 사회에 환원하는 일이 옳은 일일 뿐만 아니라 우리가 받은 축복 일부를 돌려주는 일이 사업에도 좋다는 사실을 믿게 되었다.

첫 번째 위원회는 매년 들어오는 수천 개의 기부 요청이나 후원 요청을 평가한다. 우리의 예산은 한정되어 있으므로 이 위원회는 내부적으로 정한 우선순위에 따라 기부 규모를 결정한다. 두 번째 위원회는 현재 협력 중인 BCM, 콘티넨탈디바이드트레일연합Continental Divide Trail Alliance*, 아웃도어산업연합Outdoor Industry Association, 아웃도어산업여성위원회Outdoor Industry Women's Council**, 환경보호연합Conservation Alliance 등의 비영리 단체들과 직접 접촉하는 일을 한다. 마지막 단체는 환경보호와 관련된 프로젝트에 도움을 주는 비영리 재단이다.

회사 차원에서 사회에 환원해온 것처럼, 직원들도 사회 환원을 하도록 격려하기 위해 내부적으로 재미있는 기부 캠페인을 벌였다. '스킵을 통조림으로 만들자Let's Can Skip'라는 행사를 예로 들 수 있다. 디자인팀 직원들은 등반 장비를 멘 채 눈 덮인 산등성이를 걷는 실물 사이즈의 내 모습을 벽화로 만들었다. 벽의 길이는 약 10미터 정도였다. 직원들은 벽을 통조림으로 덮었고, 우리는 이를 모아 불우이웃에게 음식을 나눠주는 자원봉사단체로 배달했다. 통조림을 가져온 직원들은 '스킵을 통조림으로 만듦I Canned Skip' 이라고 쓰인 배지를 달고 다닐 수 있었다.

이게 전부가 아니다. 선의의 경쟁심을 지닌 사람들이 많은 잔스

---

* 콘티넨탈디바이드트레일은 로키 산맥 분수계Continental Divide를 따라 미국을 가로지르며 멕시코와 캐나다를 잇는 국립 자연경관 탐방로다. 몬태나 주, 아이다호 주, 와이오밍 주, 콜로라도 주, 뉴멕시코 주 등 미국 다섯 개 주를 관통하며, 길이는 약 5천 킬로미터다. 한편, 탐방로에 대한 관심을 불러일으키고 탐방로 주변환경을 정비하기 위해 1995년 결성된 이 단체는 재정적인 문제로 2011년 12월에 해체되었다.
** 2004년 4월에 아웃도어산업여성연합Outdoor Industries Women's Coalition으로 명칭을 바꿨다.

'홀드 온 투 썸머' 행사를 위해 포즈를 취한 페기 맥낼리와 스킵.

포츠는 킴벌리 클락, 스쿨 스페셜티, 그리고 마을의 다른 몇몇 회사들과 더불어 누가 가장 많은 통조림을 모으는지 경쟁했다. 잔스포츠가 가장 많은 통조림을 모아 음식 모으기 행사에서 이겼을 때 별로 놀라지 않았다. 그것도 3년 연속으로 말이다. 첫 해에 우리는 1만 4천 개의 캔을 모았다. 그 다음 해에는 통조림 5만 5천 개가 벽을 덮었다. 세 번째 해에는 6만 5천 개가 넘었다.

직원들이 사회에 환원할 수 있는 또 다른 프로그램은 9·11 테러가 발생했을 때 쌍둥이 빌딩, 펜타곤 건물, 유나이티드 플라이트 93기에서 사망한 사람들의 자녀가 대학에 진학할 수 있도록 주는 '프리덤 장학금'이다. 잔스포츠의 직원들은 음식 모으기 행사, 세차, 빵 바자회, 그외 기발한 방법들을 통해 6만 2천 달러를 모았다.

또한 잔스포츠는 유방암 퇴치 기금 마련을 위한 등반 행사에도 참여했다. 목표액은 2천100만 달러였고, 이 돈으로 남미에 있는 아콩카과 산Mt. Aconcagua에 오르는 등반대를 후원하고자 했다. 팀은 유방암을 이겨낸 여성들로 구성되어 있었고, 잔스포츠 딜러 등반에 참여했던 로라 에번스도 포함되어 있었다. 루의 아들인 피터 휘태커가 등반대의 대장이었다. 꼬박 1년간 우리는 그들의 노력을 지지했고, 목표액을 모금하도록 도왔다. 이는 등반을 이용해 중대한 문제에 대한 사람들의 의식을 고취하고, 동시에 기금을 마련한 좋은 예였다.

이처럼 아콩카과 등반은 제법 큰 규모의 행사였지만, 이보다 규모가 작고 개인적인 노력도 많았다. 일례로 우리 회사에서 오랫동안 근무한 데니스 주킨스라는 직원은 청소년 당뇨 퇴치를 위한 걷기 대회를 조직했는데, 잔스포츠가 티셔츠를 제공했다.

그런가 하면 지금은 은퇴한 잔스포츠의 전 사장 폴 들로리와 마이클 웽거는 밴드를 결성했다. '리키 리'라는 이름의 이 밴드는 금요일마다 자선공연을 하며 기타 케이스를 열어놓고 돈을 모금했다. 폴은 심지어 파이 던지기 대회도 열었다. 몇몇 주요 간부들이 파이를 맞을 대상으로 선정되었다. 가장 많은 액수를 기부한 직원이 회사 중역 중 한 명의 얼굴에 파이를 던질 기회를 부여받았다. 이런 광경을 보면 사람들은 늘 즐거워했다.

인생에는 하루 벌이의 일보다 더 중요한 것이 있음을 믿는 게 잔스포츠의 핵심 철학 중 하나다. 단지 죽치고 앉아 작업 시간이나 세는 것은 너무 구시대적이다. 반면 사무실을 벗어나 도움이 필요한 이들에게 진정한 삶의 기회를 주면 그 자체로 보상을 받게 된다.

아직도 내가 하려는 말이 명확하게 전달되지 않았다면, 우리는 물건을 파는 일에 대한 열정만큼이나 공동체의 다른 이들에게 선행을 베풀려는 에너지를 갖고 있다고 이해하면 될 것이다. 예를 들어, 잔스포츠가 불우이웃을 돕기 위해 음식 모으기 행사를 연다면, 우리는 그저 평범한 행사를 열려는 것이 아니다. 사람들이 여태까지 본 것 중 최고의 음식 모으기 행사를 열고 싶은 것이다. 이러한 관점에서 우리는 이기는 게임만을 한다고 할 수 있다. 만약 누군가가 도움이 필요하거나 곤경에 처해 있다면, 우리는 최소한의 도움만을 주고 싶지는 않다. 그 이상의 일을 할 것이다. 사람들이 늘 말하듯 받는 것보다는 주는 것이 나으니까.

왜 나는 사회 환원에 이토록 열광하는 걸까? 관대한 마음, 다시 말해 감사할 줄 아는 태도로 남들을 대하면 개인적 만족감과 기쁨을 누릴 수 있기 때문이다. 게다가 단지 옳은 일이라는 이유만으로 이를 다른 사람들에게 행한다면, 인위적인 홍보활동에 얽매일 필요도 전혀 없다.

받은 만큼 돌려주는 일은 영혼에도 좋을 뿐만 아니라 사업을 위해서도 좋은 일이다.

## 도움의 손길 내밀기

지원할 가치가 있는 비영리 단체는 이외에도 매우 많지만, 이번 장에서 언급한 단체들의 홈페이지를 여기에 소개하려 한다. 이처럼 훌륭한 단체들과 결연을 하든 혹은 다른 단체를 후원하든 간에 선행에 참여함으로써 누군가의 삶이 바뀌기 시작하는 것을 보면 진정한 즐거움과 개인적인 만족감을 느낄 수 있다.

- Outdoor Industry Association (www.outdoorindustry.org)
- Conservation Alliance (www.conservationalliance.com)
- Continental Divide Trail Alliance* (www.cdtrail.org)
- Outdoor Industry Women's Council (www.oiwc.org)
- Big City Mountaineers (www.bigcitymountaineers.org)

---

* 이 단체는 현재 활동하지 않고 웹사이트도 운영하지 않는다. 대신 'Continental Divide Trail Coalition'이라는 비슷한 성격의 다른 단체가 활동 중이다.

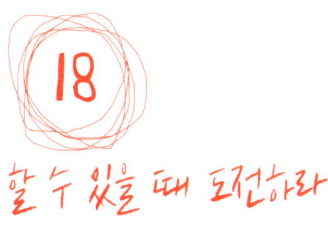

# 할 수 있을 때 도전하라

나는 한 번도 잔스포츠 사장 자리를 맡은 적이 없다. 충격적인가? 생각해보면 그럴 수도 있겠다. 비즈니스 사다리를 오르는 내용에 관한 책을 쓰고 있는데 나 자신도 가장 높은 자리에 오르기 전 마지막 단계에서 멈췄으니 말이다. 어떤 이들에게는 머레이와 잔이 각자의 삶을 개척하기 위해 잔스포츠를 떠났다는 사실이 더욱 당황스러울 수도 있겠다. 머레이는 다른 일을 하기 위해 1982년 잔스포츠를 떠났다. 잔은 몇십 년 더 회사에 남아 있었지만 2005년 가을 은퇴했다. 결국 최초의 설립자 세 명 중 나만 혼자 남아 여전히 재밌게 놀고 사무실을 돌아다니며 말썽을 부리고 있다.

그렇다면 왜 나는 사장직에 오르지 못했는가? 이유는 간단하다. 등산을 좋아하는 히피인 나는 잔스포츠라는 기업의 정상에 깃발을 꽂는 일을 한 번도 열망한 적 없다. 나는 글로벌대외협력부의 부사장이라는 자리에서 전체를 조망하는 일을 즐기고 있다. 이

자리에 있으면 여행을 많이 다닐 수 있고, 40년 이상 우정을 지속해온 다양한 사람들과 계속 관계를 유지할 수 있다. 내가 사랑하는 회사를 위해 일하면서도, 여전히 새로운 사람들을 만나고 새로운 우정을 만들 수 있는 시간이 많다. 그러나 사장이 되면 서류더미에 파묻혀 있어야 한다. 솔직히 당신이라면 어떤 자리를 선택하겠는가?

어쩌면 이것이 가장 중요한 교훈일지도 모르겠다. 당신만의 자리를 찾은 뒤에는 오르기를 멈춰라. 그 자리 너머에 존재하는 모든 것은 과도한 짐일 뿐이다. 야심만만한 사업가는 소위 말하는 승자, 우두머리, 중요 인물이 되기 위해 노력한다. 이러한 시도가 본질적으로 잘못되었다는 뜻은 아니다. 하지만 당신도 간부용 사무실을 차지하기 위해 비즈니스 사다리를 오르다가 그 과정에서 진정한 열정을 발견하면 오르기를 멈추고 이미 발견한 것을 즐기게 될 것이다. 개인적인 예를 들어보겠다.

나는 어렸을 때부터 팝콘을 매우 좋아했고, 가족 팝콘을 만들겠다고 자원하기도 했다. 팝콘을 완벽하게 만들기 위해 부엌에서 시간을 보내는 일은 매우 즐거웠다. 물론 혼자서 커다란 통을 다 먹고, 다른 사람들한테는 보통 크기의 통에 든 팝

콘만 줬음을 인정해야겠다. 어른이 된 뒤, 유기농부터 외국산까지 다양한 팝콘 용 옥수수를 연구했고, 결국 취미로 직접 옥수수를 재배하기 시작했다. 재미를 위해 조리용 구르메Gourmet 팝콘에 '하울링 요웰링 히말라야 팝콘Howlin' Yowelln' Himalayan Popcorn'이라는 상표까지 만들어 붙였고, 세미나를 주최할 때마다 사람들에게 공짜 샘플을 나눠주곤 했다.

짐작하겠지만 개중에는 내 팝콘을 좋아한 사람들이 있었고, 이들은 작은 회사를 차리라고까지 제안했다. 실제로 이 일을 벌인 적도 있다. 하지만 손익을 낼 만한 노력을 쏟아 붓기도 전에 일을 접었다. 왜냐고? 이 일을 다음 단계로 끌어갈 만한 내면의 열정이 없었던 것이다. 처음에는 기쁨을 주던 취미가 점차 시들해지고 보상보다는 역경이 많아지면서, 사업을 접어야 할 때임을 알았다.

하지만 잔스포츠에서 일하다 보면, 삼촌의 정비소에서 사업을 시작했던 시절의 유산 위에 지을 만한 기회가 매일 새롭게 찾아온다. 오늘날에도 나는 같은 팀 사람들을 진심으로 좋아한다. 다음 세대의 잔스포츠 직원들이 이상을 갖고, 발견의 영역을 넓히고, 단지 재미를 위해 예의범절 몇 개를 어기도록 도울 수 있는 자유에서 에너지를 얻는다. 그리고 나의 비즈니스 사다리에 대해 이야기하자면, 나는 나만의 자리를 찾았다. 솔직히 말해 여태까지 해온 일을 이보다 더 잘할 수는 없었을 것이다. 다시 생각해보니, 밥 딜런과 저녁이나 한 끼 먹었다면 더 멋졌을 것 같다.

이왕 회상 모드에 들어간 김에, 내가 한 일 중 가장 흐뭇한 일은 OIA의 이사회에서 일한 것이다. 흥미롭게도, 1989년에 설립되었을 때 이 연합의 이름은 전미아웃도어레크리에이션연합ORCA이었다. 하지만 이니셜인 'ORCA'가 범고래의 철자와 같아서 초기에는 사람들이 헷갈릴 수밖에 없었다. 사람들은 우리가 해양 환경보호 단체인줄 알았기 때문에 시장에서 우리 위치를 재정비하기 위해 몇 년 전 이름을 바꿨고, 내가 그 과정을 담당했다. 그렇다고 해양 보호에 반대한다는 뜻은 아니다. 단지 우리가 주관하는 영역이 더 넓었을 뿐이다.

오늘날 OIA는 아웃도어 관련 산업에 종사하는 4천여 명의 소매업자, 공급업자, 유통업자, 제조업자, 외판원에게 사업 관련 서비스를 제공하는 규모로 성장했다. 이 정도면 상당한 규모다. 이는 전국적인 규모와 지역적인 규모의 회사들이 아웃도어 생활양식을 활발하게 촉진시키기 위해 손을 잡았다는 뜻이다. 세미나와 컨벤션, 권리 옹호 활동, 비영리 협력 단체를 위한 자선행사 등을 통해 OIA는 모험을 좋아하는 이들에게 필수적인 협력자가 되었다.

한편으로는 경쟁관계임에도 불구하고, OIA의 멤버들은 모두에게 중대한 이슈에 대해 통일된 목소리를 내는 일이 매우 중요함을 알게 되었다. 황야를 보전하는 일과 업계 관련 조사를 진행하는 일부터 정부 관련 사안이나 고객 지원활동에 이르기까지, OIA는 언론사나 아웃도어광들이 전문가들로부터 정보를 얻는 필수 코스가 되었다. 우리는 또한 황야는 귀중한 선물이며, 인류가 즐기고, 보호하고, 지켜야 할 가치 있는 곳이라는 인식을 퍼뜨리기 위해 노력해왔다. 간단히 말해, 재미있게 지내는 방법에 옳고 그름이 있는 것처럼, 아웃도어 활동에 참여하는 방법에도 옳고 그름이 있다. 옛 기억을 뒤적여 개인적인 예를 소개해보겠다.

## 잘못된 행동, 올바른 선택

잔스포츠의 초창기는 때로는 광기로 점철되었다. 다시 말해, 우리는 '메달을 따기 위해 페달을 밟고', 최상급의 재미를 즐겼다. 업계에서 우리는 '거친 녀석들'로 불렸는데, 우리가 춤도 너무 많이 추고, 파티도 너무 많이 벌이고, 사업상 만난 모든 경쟁자를 능가했기 때문이다. 대부분의 경우, 기쁨을 추구하고 신나서 뛰어다니는 일은 다른 무엇보다도 단순히 재미를 추구하기 위함이었다. 이따금 우리는 지나치다 싶을 정도로 극단적인 짓을 벌이기도 했다. 60년대의 열기가 모두 사라진 지금에 와 돌이켜보니, 당시를 더 분명하게 볼 수 있고 우리가 저지른 실수도 직시하게 된다.

몇 년 전, 우리는 라스베가스에서 매년 열리는 스키 쇼에 잔스포츠 부스를 설치했다. 회사 직원은 우리가 자키 클럽이라는 호텔에 묵도록 예약을 잡아뒀다. 온통 대리석으로 장식된 고급스러운 숙소로, 꽤나 품격 있는 장소였다. 분명 길에 구덩이를 파고 자던 경험보다는 훨씬 나았다. 회사의 영업사원과 경영관리팀 직원 모두가 이 호텔에 방을 잡았다.

우연히도 마케팅 매니저 중 한 명인 밥 쇼가 곧 결혼할 예정이었기에 10명쯤 모여 밥에게 잔스포츠 스타일로 총각파티를 열어

주기로 했다. 호텔에서 그리 멀지 않은 곳에 B급 코미디언이 등장하는 클럽이 있었다. 존 안드레스, 영업사원인 월트 뮬런, 그리고 다른 몇 명은 맥주를 몇 잔 마신 뒤 그 코미디언에게 야유를 퍼부었다. 솔직히 말해 이들이 그 코미디언보다 훨씬 웃겼다. 하지만 클럽의 매니저에게는 웃기지 않은 상황이었고, 우리는 즉시 쫓겨났다.

새벽 3시 30분쯤 호텔에 도착한 우리는, 엘리베이터를 타고 4층까지 갔다. 짓궂은 장난을 치고 싶었던 터라 소방 호스를 꺼내서 영업사원인 크레이그 퍼피치가 잠들어 있는 방에 물을 뿌리면 재미있겠다고 생각했다. 크레이그가 너무 피곤하다며 총각파티에 참여하지 않았기 때문에 자신의 방에서 벌써 잠에 곯아떨어졌으리라고 추정했다.

엘리베이터에서 내렸을 때, 마침 벽에 장착된 소화전을 발견했다. 나는 물을 틀기 위해 바퀴를 돌리기 시작했고, 월트와 존은 호스를 풀어 복도로 가져갔다. 방 열쇠는 크레이크와 같은 방에 묵는 존이 갖고 있었다. 복도를 반쯤 지났을 때 드디어 물의 압력이 호스 끝까지 다다랐고, 호스는 월트와 존의 손에서 벗어나려는 듯 빙빙 돌며 몸부림을 치기 시작했다.

그때쯤 나는 이미 소화전을 떠나 몇 층 위에 있는 내 방에 간 뒤였다. 나중에서야 알게 되었지만, 존은 호스를 붙잡고 이를 통제하기 위해 씨름을 하며 간신히 방으로 갔다. 안타깝게도 크레이그는 방에 없었다. 왜 이 무렵 누군가가 호스를 잠그지 않았는지 이해할 수가 없다. 월트, 존 그리고 다른 이들은 물이 몇 시간 동안 흐르도록 그냥 내버려뒀다. 결국 물은 계단까지 흘러갔고, 폭포처럼 아래로 쏟아지기 시작했다. 그 중간에 있는 방 여러 개가 물에 젖었다. 나는 이러한 일이 일어나고 있는 줄은 꿈에도 몰랐다.

크레이그는 밤새도록 나가 있었고, 아침 6시에야 호텔에 돌아왔다. 엘리베이터에서 내렸을 때 그는 물이 사방에 흘러 다니는 광경을 목격했다. 그때까지 물은 거의 세 시간 동안 쏟아진 상태였다. 크레이그는 물살을 헤치고 방까지 간 뒤, 프런트 데스크에 전화해 상황을 알렸다. 그제서야 직원이 와서 소방 호스를 잠갔다. 크레이그는 애초에 이 일을 벌인 이들이 바로 우리임은 짐작조차 하지 못했다.

다음날 아침, 나는 아침을 간단히 먹고 컨벤션장에 있는 우리 부스에 가서 일하고 있었다. 가장 먼저 도착했기 때문에 내 부재의 결과로 발생한 홍수에 대해서는 여전히 모른 채였다. 그때 갑자기 덩치 큰 사람들이 머리를 흔들며 나에게 다가오는 모습이 보였다. 얼마 뒤 그들은 우리 부스에 발을 들여놓았고, 나에게 바짝 다가서서 말했다.

"큰일났어, 형씨. 물이 여러 방에 들어찼단 말이요. 그리고 그거 아쇼? 버디 씨가 기분이 안 좋아."

이 말에 정신이 번쩍 들었다. 버디 로즈는 호텔의 매니저였고, 솔직히 말해 HBO 방송국의 인기 드라마 〈더 소프라노스〉에 나오는 뉴저지 출신 청부 살인업자와 매우 닮았다. 덩치들은 내 얼굴을 물끄러미 쳐다보았다. 길고도 매우 불편한 1분이 지난 뒤, 그들은 버디가 나를 자신의 사무실에서 만나고 싶어한다고 말했다.

"그리고 한 가지 더, 버디 씨가 말하기를 미드 호수가 얼마나 가까이 있는지를 기억하라고 했소. 장난질에 대한 대가를 치르지 않고는 이 도시를 못 떠날 줄 아쇼."

그때는 이미 존과 월트도 도착한 참이었다. 나는 그들에게 간단히 소식을 전해주었고, 우리는 짧게 회의를 한 끝에 정직하게 행동하기로 마음먹고 죄를 시인하기로 했다. 별로 쉬운 결정은 아니었다. 우리가 추산하기에는 피해액이 8천 달러 정도일 터였다. 존은 곧 첫 아기를 볼 예정이었다. 나는 얼마 전 집을 사서 큰돈을 내야 했으므로 은행 잔고가 얼마 없어 크게 돈 쓸 일은 피해야 하는 상황이었다. 하지만 도덕적으로 옳은 선택을 했고, 금액을 배상하기 위해 호텔로 갔다.

우리는 프런트 데스크에 가서 버디 로즈를 만나고 싶다고 말했다. 직원은 그가 지금 바쁘니 레스토랑에 가서 기다리라고 말했다. 아직 이른 시각이었고, 그곳에는 아무도 없었다. 우리는 자리에 앉아서 계속 기다렸다. 나는 기다리는 내내 이 상황을 어떻게 끝맺어야 할지 고심했다. 드디어 버디가 입장했고, 그는 자리에 앉지 않았다. 한쪽 눈썹을 들어올리며 그는 말했다.

"나를 보자고 했다고?"

나는 억지로 미소를 지었다.

"어젯밤 일어난 작은 물 소동 아시죠? 저희가 한 짓입니다."

버디는 팔짱을 끼었다.

"아, 경찰을 불러 당신들의 지문을 채취했지. 그냥 이곳을 떠났다면 우리가 뒤쫓았을 거야."

경찰? 별로 좋은 소식은 아니었다. 버디가 말했다.

"이봐, 나도 젊어서 철없던 때가 있었지. 제안을 하나 하겠네. 우리가 손해 본 만큼만 오늘 내로 보상하게. 액수는 한 시간 내로 알려줄 테니. 이따가 다시 내 사무실로 부르겠네."

그 말과 함께 그는 등을 돌려 떠났고, 우리는 그곳에 남겨진 채 앞으로의 운명을 걱정했다. 이후 45분간 존과 나는 이 문제를 어떻게 해결해야 할지 고민했다. 버디는 우리가 손해액을 물어내지 않으면 이곳을 떠나지 못할 거라고 말했다. 하지만 어떻게 8천 달러에 달하는 돈을 금방 구한단 말인가? 나는 계속 미드 호수를 상상했고, 호수 바닥에 콘크리트 덩어리를 단 시체가 몇 구나 있을지 궁금해지기 시작했다.

결국 우리는 버디의 사무실로 소환되었고, 이 사건의 결말을 알고는 깜짝 놀랐다. 버디는 커다란 책상 뒤에 앉아 있었고, 그 앞에 놓인 의자 두 개를 가리켰다. 우리가 자리에 앉자 그는 종이 한 장을 우리 쪽으로 밀었다. 나는 존을 흘끗 쳐다본 뒤 종이를 보았다. 버디가 말했다.

"이런, 믿기지가 않는구먼. 손해액이 800달러라네."

솔직히 말해, 살면서 들어본 최고로 기쁜 소식이었다. 나는 기쁨을 감추려 노력했다. 우리는 그에게 아메리칸 익스프레스 카드로 결제해도 되냐고 물었다. 그는 동의했고, 우리는 이 금액을 '청소' 항목에 나누어 냈다. 우리는 버디에게 고맙다고 말하고, 금액을 지불한 뒤 떠났다. 이후 몇 년간 나는 버디를 잔스포츠가 후원하는 성대한 만찬에 매년 초대했다. 신기하게도 우리는 친구가 되었다. 알고 보니 버디는 하이킹에 푹 빠져 있었고, 그래서 그에게 잔스포츠 장비를 많이 선물했다. 우리가 추정한 벌금액이 800달러보다 훨씬 많았던 사실은 그에게 고백하지 않았지만, 이제는 그도 알고 있으리라.

이 경험은 OIA에서의 내 임무와 연관된다. 재미있게 지내는 방법에는 옳은 방법도 있고, 그른 방법도 있다. 때로는 실수를 저지를 수도 있다. 바로 이 사건에서 그랬던 것처럼 가끔은 광기가 통제범위를 벗어날 수도 있다. 그럴 때는 각자 올바른 선택을 하고, 책임을 지고, 잘못을 수정해야 한다. 특히 장난, 사고, 또는 그릇된 판단이 다른 사람이나 자연에 영향을 미칠 때는 더더욱 그러하다. 바로 이 때문에 국립공원과 국·공유지를 관리하고 보존하려는 OIA의 노력이 중요한 것이다.

사람은 자연을 즐길 수 있어야 하지만, 동시에 이를 보존해야 한다. 한 가지 방법은 '떠난 뒤에 아무것도 남기지 않는' 태도를 유지하는 것이다. 즉 캠핑을 가거나, 보트를 타거나, 하이킹이나 등반을 할 때, 갖고 간 물건을 모두 그대로 갖고 나오는 것이다. 이런 말을 하면 산림청의 마스코트인 스모키 베어Smokey the Bear의 사촌처럼 보이겠지만, 캠프파이어의 불을 지피고 끌 때는 매우 조심해야 한다. 쓰레기를 버리지 않는 아주 작은 노력부터 시작해, 전 인류가 지구를 아끼면 적어도 앞으로 몇십 년 동안 환경을 보전할 수 있다. 그러니 가능한 한 자주 밖으로 나가라. 재미있게 놀되 책임감 있게 행동하라. 그리고 우리가 60년대에 말하고 다녔던 것처럼, '어머니 대지를 사랑하라.'

## 더 롱 앤 와인딩 로드 The Long And Winding Road*

우리는 여정의 끝에 다다랐다. 이 책이 당신에게 어떤 영향을 줄지 나로서는 상상하기 어렵다. 책을 통해 내 경험을 공유한다고 해서 당신이 산에 더 잘 오를 것 같지는 않다. 결국 이 책은 어떻게 하라는 안내서가 아니니까 말이다. 또한 나는 빌 게이츠, 도널드 트럼프를 비롯해 사업계의 거물들이 자리잡은 비즈니스 사다리의 꼭대기에 당신이 오르리라고는 장담할 수 없다. 그래도 내가 훗날에까지 영향을 미칠 만한 가치 있는 일을 하나라도 했다면, 그 일이 바로 이것이었으면 좋겠다.

이 책을 읽은 당신이 이 놀라운 행성을 탐험하고, 차례로 발견되기를 기다리고 있는 숨은 보물들을 찾고, 당신의 일을 사랑할 뿐만 아니라 그 과정에서 재미를 느끼는 사람이 되는 것이다. 그리고 만에 하나 재미를 느끼지 못한다면, 일단 멈추고, 노선을 바꾸고, 다시 내면의 열정을 추구할 수 있는 용기를 지닌 사람이 되는 것이다. 열정, 가치, 혁신을 위해 노력한 잔스포츠의 사례는 당신이 어떤 산에 오르기로 결심하든 간에 목표에 도달하도록 계속해서 영감을 줄 것이다. 40년 전, 우리는 세련되면서도 혁신적인 최고의 아웃도어 장비를 만들겠다는 이상을 가졌고, 그 과정에서 재미를 찾고자 했다. 이러한 점에서 보자면 우리는 임무에 성공했

---

* 비틀즈 The Beatles가 1970년에 발매한 마지막 스튜디오 앨범 [Let It Be]에 수록된 곡으로, 네 멤버가 모두 살아 있을 때 발표된 최후의 싱글이다. 인생에 비유되는 멀고도 험한 길을 걸어간다는 내용을 담고 있다.

다고 할 수 있다.

그러니 잔스포츠를 이 업계에서 세계적인 선두주자로 만들어 준 데 대해 당신에게 감사하고 싶다. 당신이 없었다면 머레이, 잔, 그리고 나는 꿈을 좇고, 세상을 보고, 그토록 멋진 사람들을 만나지 못했을 것이다. 그리고 사람들이 상상하는 것보다도 훨씬 더 재미있는 일을 경험할 기회도 없었을 것이다. 히피가 바랄 수 있는 게 이것 말고 뭐가 더 있겠는가?

이제, 당신이 당신만의 길을 개척할 차례다.

뉴질랜드
밀퍼드 트랙Milford Track에서
스킵. 이 길은 세계에서
가장 아름다운 길이다.

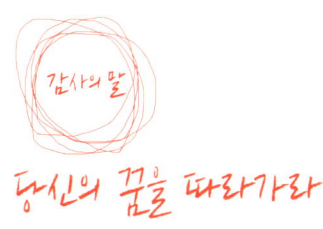

감사의 말

# 당신의 꿈을 따라가라

처음 이 책을 쓰기 시작했을 때 털어놓고 싶은 이야기와 모험이 정말 많았다. 각각의 이야기가 특별했다. 예를 들어, 내가 제일 좋아한 여행 중 하나는 아프리카에서 가장 높은 킬리만자로 산Mt. Kilimanjaro에 등반한 것이었다. 루와 잉그리드 휘태커, 피터와 에릭 휘태커, 몇 명의 친구들, 잔 루이스와 함께 케냐의 마사이 마라 야생동물 보호센터Masai Mara Wildlife Preserve에서 며칠을 보내며 이국적인 동물들을 봤고, 이는 매우 신나는 경험이었다. 마치 영화 〈아웃 오브 아프리카Out of Africa〉 속으로 들어간 것 같았다.

우리는 정글의 끝에서부터 시작되는 킬리만자로 산을 정상까지 올랐고, 산을 가로질러 내려온 뒤 일반 등산로로 걸었다. 그러고 나서 아프리카 해안에 위치한 몸바사Mombassa에서 여정을 마쳤고 해변에서 수영, 음식, 문화를 맘껏 즐겼다. 매번 어떤 산의 정상에 오를 때마다 기쁨, 성취감, 성공이라는 개인적 보상이 뒤따랐다.

하지만 산을 오르는 일은 단지 정상에 도달하는 것이 전부가 아니다. 이는 또한 오가는 여정을 포함하며, 그 과정에서 문화와 사람들을 경험하는 일이기도 하다. 이러한 요소야말로 여행 전체를 의미 있게 만든다.

이 책에 대해서도 같은 말을 할 수 있다. 이 책은 소중한 친구들, 가족들, 그리고 40년간 나와 함께 해준 동료 여행자들이 없었다면 탄생하지 못했을 것이다. 재능 많은 사촌 머레이와, 그의 아내이자 훌륭하고 헌신적인 어머니인 잔 루이스는 잔스포츠라는 브랜드를 만드는 데 매우 중요한 역할을 수행했다. 나의 스승이자 멘토인 루 휘태커는 잔스포츠 브랜드가 자라나는 데 핵심적인 인물이었다. 루와 그의 아내인 잉그리드, 나는 멋진 여행과 모험을 함께 경험했다.

폴 들로리는 어디에 내놔도 손색없는 리더십을 가진 인물로, 잔스포츠를 멋지게 잘 이끌었다. 잔스포츠 사업에 관여하고 이바지한 가족 구성원들은 숙모인 메이블 뉴먼과 플레츠 가족, 여동생인 다이애나와 형제인 랜디, 린지 요웰, 그리고 우리 형제의 가슴속에 늘 특별하게 있는 부모님이다. 아울러 하이디 반 브로스트, 조이 로빈슨, 린 요웰, 린지 요웰 주니어에게도 감사를 전한다.

좋은 친구이자 모험가인 피터 젠킨스는 내가 이 책을 쓰는 동안 조언자가 되어주었다. 또한 내 이야기에 믿음을 가져준 데 대해 토마스 넬슨 출판사에 감사하며, 이 책을 출판하기로 하고 멋진 아이디어를 많이 제안해준 네이키드 잉크 사의 레베카 휘트록에게도 고마움을 전한다.

잔스포츠의 전·현직 직원들 역시 훌륭한 아이디어를 보태주었다. 특히 과거에 근무했던, 그리고 현재 근무하고 있는 영업사원들이 많은 이야깃거리를 제공해준 데 대해 깊이 감사한다. 여러 판매자와 소매업자들에게도, 그동안 보여준 격려와 우정에 대해 감사한다.

피터 휘태커와 RMI 가이드들에게 수년간 잔스포츠의 세미나를 진행해온 점에 대해, 그리고 재미있는 이야기를 제공한 점에 대해 감사한다.

1986년부터 훌륭한 모회사가 되어준 VF 코퍼레이션은 잔스포츠에 좋은 설비와 리더십을 제공했고, 특히 VF 코퍼레이션의 매키 맥도널드, 에릭 와이즈먼, 댄 템플린, 그리고 밥 시어러는 우리에게 특별한 관심을 기울여주었다. 워싱턴 주 에버렛, 위스콘신 주 애플턴, 캘리포니아 주 샌 리안드로, 벨기에의 브뤼셀에 있는 잔스포츠 팀, 그리고 홍콩의 VF 코퍼레이션은 모두 훌륭한 직원들로 구성되어 있다. 재미있는 리더인 마이크 코르비노가 이 브랜드를 새로운 단계로 도약시킬 거라고 믿는다.

이 이야기를 쓰면서 협력한 밥 디모스에게 창의적인 재능에 대해 깊이 감사하고 싶다. 업무적인 측면에서 나를 도와주는 위스콘신 주 애플턴의 페기 맥널리, 캘리포니아 주 샌 리앤드로의 멜리사 보겔에게 이 책을 글로 옮겨준 데 대해 감사의 말을 전한다.

또한 OIA와 BCM의 매우 유능한 영업사원들과 흠잡을 데 없는 직원들에게 무보수임에도 헌신적이고 근면하게 일하는 데 대해 감사하며, 두 단체의 성실한 이사회 멤버들에게도 고마움을 표한다.

지난 40년간 잔스포츠 제품을 구매한 수백만 명의 충성스런 소비자들에게 감사의 말을 전한다. 어렸을 때부터 나의 오랜 벗인 대니스 로비슨, 댄 앤더슨, 존 리틀, 그리고 폴 폴즈는 각자의 방식으로 내 여정을 함께하거나 이에 도움을 줬다.

나의 훌륭한 아내 위니 킹스버리는 빈, 웨슬리, 드류 킹스버리와 함께 삶의 매순간 나를 지지해줬다. 자연을 제대로 이해하는 마음을 가진, 나의 소중한 딸 퀸은 앞으로도 여러 모험을 겪으리라.

키스 라우쉬에게도 그의 헌신과 기여에 대해 감사하고 싶다. 앰버 브룩먼, 밥 스태드셔그, 아웃사이드의 래리 버크, 키스 군나르와 안체 군나르 부부, 필 클레멘트, 존 볼, 마이크 시슬러, 잔 에드먼슨, 마이크 에젝, 존 호버스, 테리 헤클러, 고든 보우커, 월트 뮬런, 댄 맥코넬, 존 맥유엔, 코리 니커슨, 크레이그 웨스틀린, 짐 윅와이어, 존 로스켈리, 킴 반더하이든, 그리고 스팔딩 가족 모두 나에게 특별한 사람들이다. 비범한 등반가이자 잔스포츠의 공식 후원 등반가인 에드 비에스터스에게도 감사의 말을 전한다.

셰르파인 나왕 곰부와 프루숨바는 훌륭한 친구이자 모험가들이다. 마이크 이영은 놀랄 만한 시각적 재능으로 나를 도와주었다. 잔스포츠의 기둥인 대학 영업 부서와 영업팀에게도 고마움을 표한다. 마지막으로, 하지만 마찬가지로 소중한 이들인 테드 유진스, 마이크 스트라우드, 짐 휘태커, 나의 애완견 곰부, 그리고 제프 와이드만에게도 감사를 전한다.

***

나는 2005년을 영원히 잊지 못할 것이다. 아내와 나는 위스콘신에서 잔스포츠의 본사가 옮겨간 샌프란시스코로 이사를 했다. 그해 가을, 나는 네이키드 잉크 사와 이 책을 쓰기로 계약을 맺었다. 한 달 뒤, 나는 오른쪽 폐의 아랫부분에 악성 종양이 생겨서 이를 제거해야 한다는 사실을 알게 되었다. 올라야 할 산이 생긴 것이다. 주치의인 아귀레 의사는 리버모어Livermore에 작은 포도주 양조장을 갖고 있다. 그리고 내 취미 중 하나는 정원을 가꾸고 채소를 기르는 일이기 때문에, 그의 손에 나를 믿고 맡길 수 있었다. 수술은 성공리에 끝났고, 완치를 위해 석 달 동안 방사선 치료를 받았다. 밸리 케어의 아귀레 의사, 윙 의사, 크리스, 수잔, 그리고 스즈모스키 의사에게도 특별한 감사를 전한다. 가족과 친구, 그리고 잔스포츠의 존재 덕분에 힘과 의지를 얻었고, 이 시련을 이겨낼 수 있도록 긍정적인 태도를 유지했다.

이 이야기에 공헌한 사람들에게 감사하는 일에 더불어, 마지막으로 다음의 교훈을 남기고자 한다. 삶은 선물이다. 가능한 한 충만한 삶을 살라. 매순간을 즐기라. 진정으로 하고 싶은 일을 하는 것을 두려워 말라. 그리고 특히 젊은이들에게 야외활동을 즐기고 지구 곳곳을 탐험하면서 사회적, 환경적으로 책임감을 갖기를 부탁한다.

삶은 모험이고, 그 길은 미지에 싸여 있다. 당신의 꿈을 따라가라.

## 잔스포츠, 그 가슴 뛰는 역사

야외활동을 즐기며 자아를 발견하자는 취지에서 설립된 잔스포츠는 개인 운송장비 분야에서 계속해서 장벽들을 극복해왔으며 오늘날에도 그러하다. 초기에 잔스포츠의 세 설립자는 '수목한계선 위에서 너무 많은 시간을 보내는 긴 머리 히피들'이라고 불렸다. 하지만 긴 머리와 나팔바지 덕분에 이들은 아이디어를 얻었다. 이러한 아이디어는 이들이 (단순히 책을 통해서가 아니라) 자신들을 위한 삶을 직접 발견하면서 현실이 되었다.

잔스포츠의 역사는 마치 영화 대본처럼 전개된다. 단 하나의 예외만 빼고. 이 영화는 40년 동안 상영되었고, '디 엔드The End'라는 단어는 우리의 사전에 없다는 점.

▶ 1967

무엇을 위한 상? 알루미늄 제조업체인 알코아 사가 주최한 대회에서 머레이 플레츠는 구부러지는 알루미늄 프레임으로 베스트 디자인상을 받았다. 그 뒤 사촌인 스킵 요웰과 여자 친구인 잔 루이스의 도움으로 머레이는 워싱턴 주 시애틀에서 프레임팩을 만드는 작은 사업을 시작했다.

*사랑을 위해.* 머레이는 약혼반지에서 한 발자국 더 나아갔다. 잔에게, 만약 자신과 결혼해준다면 그녀의 이름을 따서 회사 이름을 짓겠다고 한 것이다. 그녀가 어떤 대답을 했는지 당신도 알고 있으리라.

*아, 아침부터 맡는 변속기 유액의 냄새란.* 최초로 잔스포츠 제품을 생산한 장소는 시애틀 북부에 있는 머레이 아버지네 정비소 위층이었다. 이 무렵 제품의 품질은 훌륭했지만 분명 주변환경은 엉망이었다.

*가족과 부를 나누며(흠, 아직은 아냐).* 여전히 재정이 빠듯한 상황에서, 스킵, 잔, 머레이는 가족의 도움에 의지해야 했다. 스킵의 숙모인 메이블은 회사의 장부 관리를 맡았고, 아버지인 해롤드와 삼촌인 노먼은 알루미늄 프레임 벤더를 제작하고 관리했다.

▶ **1968-1970**
*산악 등반의 수도, 워싱턴 주 시애틀.* 현재 스킵의 사무실만 한 크기의 소매점에서(농담이 아니다) 잔스포츠는 아름다운 풍경을 찾아 시

애틀로 오는 등산가들에게 전문가용 배낭을 팔았다. 잔스포츠는 이러한 등산가들이 여태 한 번도 본 적 없는 전문적이고 기능적인 배낭을 만들었다.

*멍멍이를 위한 배낭?* 등산가들이 가방을 사러 오면서 개들도 같이 왔다. 그렇다. 70년대 초반에는 등산가들의 애완견을 위한 배낭도 디자인했다. 개들도 주인과 함께 북부 캐스케이드 산맥을 정복하도록 돕기 위함이었다.

*4,267미터에서의 우정.* 70년대 초반, 루 휘태커는 워싱턴 주 타코마에서 작은 스키용품점을 운영했다. 그는 잔스포츠의 초기 고객 중 하나였고, 타코마 지역에서 기능성 배낭들이 인기를 얻는 데 도움을 주었다. 또한 루는 레이니어 산 국립공원에서 가이드를 제공하는 RMI를 소유하고 있었다. 스킵과 머레이가 레이니어 산 등반(1971년 루의 최초의 겨울 세미나)에 관한 소문을 들었을 때, 이들은 잔스포츠를 홍보하기에 적당한 기회라고 생각했다. 나중에서야 알았지만 두 사람이 최초로 레이니어 산을 오르려 시도한 이해, 이곳에는 약 28미터의 기록적인 폭설이 내렸다. 루가 이들을 산에서 데리고 나온 뒤, 잔스포츠는 그에게 장비 검사원 겸 홍보 고문이 되어 달라고 부탁했다. 루와 RMI 팀은 오늘날에도 여전히 우리의 장비를 테스트하고 있으며, 이는 앞으로도 바뀌지 않을 것이다.

특별한 배낭이 잔스포츠의 표준이 되다. 특정한 고객을 위해 배낭을 디자인하던 과정에서, 패널 로딩 시스템의 편리함을 깨닫게 되었다. 이는 배낭의 전면부에 지퍼를 달아 다른 물건을 전부 꺼내지 않고도 바닥에 있는 물건을 꺼낼 수 있도록 만든 디자인이다. 패널 로딩 시스템에 패드를 더한 힙쌕과 조정 가능한 프레임을 결합한 배낭은 당시 표준형이었던 탑 로딩 배낭을 성공적으로 대체했다.

허스키에게 감사를 전하며.* 워싱턴 대학교 캠퍼스 인근 서점 안의 작은 스포츠용품점에서 오늘날과 같은 형태의 잔스포츠 데이팩 사업이 시작되었다. 이 가게는 잔스포츠의 크로스컨트리 스키용 배낭인 스키 앤 하이크The Ski n' Hike를 들여놨고, 순식간에 팔아치웠다. 시애틀의 기록적인 강우 때문에 학생들은 책이 젖지 않도록 가방을 샀다. 스키 앤 하이크는 이처럼 우연히 최초의 학생용 가방이 되었다.

▶ 1971
타히티에 거주하고 해변에서 음료를 마시며. 만약 이 아이디어에 대해 특허를 취득하기만 했어도 앞의 문장이 현실이 되었을 것이다. 스킵, 머레이, 잔은 캐스케이드 산으로의 끔찍한 여행에서 새로운 영감을 얻어 시애틀로 돌아갔다. 에스키모인들이 몇백 년 동안 이글루를 지어온 방식에 영감을 얻은 디자인이었다. 이렇게 탄생한

---

* 허스키 견은 워싱턴 대학교의 상징동물이다.

돔형 텐트는 전국적인 인기를 누렸다. 이 제품은 다른 잔스포츠 제품들을 소매점에 판매하는 데도 큰 도움이 되었다.

**지구 반대편에서 온 친구.** 1971년 여름에 레이니어 산을 등반할 때 스킵은 RMI의 가이드인 나왕 곰부와 친구가 되었다. 무엇보다도 중요한 사실은 곰부가 세계 최초로 에베레스트 산 정상을 두 번이나 올랐다는 점이다. 스킵과 곰부는 아직도 오랜 우정을 지속하고 있으며, 요즘에는 사업 얘기보다는 수다를 떠는 데 치중한다.

**K2 스키스가 잔스포츠를 합병하다.** 시애틀 북부에 위치한 정비소를 떠나, 보다 북쪽에 위치한 워싱턴 주 에버렛의 페인필드로 이사 갔다. 잔스포츠는 옛 공군 병영을 본사로 삼았고, 당시 한 평당 임대료는 1달러 50센트에 불과했다.

**할리우드에 간 잔스포츠**(*케빈 베이컨의 6단계 법칙*\*이 아니다). 〈아이다호 트랜스퍼〉를 촬영할 때, 배우 피터 폰다는 잔스포츠 무리가 위치한 장소와 가까운 워싱턴 주 레드먼드에서 몇 장면을 찍게 되었다. 〈이지 라이더〉에 등장한 성조기 무늬 바이크에서 영감을 얻어, 잔스포츠는 폰다에게 보여줄 '캡틴 아메리카' 팩을 디자인했다. 이 배낭은 촬영장에서 큰 인기를 얻었고, 일반 대중들 사이에서도 인기를 끌었다.

\* 미국의 어떤 배우라도 같은 영화에 출연한 배우끼리 관계를 따지다 보면 여섯 단계 만에 케빈 베이컨과 연결된다는 법칙이다.

▶ 1972

*세계의 정상에 선 (또는 그에 근접한) 잔스포츠.* 히말라야 산맥의 다울라기리 산Mt. Dhaulagiri으로 원정을 떠나는 레이니어 산 가이드 론 피어를 위해 D시리즈 배낭을 디자인해주었다. 훗날 이 시리즈는 지속적으로 인기를 끌었다. 이 일은 양쪽 모두에게 이득이었는데, 등반대는 정상에 올랐고, 잔스포츠는 D시리즈 배낭에 대한 귀중한 피드백을 얻었기 때문이다.

▶ 1973

*예상치 못한 장소에서 전세계적으로 홍보하다.* 대학생인 피터 젠킨스는 「내셔널 지오그래픽」 사무실의 문간에 섰다. 그는 미국에 불만을 느끼고 있었고, 학교 상담사의 조언에 따라 직접 여행하며 미국의 본모습을 알아보기로 했다. 걸어서 미국을 횡단하는 사람의 이야기는 분명 훌륭한 소재이므로, 「내셔널 지오그래픽」에서는 그에게 모험의 과정을 촬영하도록 필름과 카메라를 주었다. 그런데 여행 도중에 젠킨스의 장비가 망가졌다. 고향의 아웃도어 용품점에서 잔스포츠의 옛 광고를 본 기억을 떠올린 그는 장비를 기부해달라고 연락해왔다. 스킵은 이 이야기에 감동해 장비를 보내주었다. 그해 이 장비는 「내셔널 지오그래픽」 지의 표지를 장식했다. 또한 젠킨스는 자신의 책에서 여행 이야기를 하면서 잔스포츠와 스킵을 언급했다. 『걸어서 미국 횡단』은 곧바로 「뉴욕 타임스」 베스트셀러 목록에 오른 뒤 지속적인 인기를 누렸고, 인디애나 주에서는 학생 필독 도서로 지정되었다.

루 휘태커가 티베트 등반대를 조직할 때, 이번에는 스킵이 젠킨스에게 도움을 청했다. 젠킨스는 아무런 주저 없이 등반대에 합류했고 잔스포츠의 원정을 기록했다. 중국에서 티베트로 넘어가는 여정을 담은 이 책의 제목은 『중국을 넘어』이다.

▶ 1974

*기록을 세우다 - 한 번에 하나만요.* 최단 기간에 놀랄 만한 기록을 세웠다. 좋은 품질의 기능성 배낭과 점차 큰 인기를 끈 데이팩 덕분에 잔스포츠는 1만 달러 매출을 기록하면서 신흥 아웃도어 업계에서 강자로 떠올랐다.

*소매업자들에게 돌려주자.* 대자연, 특히 레이니어 산은 잔스포츠라는 브랜드에 늘 중요한 영감을 주었다. 그래서 우리는 딜러들에게 제품을 구매한 데 대해 감사를 표하는 방법으로 북서부 산악지대로 함께 여행을 갔다. 매년 열리는 레이니어 산 딜러 등반은 소매업자들에게 경험의 중요성을 전해주기 위한 잔스포츠만의 방법으로, 이 전통은 오늘날에도 계속되고 있다.

*산과 도시 어디서든 쓸 수 있는 컨버터블팩.* 새롭게 발견한 대학생 시장을 겨냥해 잔스포츠는 여행용 가방으로도 사용할 수 있고 등산용 배낭으로도 사용할 수 있는 컨버터블팩을 개발했다. 이 배낭은 여행자들이 버스에 올라타거나 하이킹을 할 때 유용했다. 힘든 여행일수록 이 배낭은 진가를 발휘했는데, 이 제품도 다른 잔스포츠

제품과 마찬가지로 레이니어 산에서 테스트했기 때문이다.

한 개척자가 다른 개척자에게. 잔스포츠를 설립하기 전, 스킵은 『일곱 개의 화살』이라는 제목의 책을 읽었고, 중서부 인디언 부족들의 철학에서 자연의 중요성을 깨달았다. 이 책에서 영감을 얻은 그는 댄과 질 앤더슨 부부와 공동으로 '포 그레이트 디렉션스'라는 로고를 디자인했다. 이는 캐릭터의 강함과 모험적인 기질을 상징한다. 거의 매년, 스킵은 성격과 행동이 『일곱 개의 화살』과 일치하는 직원들에게 직접 만든 이 배지를 나눠준다.

▶ 1977
계약서에 사인해요-그는 잘해요. 1977년의 레이니어 등반에서 스킵은 당시 RMI의 가이드이자 천재적인 등반가였던 에드 비에스터스를 처음 알게 되었다. 제품 테스트와 기술적인 피드백을 통해 에드와 잔스포츠는 협업을 하게 되었다. 이러한 관계 덕분에 에드가 8천 미터 이상의 봉우리들을 산소통 없이 오를 때 잔스포츠의 배낭을 메고 가리란 것을 누가 알았겠는가?

▶ 1982
의류 회사와 손잡다. 워싱턴 주에 기반을 둔 배낭 회사 잔스포츠와 위스콘신 주에 기반을 둔 운동복 회사 다우너스가 함께 일하게 되었다. 별로 어울리지 않는다고? 어쩌면 그래 보일지도. 하지만 이 두 회사의 만남은 패션쇼징에서 성공을 거두었다. 이제는 잔스포츠의 대학 영업 부서가 된 다우너스는 대학가 시장에 주문제작용 운동복을 공급했다. 다우너스의 서점 연락망이 전국에 걸쳐 있는 덕분에 학생들 사이에서 잔스포츠 데이팩의 인기가 더욱 높아졌다.

*잔스포츠의 후원이 가치를 증명하다.* 1982년과 1984년에 잔스포츠는 오랜 친구인 루 휘태커가 이끄는 중국-에베레스트 등반대를 응원하고 후원했다. PBS 방송국은 두 번의 원정을 촬영해 각각 〈에베레스트의 북쪽 벽〉, 〈에베레스트의 바람〉이라는 제목의 다큐멘터리로 제작했고, 오늘날에도 같은 채널에서 방송된다. 이 영상은 잔스포츠가 이미 아웃도어 업계에서 누리던 명성에 더 큰 신뢰를 더해주었다.

▶ 1984-1986

*잔스포츠가 사고, 팔리고, 다시 사다.* 제품명을 둘러싼 법정싸움으로 시작해, 회사를 구매하는 일로 끝났다. 잔스포츠는 세계에서 가장 큰 의류 회사인 VF 코퍼레이션의 일부가 되었다. 비록 잔스포츠가 대기업의 일부가 되긴 했지만, 격식을 차리지 않는 잔스포츠의 가치들은 여전히 유효하다.

▶ 1985

*100만 개 돌파.* 한때는 마니아층에서만 인기를 끌었지만, 이제는 공식적으로 하나의 현상이 되었다. 잔스포츠는 100만 개의 데이팩을 판매하며 이정표를 세웠다.

▶ 1989

*칸첸중가에 오른 잔스포츠.* 잔스포츠는 세계에서 세 번째로 높은 산으로의 원정을 후원했고, 모든 장비를 지원했다. 3개월이 지나고 네 명의 멤버가 그만둔 뒤, 남은 여섯 명은 칸첸중가의 정상에 올랐다. 미국인으로 구성된 등반대로는 최초의 정상 등반이었다. 그리고 잔스포츠는 원정기간 내내 대원들의 등에 달라붙어 있었다.

▶ 1990

*세대의 아이콘.* 한때 알루미늄 콘테스트 입상으로 시작된 사업이 이제는 전세계적으로 가장 인기 있는 백팩 브랜드가 되었다. 잔스포츠가 만든 배낭은 주인과 함께 집에서 학교로, 한 나라에서 다른 나라로, 그리고 한 세대에서 다른 세대로 여행한다.

▶ 1992

*잔스포츠가 25주년을 맞다. (하지만 여전히 열여덟 살짜리들처럼 파티를 벌이다.)* 25주년을 기념해 특별히 사인한 한정판 티셔츠를 의뢰했다. 중심에 '잔스포츠의 첫 25주년'이라는 문구와 그림이 들어간 티셔츠였다. 또한, 이 해에는 아웃도어 박람회의 행사 중 하나로 매년 열리는 셰이크 앤 베이크 파티가 처음으로 개최되었다. 파티는 곧바로 광란의 장이 되었다. (부분적으로는 니티 그리티 더트 밴드의 존 맥유엔 때문이다.)

▶ **1993**

*버팔로가 포효하는 곳에서.* 스킵과 잔스포츠는 친구들과 소매업자들을 킬리만자로 등반에 초대했다. 킬리만자로 횡단은 잔스포츠 등반의 역사에 또 하나의 이정표가 되었다. 이들은 마사이 마라에서 일주일을 보내면서 야생동물을 보고, 몸바사 해안에서 축배를 들었다.

▶ **1995**

*행복한 대가족.* 국제 지사가 잔스포츠 운영을 공식적으로 맡게 되었다. 품질 보장 서비스와 물류 업무만 빼고. 약 6천 평 넓이의 새로운 시설이 위스콘신 주 애플턴에 설립되었다. 스킵과 잔이 이삿짐 트럭을 불렀을 때부터 공식적일 줄 알았다.

*암 퇴치를 위한 등반.* 잔스포츠는 '영감을 주는 원정Expedition Inspiration' 행사를 조직하고 후원하는 일을 도왔으며 기금을 마련했다. 유방암을 이겨낸 참가자 17명이 서반구에서 가장 높은 산인 아콩카과 산의 정상에 올랐다. 유방암의 위험성에 대한 의식을 높이고 유방암 퇴치 기금을 마련하기 위해서였다.

*약간의 변화는 나쁘지 않지.* 지갑과 샤워 용품 세트를 비롯해 여행 용품들을 배낭과 여행용 가방에 결합했다. 이 용품들도 잔스포츠 태그가 붙은 품질 좋은 것들이었으므로 소비자들 사이에서 큰 인기를 끌었다.

잔스포츠가 월드와이드웹을 개척하다. 잔스포츠의 공식 홈페이지 'www.jansport.com'이 문을 열었다. 이 사이트는 잔스포츠의 공식 정보를 제공하며, 최신 상품이나 인기 상품 카탈로그를 보여주고, 어디에서 물품을 구매할 수 있는지도 알려준다.

잔스포츠가 부탄을 방문하다. 오랜 친구인 나왕 곰부의 도움으로, 스킵과 다른 몇몇 이들은 매우 비밀스러운 나라인 부탄으로의 여행을 허가받았다. 현지인들과 우표를 교환하고, 타이거스 네스트 사원을 방문하고, 히말라야 산맥을 오른 경험은 야외활동과 발견의 중요성을 절실히 깨닫도록 만들었다.

▶ 1996
여권을 발급받을 시간. 잔스포츠는 런던과 홍콩에 사무실을 개설하며 날개를 넓게 폈다. '잔스포츠 유럽'과 '잔스포츠 아시아' 지부가 탄생했다.

잔스포츠가 선행에 참여하다. 잔스포츠는 재정적인 지원과 자원봉사활동을 통해 BCM을 후원하기 시작했다. BCM은 도시에서 자란 불우한 환경의 청소년들이 야외에 나가 자연을 경험하도록 도와준다는 점에서 다른 단체와 차별성을 지닌다. 잔스포츠 직원 중 다수가 이 프로그램에 참여했고, 스킵은 2006년까지 다섯 번의 여름 여행에 참여했다.

▶ 1997

트래비스 바커, 핑크, 그리고 죠너 모툴의 공통점은? 영화계, 음악계, 그리고 스포츠계의 개성 있는 신인과 가장 인기 있는 잔스포츠 백팩을 결합한 광고는 큰 성공을 거두었다. 모델의 등back 사진과 배낭pack 사진을 나란히 놓아 만든 '백팩Back Pack' 지면 광고는 화제를 불러일으켰다. 광고를 본 사람들은 가게에 찾아가 잔스포츠 벨로시티 Velocity, 속칭 '핑크' 백팩을 내놓으라고 가게를 들쑤셔놓았다고 한다. 죄송. 이 제품은 아직도 주문이 밀려 있다.

훌륭한 교육 프로그램과의 연계. 잔스포츠의 토대가 된 가치와 윤리에 따라, 우리는 자랑스럽게도 '흔적 없이 떠나기Leave No Trace'라는 친환경 교육 프로그램의 주요 파트너가 되었다.

▶ 1999

에어리프트가 착륙했도다. 절대로 정체되는 법이 없는 잔스포츠 디자인팀이 에어리프트Airlift 어깨끈을 개발함으로써 놀라운 성과를 또 한번 이뤘다. 세계에서 가장 편안한 어깨끈인 에어리프트는 충격을 흡수하는 젤라스틱 젤리컴브Gelastic Gellycomb가 이중 밀도 고무층에 싸인 구조로 되어 있다. 아이러니하게도, 1999년부터 고등학생들의 평균 점수가 향상되기 시작했다. 과연 우연일까?

소비자들에 대한 윤리적 의무. 제품의 제작장소와 하청업체를 전부 공개하는 이유는 윤리적이고 안전한 근무환경을 제공하려는 잔스포츠의 노력을 보여주기 위함이다. 또한 잔스포츠는 공정노동위원회Fair Labor Association의 강령을 준수한다.

▶ 2000

경쟁사가 가족이 되다. 잔스포츠의 가장 큰 경쟁사였던 이스트팩Eastpack을 1999년에 합병했다. 잔스포츠는 미국을 담당하며 충성스러운 팬들을 여전히 거느리고 있고, 이스트팩은 유럽에서 큰 성공을 거두었다.

색다른 방식으로 생각하기. 여성 소비자들은 잔스포츠 배낭을 너무나 좋아한 나머지, 똑같은 품질을 지닌 일반 가방을 원한다는 의견을 보내왔다. 여기에서 영감을 얻어 최초의 라이프스타일 라인이 탄생했다. 잔스포츠 라벨이 붙은 가방을 어깨에 둘러메고 싶으면서도 패션에 신경을 쓰는 여성들을 위해, 특별히 제작된 숄더백에서 크로스오버 백까지 다양한 상품들을 선보였다.

미국의 자연적 경이를 보존하는 일을 돕다. 이 해에 잔스포츠는 콘티넨털 디바이드트레일연합을 후원하게 되었다. 이 비영리 단체는 캐나다에서 남쪽으로 멕시코에 이르며, 다섯 개 주를 관통하는 약 5천 킬로미터의 길을 정비하고 보존하는 일을 한다.

▶ 2001

모두를 위한 기능성 배낭. 우리는 기능성 배낭을 '프리덤Freedom' '백

컨트리Backcountry' '프로Pro'의 세 가지 항목으로 분류했다. 이 덕분에 소비자들은 너무 작거나 크지 않으면서 자신에게 가장 잘 맞는 배낭을 고를 수 있었다. 또한, 여성을 위한 '스페시픽Specific' 기능성 라인도 처음으로 선보였다.

▶ 2002

짐이 꼭 사각형이어야 할 필요는 없어. 잔스포츠의 독특한 액티브 트래블Active Travel 라인은 짐이라는 단어에 새로운 정의를 부여했다. 이 라인은 모험가를 위해 충분히 울퉁불퉁하게, 그리고 제트족을 위해 매우 세련되게 디자인되었다.

▶ 2003

물을 위한 조합. 잔스포츠와 등산용 물통 제조업체 날진Nalgene이 최고의 물통을 만들기 위해 힘을 합쳤다. 그 결과 워터 타워와 하이드로 다이내믹이 탄생했다.

▶ 2005

안나푸르나의 등반가. 잔스포츠의 공식 후원 등반가인 에드 비에스터스가 산소통 없이 안나푸르나의 정상에 올랐다. 네팔 중앙에 위치한 이 산은 높이가 8,091미터로 세계에서 열 번째로 높다. 여태까지 베이스터스는 세계에서 가장 높은 산 14개에 산소통 없이 등정해 정상에 올랐다. 그동안 우리는 그의 등 뒤에 있었다. 가장 좋아하는 잔스포츠 기능성 배낭이 여전히 재고가 있다는 사실을 알고 그는 안도의 한숨을 내쉬리라.

*젊은이여, 서쪽으로 가라.* 잔스포츠는 캘리포니아 주 샌 리앤드로로 본사를 옮기면서 새로운 본거지를 갖게 되었다. 스킵은 와인 생산지의 중심부와 가까워졌을 뿐만 아니라 딸인 퀸, 가장 아끼는 손녀인 드류와도 가까이 있게 돼서 매우 기뻐했다.

### ▶ 2006
*산악계의 전설이자 스킵의 오랜 친구인 피터 휘태커가* 잔스포츠의 공식 후원 등반가가 되었다. 피터는 1984년의 중국-에베레스트 등반에 참여했다. 경험과 노련함 덕분에 그는 잔스포츠 프로팩에 가장 적합한 대변인이 되었다.

*잔스포츠가 지루한 여행 가방을 개선하다.* 이전까지의 그 어떤 여행 가방보다도 기발한 슈퍼 브레이크 트래블 컬렉션Super Break Travel Collection이 새롭게 탄생했다. 더플백, 토트백, 업라이트Uprights, 비즈니스용 가방으로 구성된 이 다채로운 컬렉션은 독특한 색깔과 무늬로 되어 있어 다른 여행자들의 질투를 불러일으킬 것이다.

*히피들이 뭉치다!* 히피들이 절대로 세계를 정복하지 못할 거라고 말한 이들은 잔스포츠의 정신을 얕봤음이 틀림없다. 유럽으로 사업을 확장하고 칠레에도 상점을 열면서, 잔스포츠는 아웃도어 업계의 선두주자로 스타일을 포기하지 않으면서도 지구 끝까지 탐

험을 계속하고 있다.

　…… 그리고 우리의 여정은 앞으로도 계속된다.

# 누가 읽느냐에 따라 달리 읽히는 책

　　　　　　최근 우리나라에서는 복고 열풍이 뜨겁다. 특히 얼마 전 한 케이블 방송에서 높은 시청률을 기록하며 인기를 누린 드라마는 1994년을 배경으로 삼았다. 덕분에 서태지와 아이들, 김광석 등 당대 뮤지션의 음악이 시청자들의 향수를 자극하는가 하면, 멜빵바지, 떡볶이 단추 코트, 청재킷 등 복고풍 의상도 인기를 끌었다. 그중에서도 빼놓을 수 없는 필수품이자 패션 아이템으로 등장한 소품이 바로 '잔스포츠' 가방이다. 1990년대 중반 한국 젊은이들 사이에서 최고의 인기를 누렸던 잔스포츠가 세월을 뛰어넘어 오늘날 제2의 전성기를 맞이한 것이다.

　1967년 스킵, 머레이, 잔이라는 세 명의 히피가 설립한 잔스포츠는 우리나라를 비롯해 전세계 여러 나라에 가방을 판매하고 있다. 하지만 잔스포츠를 단순히 가방 회사로 정의하는 것은 금물이다. 젊음, 자유, 공감, 헌신 등 수많은 요소가 녹아 있는 이 브랜드는 역사의 한 페이지를 담당해왔기 때문이다. 가방 하나 갖고 뭐

그리 호들갑이냐고 할 수도 있겠지만, 생각해보라. 가방이 한 사람의 삶에서 얼마나 큰 부분을 차지하는지 말이다. 어떤 음식을 먹는지 혹은 어떤 책을 읽는지를 보고 사람의 본질을 파악할 수 있다지만, 무엇보다도 가방이야말로 그 주인의 특성을 가장 확실하게 드러내는 물건이 아닐까.

이 책의 저자이자 잔스포츠의 공동 설립자인 스킵 요웰은 잔스포츠라는 기업의 역사를 이야기하지만, 그 내용은 사업적인 측면에 국한되지 않는다. 오히려 히피적 가치에 근간을 둔 사업 철학을 설명하면서 인생에 도움이 될 귀중한 교훈을 들려준다. 그러니 1960년대 미국 청년 문화의 아이콘이었던 히피 문화가 현재까지 긍정적인 영향을 미치는 예가 바로 잔스포츠의 사례라 할 수 있다. 평화와 화합을 전파하고, 사회 문제에 관심을 가지며, 자연을 사랑하는 히피 정신이 스킵 개인의 역사와 잔스포츠 브랜드 역사 모두에 스며 있기 때문이다.

이 책은 매우 독특하고 유쾌한 인물의 자서전으로 읽을 수도 있고, 글로벌 기업의 성공전략이 담긴 경영서적으로 읽을 수도 있다. 하지만 나는 이 책을 때로는 에세이로, 때로는 역사적 사료로 읽었다. 학부생 시절 현대사 과목에서 우드스톡 페스티벌과 반전 시위, 68혁명 등을 공부한 경험은 '1960년대식 젊음'과 히피 문화를 이해하는 데 큰 도움이 되었다. 그러나 실화라는 사실이 믿기지 않을 만큼 웃기고 독특하며 기상천외한 스킵의 이야기야말로 당대의 모습을 꾸밈없이 보여주는 잘 만들어진 다큐멘터리 같다. 이렇듯 누가 어떤 마음으로 읽느냐에 따라 이 책은 수많은 의미를 지닌다. 그러나 분명 이 책을 읽고도 아무런 의미를 발견하지 못하는 사람은 없을 것이다.

스킵은 서문에서 1960년대의 음악 명반을 들으며 책을 읽으라고 권했고, 본문에서도 노래 가사를 직접 인용하거나 노래 제목을 패러디한 문장과 소제목을 여러 개 넣었다. 대부분 각주를 달아 설명했지만, 본문 내용과 유기적으로 연결되지 않는 경우 가독성을 높이기 위해 노래 제목임을 밝히지 않거나 표현을 바꾸기도 했다. 이에 대해 독자들의 양해를 구한다. 한편, 시대와 뮤지션은 다르지만 나도 끊임없이 음악을 들으며 책 속을 탐험했다. 번역을 할 때 큰 힘이 되어준 뮤즈, 포스터 더 피플, 투 도어 시네마 클럽, 프란츠 퍼디난드의 음악이 없었다면 스킵의 음악 사랑에 공감하기가 조금은 어려웠을지도 모르겠다.

삶은 곧 모험이므로 매순간을 즐기며 많은 경험을 하라는 스킵의 조언을 읽다가 생텍쥐페리의 말이 떠올랐다. "삶의 의미는 발견하는 것이 아니라 만들어가는 것이다." 이 모험을 진심으로 즐기는 사람은 어디엔가 다다를 것이고, 어느새 별처럼 반짝이는 존재가 되어 있을 것이다. 그토록 찾아 헤매던 삶의 의미는 눈치채지 못하는 사이에 벌써 다가와 함께 호흡하고 있으리라. 그러니 망설이지 말고 용기 내어 발걸음을 내딛기 바란다. 스킵이 말했듯, 꿈꿀 만한 가치가 있는 일이라면 실천으로 옮길 가치도 있는 법이니까.

*2014년 봄을 기다리며,
옮긴이 이채령*

옮긴이 **이채령**

대학에서 역사를 전공했고, 대학원에 진학해 미술사를 공부하고 있다. 학부 졸업 후 잠시 편집자로 일하다가 번역의 길에 발을 들이게 되었다. 빅토리아 시대 영국사, 17세기 네덜란드 회화, 추리소설, 록 음악, 로맨틱 코미디 영화를 좋아한다. 쵸코, 쿠키라는 이름의 시추 형제를 키우고 있다.

모험 본능을 깨워라

1판 1쇄 발행 2014년 3월 7일
1판 2쇄 발행 2014년 3월 14일

지은이 | 스킵 요웰
옮긴이 | 이채령
펴낸이 | 김이금
기획 | 로사 한
펴낸곳 | 도서출판 푸르메
등록 | 2006년 3월 22일(제318-2006-33호)
주소 | (우 121-844) 서울시 마포구 월드컵북로6길 53, 301호(연남동)
전화 | 02-334-4285~6
팩스 | 02-334-4284
E-mail | prume88@hanmail.net
인쇄 · 제본 | 한영문화사

ISBN 978-89-92650-89-2 13320

* 책값은 뒤표지에 표시되어 있습니다.

이 도서의 국립중앙도서관 출판시도서목록(CIP)은 서지정보유통지원시스템 홈페이지(http://seoji.nl.go.kr)와 국가자료공동목록시스템(http://www.nl.go.kr/kolisnet)에서 이용하실 수 있습니다.(CIP제어번호: CIP2014004954)